F 41561

RÉGIME
HYPOTHÉCAIRE.

Noms des Libraires de la France, chez lesquels se vend cet ouvrage.

MM. DEMAT . . . . à	Bruxelles.
COQUET	Dijon.
DOMINIQUE ORGEAS . .	Turin.
DAUVIN	Poitiers.
PASCHOUD	Genève.
SALES	Riom.
BONNEFOY et PRUNET . .	Toulouse.
MOURET	Aix.
FRÈRE	Rouen.
FROUT	Rennes.
CURET aîné	Toulon.

On trouve chez les mêmes :

INSTITUTES DE DROIT CIVIL FRANÇAIS, conformément aux dispositions du Code Napoléon, avec les explications et interprétations résultantes des Codes, Lois et Réglemens postérieurs ; par M. DELVINCOURT, professeur de Code Napoléon à l'École de Droit de Paris. 3 vol. in-8°. Prix 18 fr. br. et 22 fr. franc de port.

DISCOURS ET FRAGMENS DE M. BERGASSE, 1 vol. in-8°. Prix 3 fr. br. et 3 fr. 80 c. franc de port.

LES LEÇONS DE L'EXPÉRIENCE ou LA LOGIQUE DU CŒUR, 1 vol. in-12. Prix 2 fr. 50 c. br. et 3 fr. 20 c. franc de port.

LES PLAINTES ET COMPLAISANCES DU SAUVEUR, 1 vol. in-32. Prix 1 fr. 25 c. et 2 fr. avec 22 gravures en taille-douce.

RÉGIME HYPOTHÉCAIRE,

ou

COMMENTAIRE

SUR LE DIX-HUITIÈME TITRE DU LIVRE TROISIÈME DU CODE NAPOLÉON, RELATIF AUX PRIVILÉGES ET HYPOTHÈQUES;

Contenant les Décisions Ministérielles; la Jurisprudence de la Cour de Cassation; les Arrêts et Jugemens des Cours et Tribunaux de l'Empire;

Suivi des Formules des Bordereaux nécessaires pour les Inscriptions.

Par J.-C. PERSIL,

Avocat, Docteur en Droit de la Faculté de Paris.

A PARIS,

Chez P. GUEFFIER, Imprimeur, rue du Foin-St-Jacques, n°. 18.

1809.

A

Monsieur le Comte JAUBERT,

Conseiller-d'État, Commandant de la Légion-d'Honneur, Membre du Comité Contentieux de la Maison de S. M. l'Empereur et Roi, du Comité de Consultation de la Légion-d'Honneur,

Gouverneur de la Banque de France.

MONSIEUR,

Les bontés particulières que vous avez toujours daigné me témoigner, me font un devoir de vous offrir mon premier ouvrage. Vous n'y trouverez pas cette pénétration vive, qui vous fait développer en un instant les difficultés les plus obscures, cette sage érudition, cette logique vigoureuse, cette clarté qui dominent dans vos éloquens discours; mais vous y remarquerez les efforts que j'ai faits pour le rendre digne de celui à qui je voulois en faire hommage, et dont j'ambitionnois le suffrage et l'estime.

Je suis avec un profond respect,

Monsieur le Gouverneur,

Votre très-humble et très-obéissant serviteur,

PERSIL.

AVERTISSEMENT.

La matière des Priviléges et Hypothèques est, sans contredit, la plus usuelle et la plus importante du Droit Civil. Tous les jours les Tribunaux ont à prononcer sur des questions difficiles, qui tiennent en suspens la fortune des Citoyens; et cependant personne n'a encore cherché à mettre dans tout leur jour les principes que consacre à cet égard le Code Napoléon.

Aussi est-ce pour remplir cette lacune, que j'offre au public un commentaire sur le titre du Code, relatif *aux Priviléges et Hypothèques*.

J'ai préféré le genre du Commentaire à celui du Traité, parce que j'ai cru remarquer que dans une matière aussi positive qu'abstraite, un travail particulier sur chaque article me fournirait l'occasion de m'expliquer sur une infinité de difficultés qu'on ne pourroit jamais faire entrer dans un ouvrage didactique.

Je dois ajouter que, si dans le développement des divers articles du Code, j'ai souvent traité et résolu des questions fort importantes, je me suis fondé, ou sur les décisions des Ministres, ou sur la jurisprudence des Arrêts.

Du reste, j'ai fait tous mes efforts pour être utile au Public : heureux si j'ai atteint le but que je me proposais!

ERRATA.

Page 25, note (1), dernière ligne, au lieu de *Cod. de Pren. fisc.* lisez *Cod. de Pœn. fisc.*

Pag. 89, lig. 8, au lieu de *s'il arrivoit qu'un créancier privilégié sur les immeubles, négligedt de prendre inscription, que la faillite de son débiteur l'empêchât de réparer ensuite sa négligence, quoique ayant eu d'abord privilége, il n'en seroit pas moins regardé comme simple créancier chirographaire*, lisez : *s'il arrivoit qu'un créancier privilégié sur les immeubles, négligedt de prendre inscription, il resteroit créancier chirographaire.*

Pag. 94. lig. 27, au lieu *de droits*, lisez *des droits.*

Pag. 105, lig. 24, supprimer ces mots *pourvu qu'elle ne soit pas faite dans les dix jours qui précèdent la faillite du débiteur.*

Pag. 157, lig. 13, supprimer ces mots *nous en parlerons sur l'article 2148.*

Pag. 163, lig. 18, au lieu de *fut promulgué*, lisez *furent promulgués.*

Pag. 168, lig. 10, au lieu de *c'est-à-dire dès que les biens meubles avoient appartenu au débiteur*, lisez : *c'est-à-dire dès que l'immeuble avoit appartenu au débiteur.*

Pag. 352, dernière lig., au lieu de *propriétaire de biens meubles*, lisez *propriétaire de l'immeuble.*

Pag. 354, lig. 30, au lieu de *atteignoit*, lisez *éteignoit.*

Pag. 355, lig. 23, au lieu de *au privilége de l'hypothèque*, lisez *au privilége et à l'hypothèque.*

RÉGIME HYPOTHÉCAIRE,

ou

COMMENTAIRE

Sur le XVIII°. Titre du Livre III°. du Code Napoléon, relatif aux Priviléges et Hypothèques;

(Décrété le 19 mars 1804. Promulgué le 29 du même mois.)

CHAPITRE PREMIER.

Dispositions générales.

Art. 2092. Quiconque s'est obligé personnellement, est tenu de remplir son engagement sur tous ses biens mobiliers et immobiliers, présens et à venir.

I. ENTRE le créancier et le débiteur l'effet de l'obligation personnelle est de forcer à son exécution la personne qui s'engage, ainsi que ses héritiers ou ayant-cause; c'est dans ce sens qu'on dit: que celui qui contracte s'oblige lui et les siens. (Art. 1122.)

Mais à ce premier droit qu'a le créancier de poursuivre la personne du débiteur, cet article en ajoute un autre, celui de faire exécuter l'obligation sur ses biens.

Sans cette garantie, l'obligation personnelle seroit illusoire, et ce seroit en vain que le créancier poursuivroit son débiteur. Tous les biens de celui qui s'oblige deviennent donc le gage du créancier; et le crédit du débiteur se compose non seulement de ses immeubles et de ses biens mobiliers, mais encore de ceux qui lui parviendroient à l'avenir par suite de son industrie, ou de tout autre manière. Observons cependant que ce droit de poursuivre l'exécution de l'obligation sur les biens du débiteur, se borne à la discussion de ceux qui sont actuellement en sa possession; car les biens n'étant qu'indirectement engagés par l'obligation personnelle, le débiteur a pu les aliéner et les transmettre francs et quittes de toutes charges; et c'est en cela que l'obligation personnelle diffère de l'hypothécaire, qui, en établissant sur la chose un droit qui lui est inhérent, donne au créancier le droit de la suivre en quelques mains qu'elle passe.

D'après cela, on voit que le débiteur peut être contraint au paiement de la dette par toutes les voies judiciaires; qu'aussitôt que le titre du créancier est exécutoire, que la dette est certaine et liquide, il peut poursuivre *indistinctement* la vente forcée de tous les biens du débiteur : c'est la conséquence des articles 2092 et 2204 (1).

Nous disons *indistinctement*, parce que tous les biens du débiteur étant le gage naturel de ses créanciers (art. 2093), la loi n'a pas dû astreindre les chirographaires

---

(1) Le créancier peut poursuivre l'expropriation, 1°. des biens immobiliers et de leurs accessoires réputés immeubles, appartenant en propriété à son débiteur; 2°. de l'usufruit appartenant au débiteur sur les biens de même nature. (Art. 2204.)

à discuter tels biens plutôt que tels autres, le mobilier plutôt que les immeubles. Cette obligation ne pouvoit être imposée qu'aux seuls créanciers hypothécaires qui, en recevant un gage particulier et le droit de suite que n'ont pas les créanciers cédulaires, sont censés s'être tacitement imposé la nécessité de ne recourir aux biens non hypothéqués qu'à défaut de ceux affectés à leur créance.

II. Cependant le principe que le créancier chirographaire peut poursuivre l'exécution de son obligation indistinctement sur tous les biens, souffre deux exceptions; la première, qui est particulière au mineur et à l'interdit, est établie par l'article 2206; la seconde, par l'article 2212. Par le premier de ces articles, le créancier ne peut poursuivre l'expropriation d'un immeuble appartenant à un mineur, émancipé ou non, ou à un interdit, qu'après avoir discuté le mobilier; mais suivant l'article 2207, l'exception se borne au cas où le mineur ou l'interdit possède *seul* l'immeuble, et est unique débiteur; car s'il le possédoit par indivis avec un majeur, et si la dette lui étoit commune avec ce dernier, comme aussi si les poursuites avoient été commencées contre un majeur ou avant l'interdiction, il retomberoit sous l'empire de la règle générale. La seconde exception à notre règle, beaucoup moins impérative que la précédente, est laissée par l'article 2212 à l'arbitraire du juge. Elle consiste en ce que, si le débiteur justifie par baux authentiques que le revenu net et libre de ses immeubles pendant une année suffit pour le paiement de la dette en capital, intérêts et frais, et s'il en offre la délégation au créancier, le juge peut suspendre les poursuites que ce dernier auroit dirigées sur les immeubles, sauf à être reprises, s'il survenoit quelqu'opposition ou obstacle au paiement.

III. La règle que nous avons ci-dessus donnée, que le créancier chirographaire n'avoit de droit sur les biens du débiteur qu'autant qu'ils étoient en sa possession, ne doit souffrir aucune exception, même pour les aliénations gratuites que le débiteur auroit faites; et quoiqu'on ait jugé autrefois au parlement de Paris (ainsi que l'attestent Gonjet et Basnage, en leur *Traité des Hypothèques*) que les créanciers chirographaires du père devoient être préférés à ceux du fils, *sur l'immeuble donné entre vifs par le premier à ce dernier*, et qui, après la mort du père, avoit dû être rapporté à sa succession, je ne pense pas qu'on doive aujourd'hui suivre cette décision, parce que, s'il est vrai que l'immeuble donné à un successible, sans dispense de rapport, doive être rapporté à la masse lors de l'ouverture de la succession, ce n'est que pour l'intérêt des cohéritiers, et pour égaliser leur part; c'est d'ailleurs ce que décident expressément les art. 857 et 921 du Code Napoléon, en disant, le premier, que le rapport n'est dû que par le cohéritier à son cohéritier, et non aux légataires ni aux créanciers; le second, que la réduction ne peut être demandée par les créanciers ni *leur profiter*. Ainsi, comme nous l'avons d'abord dit, les créanciers chirographaires n'ont de droit que sur les immeubles que possède leur débiteur; ceux qu'il a aliénés cessent d'être leur gage, par cela seul qu'ils n'ont pas, comme les créanciers hypothécaires, le droit de les suivre en quelques mains qu'ils passent.

Art. 2093. *Les biens du débiteur sont le gage commun de ses créanciers; et le prix s'en distribue entr'eux par contribution, à moins qu'il n'y ait entre les créanciers des causes légitimes de préférence.*

Toute obligation pouvant naturellement se résoudre en celle de payer une somme d'argent, le prix provenu de la vente forcée des biens du débiteur sert à l'acquittement des dettes, et se partage entre les créanciers (ou est adjugé à quelques-uns d'entr'eux), suivant qu'ils sont, ou non, hypothécaires ou privilégiés. — S'il y a des créanciers privilégiés ou hypothécaires, ils sont tous colloqués dans l'ordre de leurs priviléges et de leurs inscriptions, et les chirographaires ne viennent qu'après. Mais s'il n'y a que des créanciers chirographaires, ou, ce qui est la même chose, si, après la collocation des hypothécaires et de ceux ayant privilége, il reste encore quelques sommes, elles se partagent entre les créanciers chirographaires au marc le franc, de façon que leurs droits soient respectivement égaux, et qu'on ne puisse tirer aucun avantage ou de la priorité de date, ou de l'authenticité du titre constitutif de l'obligation, parce qu'il suffit, pour qu'un créancier chirographaire concoure avec les autres, que sa créance soit légalement établie. (L. 32, ff. *de Reb. Auth. Jud. Possid.*).

Nous ne nous étendrons pas ici sur les principes relatifs à la distribution des sommes entre les créanciers ; nous n'avons voulu que développer la règle que consacre notre article, à l'égard des créanciers chirographaires. Nous renvoyons au titre *de l'Ordre*, pour faire connoître, sur cet objet, les diverses dispositions de la loi.

Art. 2094. *Les causes légitimes de préférence sont les priviléges et hypothèques.*

CHAPITRE II.

Des Priviléges.

Art. 2095. *Le privilége est un droit que la qualité de la créance donne à un créancier d'être préféré aux autres créanciers, même hypothécaires.*

I. Cette définition, littéralement traduite des lois romaines (L. 32, ff. *de Reb. Auct. Jud. Possid.*), marque d'une manière positive les véritables caractères du privilége. Ce n'est pas, comme son nom pourroit d'abord le faire entendre, une faveur personnelle que la loi accorde aux créanciers, mais un droit qu'une justice rigoureuse nécessite, et qui repose sur la seule qualité de la créance : ce qui désigne les divers élémens dont se constitue le privilége.

La qualité de la créance est l'unique fondement du privilége; et quelle que soit la faveur que puisse présenter la personne du créancier, il ne jouit d'aucun avantage, si la créance ne renferme quelque chose de favorable qui la distingue de celles des autres. Aussi faut-il tirer de-là cette conséquence, que le privilége s'établit sans le consentement des parties, et que même leur volonté ne peut suffire pour l'établir (1), quoi-

---

(1) Si la dette n'étoit pas d'elle-même privilégiée, on ne pourroit la rendre telle par l'effet d'une convention. (DOMAT, *Lois Civiles*, tit. *des Hypothèques*, sect. 5, art. 30.

qu'elle suffise pour y renoncer, suivant la maxime : *Unicuique licet juri pro se introducto renunciare.*

Cependant il faut convenir qu'on trouve dans le Code Napoléon quelques priviléges qui ne tirent pas leur origine de la qualité de la créance. L'article 2102 nous en fournit un exemple. En parlant des priviléges sur certains meubles, il cite, au n°. 2, celui du créancier sur le gage dont il est saisi ; or, il n'est pas vrai de dire que, dans ce cas, c'est la qualité de la créance qui constitue le privilége. Tout le monde sait que tout créancier, quelle que soit la cause de sa créance, peut en jouir, s'il s'est fait livrer un gage ; aussi faut-il tenir que c'est alors la convention, suivie de tradition, qui constitue le privilége. Domat avoit tellement senti que, dans ce cas, le privilége du créancier avoit une autre origine que celle de la qualité de la créance, qu'il ne balance pas à dire (tit. *des Gag. et Hyp.*, sect. 5, à la fin du préamb.) qu'on ne doit pas mettre au rang des priviléges la préférence qu'a le créancier sur les meubles qui lui ont été donnés en gage.

II. Après avoir fait connoître l'origine du privilége, notre article en détermine l'effet. Il consiste à donner aux créanciers privilégiés le droit d'être préférés aux créanciers chirographaires, aux hypothécaires et même à ceux qui ont un privilége dont la cause est moins favorable ; mais il faut bien entendre cette dernière partie de notre article.

Le créancier privilégié est sans doute préféré à tous créanciers chirographaires, même antérieurs à la cause du privilége ; il prime également le créancier hypothécaire postérieur à sa cause ; mais peut-il avec justice être préféré à celui dont l'hypothèque étoit légalement acquise avant sa cause ? Pour résoudre cette légère difficulté, il faut distinguer entre les priviléges qui ne sont acquis sur les immeubles qu'à défaut de mobilier, comme ceux énoncés en l'article 2101, et ceux qui grèvent directement les immeubles. Les premiers, en considération de la faveur qu'ils présentent, et suivant l'article 2105, doivent primer tous les créanciers, même ceux qui ont une hypothèque antérieure à la cause du privilége; les autres ne priment que ceux qui sont postérieurs à cette même cause, ou, comme le dit l'article 2106, à la date de leur inscription. Ainsi, et pour en donner un exemple, si l'on suppose qu'un créancier ayant hypothèque et rang à compter du 2 janvier, concourt avec un autre créancier qui a fourni au mois d'août suivant aux frais de justice, aux frais de dernière maladie du débiteur, ou à qui il est dû depuis la même époque des salaires pour domesticité, il se trouvera primé par ce dernier, qui n'a cependant qu'un privilége postérieur en date à son hypothèque. Mais, au contraire, si nous supposons qu'un créancier hypothécaire du défunt concourt avec un cohéritier qui a des soultes à exercer, et qui, pour cela, aux termes de l'article 2103, jouit d'un privilége, nous verrons que le premier primera le cohéritier, par la raison que la cause de son privilége est postérieure à l'hypothèque. De même, si on suppose qu'un créancier ait une hypothèque acquise sur une maison avant que les architectes qui l'ont réparée n'aient fait inscrire le premier procès-verbal dont parlent les articles 2103, n°. 4, et 2110, il faudra décider que le premier sera préféré, parce qu'encore une fois son hypothèque est antérieure à la cause du privilége des architectes.

Ces exemples donnent sans doute la mesure du privilége sur les immeubles, et servent à fixer le sens de ces expressions de notre article, *même hypothécaires.* On saura désormais qu'*en en exceptant ce qui se pratique pour les créances désignées en l'article 2101*, elles n'indiquent que celles dont l'hypothèque est *postérieure* à la cause du privilége (*Voy.* ce que nous dirons sur l'article 2106); mais que, relativement aux meubles, notre article a toute sa force; que le créancier qui a acquis sur eux un privilége, peut l'exercer au préjudice des droits *antérieurement* acquis à des tiers, et que cette règle ne souffre d'exception que pour les priviléges du trésor public. (*Voyez* l'article 2098.)

Art. 2096. *Entre les créanciers privilégiés, la préférence se règle par les différentes qualités des priviléges.*

I. Si quelquefois, pour juger de la préférence entre un créancier ayant privilége et celui qui a hypothèque, il est besoin de connoître la date du privilége, il n'en est pas de même lorsqu'il s'agit de prononcer entre deux créanciers privilégiés. La date de leur privilége est toujours indifférente à connoître, et on ne les distingue que par la qualité de la créance et par la nature de leur privilége. *Privilegia non tempore æstimantur, sed ex causâ.* (L. 32, ff. *de Reb. Auct. Jud. Possid.*) Ainsi, une créance qui présente un grand degré de faveur, prime toujours celle qui n'a qu'une cause moins favorable : c'est la décision de notre article. — Mais, comme c'est le degré de faveur qui décide de la préférence, on pourroit se demander, qui a caractère pour juger si telle créance est plus ou moins favorable que telle autre? Le silence que garde notre article pourroit peut-être faire croire que la décision de ce point important est laissée à l'arbitraire du juge, si le législateur, en désignant dans les articles suivans les créances privilégiées, n'eût montré que c'étoit lui-même qui avoit seul caractère pour établir les causes de préférence. Si donc l'article 2095 consacre le principe que le privilége tire son origine de la *qualité* de la créance, les articles 2101 et suivans déterminent bientôt quelles sont les créances qui ont les qualités requises pour jouir d'un privilége, et quelles sont celles qui, plus favorables, doivent passer avant les autres.

II. Cependant il est indispensable de remarquer ici que cette règle de notre article, qui a pour objet d'établir que c'est la seule qualité de la créance qui détermine la préférence entre les créanciers privilégiés, n'a véritablement d'application que pour les priviléges sur les meubles, ou pour ceux qui portent tout-à-la-fois sur les meubles et les immeubles; mais que, pour les autres, la préférence se règle le plus souvent par l'époque de leur publicité. (On peut voir ce que nous dirons, sect. 4, art. 2106 et suiv.)

Art. 2097. *Les créanciers privilégiés qui sont dans le même rang, sont payés par concurrence.*

Lorsque deux créanciers ont chacun une créance tout aussi favorable, ils ne peuvent user l'un envers l'autre de leurs priviléges, et on doit appliquer cette règle qui, quoique faite pour les priviléges personnels, n'en est pas moins applicable à l'hypothèque : *Privilegiatus contrà æquè privilegiatum, non utitur privilegio*. Leurs priviléges, en effet, se détruisent mutuellement; et voilà pourquoi l'on décide qu'ils doivent être payés dans le même ordre et en concurrence, quoique leurs priviléges remontent à des époques différentes : *et si ejusdem tituli fuerunt, concurrunt ; licet diversitates temporis in his fuerint.* (L. 32 , ff. *de Reb. Auct. Jud. Possid.*)

Art. 2098. *Le privilége à raison des droits du trésor public, et l'ordre dans lequel il s'exerce, sont réglés par les lois qui les concernent.*

Le trésor public ne peut cependant obtenir de privilége au préjudice des droits antérieurement acquis à des tiers.

I. Sous l'ancien régime diverses lois avoient fixé les droits du trésor public, déterminé les causes qui lui donnoient quelques priviléges, et arrêté l'ordre dans lequel il devoit les exercer. D'abord la loi romaine (L. 46, §. 3, ff. *de Jur. Fisc.*; L. 28 , ff. *eod. tit.*) lui avoit donné un droit d'hypothèque sur les biens des officiers comptables, acquis depuis leur gestion, et un privilége qui le faisoit préférer à tous les autres créanciers, même privilégiés, tels que le vendeur, celui qui avoit réparé la chose, etc. (L. 34, ff. *de Reb. Auct. Jud. Possid.*) Ensuite l'édit d'août 1669 , dont les dispositions furent renouvelées par les lois des 24 novembre 1790, 19 juillet et 11 août 1792, restreignit les prérogatives du fisc, en ne lui donnant sur les meubles qu'un privilége après les créances que nous venons d'indiquer, et sur les immeubles une hypothèque privilégiée, qui ne grévoit, à la vérité, que ceux acquis pendant la gestion des comptables, mais qui donnoit au trésor le droit d'être préféré à tous les autres créanciers, même antérieurs.

Depuis la loi du 11 brumaire an 7 les droits du trésor avoient été restreints ; cette loi ne lui accordoit qu'une simple hypothèque, sujette, comme les autres, à l'inscription, et qui ne devoit prendre rang que du jour de l'accomplissement de cette formalité, et lui refusoit un privilége sur les meubles. On étoit tombé dans l'excès contraire à celui qu'on reprochoit avec raison à la législation romaine. De-là des pertes considérables pour le trésor public, pertes dont il étoit urgent d'arrêter le cours. Aussi, lors de la discussion du nouveau système hypothécaire, le principe que le trésor public devoit jouir de quelques priviléges, ne trouva-t-il pas de contradicteur, et notre article fut unanimement adopté.

II. Mais quels sont les priviléges que la loi accorde au trésor public ? Dans quel rang les exerce-t-il ? C'est ce que ne nous dit pas notre article ; il se contente de sanctionner le principe du privilége ; et, pour le déterminer, il nous renvoye à des dispositions particulières qu'il est nécessaire d'examiner, et que, pour cela, nous allons transcrire.

Loi du 5 septembre 1807, relative aux droits du trésor public sur les biens des comptables.

Art. Ier. « Les privilége et hypothèque, maintenus
» par les articles 2098 et 2121 du Code Civil, au profit
» du trésor public, sur les biens meubles et immeubles
» des comptables chargés de la recette ou paiement de
» ses deniers, sont réglés ainsi qu'il suit :

II. » Le privilége du trésor public a lieu sur tous les
» biens meubles des comptables, même à l'égard des
» femmes séparées de biens, pour les meubles trouvés

» dans les maisons d'habitation du mari, à moins
» qu'elles ne justifient légalement que lesdits meubles
» leur sont échus de leur chef, ou que les deniers em-
» ployés à l'acquisition leur appartenoient.

» Ce privilége ne s'exerce néanmoins qu'après les
» priviléges généraux et particuliers énoncés aux articles
» 2101 et 2102 du Code Civil.

III. » Le privilége du trésor public sur les fonds de
» cautionnement des comptables continuera d'être
» régi par les lois existantes.

IV. » Le privilége du trésor a lieu : 1°. Sur les im-
» meubles acquis à titre onéreux par les comptables
» postérieurement à leur nomination ; 2°. sur ceux ac-
» quis au même titre, et depuis cette nomination, par
» leurs femmes, même séparées de biens.

» Sont exceptées néanmoins les acquisitions à titre
» onéreux, faites par les femmes, lorsqu'il sera légale-
» ment justifié que les deniers employés à l'acquisition
» leur appartenoient.

V. » Le privilége du trésor public, mentionné en
» l'article IV ci-dessus, a lieu, conformément aux ar-
» ticles 2106 et 2113 du Code Civil, à la charge d'une
» inscription, qui doit être faite dans les deux mois de
» l'enregistrement de l'acte translatif de propriété.

» En aucun cas, il ne peut préjudicier : 1°. aux
» créanciers privilégiés désignés dans l'article 2103 du
» Code Civil, lorsqu'ils ont rempli les conditions pres-
» crites pour obtenir privilége ; 2°. aux créanciers dési-
» gnés aux articles 2101, 2104 et 2105 du Code Civil,
» dans le cas prévu par le dernier de ces articles ;
» 3°. aux créanciers du précédent propriétaire, qui au-
» roient sur le bien acquis des hypothèques légales

» existantes indépendamment de l'inscription, ou tout
» autre hypothèque valablement inscrite.

VI. » A l'égard des immeubles des comptables, qui
» leur appartenoient avant leur nomination, le trésor
» public a une hypothèque légale, à la charge de l'ins-
» cription, conformément aux articles 2121 et 2134
» du Code Civil.

» Le trésor public a une hypothèque semblable, et
» à la même charge, sur les biens acquis par le comp-
» table, autrement qu'à titre onéreux, postérieure-
» ment à sa nomination.

VII. » A compter de la publication de la présente
» loi, tous receveurs-généraux de département, tous
» receveurs-particuliers d'arrondissement, tous payeurs
» généraux et divisionnaires, ainsi que les payeurs de
» département, des ports et des armées, seront tenus
» d'énoncer leurs titres et qualités dans les actes de
» vente, d'acquisition, de partage, d'échange et autres,
» translatifs de propriété, qu'ils passeront, et ce à peine
» de destitution ; en cas d'insolvabilité envers le tré-
» sor public, d'être poursuivis comme banqueroutiers
» frauduleux.

» Les receveurs de l'enregistrement et les conserva-
» teurs des hypothèques seront tenus, aussi à peine
» de destitution, et en outre de tous dommages et
» intérêts, de requérir ou de faire, au vu desdits
» actes, l'inscription au nom du trésor public pour
» la conservation de ses droits, et d'envoyer, tant au
» procureur impérial du tribunal de première ins-
» tance de l'arrondissement des biens, qu'à l'agent du
» trésor public à Paris, le bordereau prescrit par les
» articles 2148 et suivans du Code Civil.

» Demeurent néanmoins exceptés les cas où, lorsqu'il
» s'agira d'une aliénation à faire, le comptable aura
» obtenu un certificat du trésor public portant que
» cette aliénation n'est pas sujette à l'inscription de la
» part du trésor. Ce certificat sera énoncé et daté dans
» l'acte d'aliénation.

VIII. » En cas d'aliénation, par tout comptable,
» de biens affectés aux droits du trésor public par
» privilége ou par hypothèque, les agens du gouver-
» nement poursuivront, par voie de droit, le recou-
» vrement des sommes dont le comptable aura été
» constitué redevable.

IX. » Dans le cas où le comptable ne seroit pas ac-
» tuellement constitué redevable, le trésor public sera
» tenu, dans trois mois, à compter de la notification qui
» lui sera faite, aux termes de l'article 2183 du Code
» Civil, de fournir et de déposer au greffe du tribunal
» de l'arrondissement des biens vendus un certificat
» constatant la situation du comptable; à défaut de
» quoi, ledit délai expiré, la main-levée de l'inscrip-
» tion aura lieu de droit, et sans qu'il soit besoin de
» jugement.

» La main-levée aura également lieu de droit, dans
» le cas où le certificat constatera que le comptable
» n'est pas débiteur envers le trésor public.

X. » La prescription des droits du trésor public, éta-
» blie par l'article 2227 du Code Civil, court au profit
» des comptables du jour où leur gestion a cessé.

XI. » Toutes dispositions contraires à la présente
» loi sont abrogées. »

III. Cette loi, juste dans ses motifs, facile dans l'application, ne nous laisse que peu de chose à dire sur la

nature et l'étendue du privilége du trésor. Aussi nous bornerons-nous à quelques observations sur les dispositions sur lesquelles il seroit possible qu'il s'élevât du doute.

L'article II accorde au trésor public un privilége sur tous les biens meubles trouvés dans les maisons d'habitation des comptables, et n'en excepte que ceux que les femmes séparées de biens justifieroient légalement leur appartenir; ce qui prouve que la présomption de droit est qu'ils appartiennent au mari, et l'on sait que cette présomption ne cède qu'à la preuve contraire.

Mais comment doit se faire cette preuve, comment la femme pourra-t-elle justifier de sa propriété? Le même article II, après avoir établi la présomption que les biens meubles appartenoient au mari, ajoute : *à moins qu'elles* (les femmes) *ne justifient légalement que lesdits meubles leur sont échus*, etc.; or, elles justifieront que les meubles leur appartiennent, en prouvant par inventaire authentique qu'ils leur sont échus par succession, ou qu'elles les ont reçus à titre de donation, ou qu'elles les ont apportés en mariage, ou bien, comme le dit l'article, en démontrant qu'ils ont été acquis de leurs deniers, preuve qui sera d'autant plus difficile à rapporter, que si ces meubles ont été acquis postérieurement à la nomination des comptables, on pourroit penser avec quelque fondement qu'ils l'ont été avec ceux du trésor. Cependant il est à présumer qu'il se rencontrera quelques cas où la femme pourra prouver l'emploi de ses deniers à l'acquisition des meubles. Mais j'observe que cette preuve ne détruira la présomption de la loi qu'autant qu'elle résultera d'actes authentiques. Jamais une preuve testimoniale, fût-elle même fondée sur un commencement de preuve par écrit, ne sauroit être admise.

IV. Le même article II, en faisant une exception pour la femme séparée de biens, ne dit pas un mot de celle qui ne l'est pas; comme son silence pourroit être mal interprété, je crois devoir en donner la cause, et par suite indiquer les principes à suivre en cette matière.

Lorsque la femme est séparée de biens, soit contractuellement, soit par suite d'un jugement, ses droits sont définitivement fixés; comme elle jouit seule de ses biens, elle est à même, lorsqu'on discute ceux de son mari, d'établir sa propriété, tant sur les meubles que sur les immeubles. Au contraire, lorsque l'union conjugale n'a souffert aucune atteinte, que pour sa personne comme pour ses biens la femme est sous la puissance maritale, il lui est presque impossible d'indiquer une propriété mobilière; ou, si elle le peut, cette propriété est tellement confondue avec celle de son mari, que celui-ci est censé en avoir acquis la propriété par le fait seul du mariage; ainsi, sous aucun rapport, la femme non séparée ne pouvant clairement indiquer de propriété mobilière, il étoit inutile que notre article en parlât.

V. L'article IV donne un privilége sur les immeubles des comptables, mais seulement sur ceux acquis à titre *onéreux* depuis leur nomination; il établit ensuite la même présomption contre les femmes, c'est-à-dire, qu'il suppose que ces acquisitions ont été payées des deniers du trésor, encore qu'elles soient faites au nom de leurs femmes, et qu'on ait stipulé que c'étoit de leur argent; mais aussi il trace la même règle que pour les meubles, et donne aux femmes le droit de prouver que les deniers employés à l'acquisition leur appartenoient. — Remarquons, en outre, que la disposition atteint la femme séparée comme celle qui ne l'est pas, et que par-là le législateur obvie à toutes les fraudes que commettoient trop souvent les femmes des comptables, ou plutôt ceux-ci sous le nom de leurs femmes.

VI. L'article V, en consacrant le principe du privilége, et prescrivant son mode de publicité, laisse peut-être encore quelqu'incertitude sur l'époque où il peut être exercé. Suivant ses propres expressions, il a lieu conformément aux articles 2106 et 2113 du Code Napoléon, à la charge d'une inscription qui doit être faite dans les deux mois de l'enregistrement de l'acte translatif de propriété. D'après cela, c'est, ce semble, les articles 2106 et 2113 qui doivent, pour ainsi dire, organiser ce privilége et fixer l'époque de son exercice; or, ces articles portent : Art. 2106. « Entre les créanciers les » priviléges ne produisent d'effet, à l'égard des im- » meubles, qu'autant qu'ils sont rendus publics par » inscription sur les registres du conservateur des » hypothèques, de la manière déterminée par la loi » *et à compter de la date de cette inscription*......... » — Art. 2113. « Toutes créances privilégiées soumises à la » formalité de l'inscription, à l'égard desquelles les » conditions ci-dessus prescrites pour conserver le pri- » vilége n'ont pas été accomplies, ne cessent pas » néanmoins d'être hypothécaires; mais l'hypothèque » ne date, à l'égard des tiers, que de l'époque des » inscriptions, qui auront dû être faites ainsi qu'il sera » ci-après expliqué. »

Si nous consultons la première disposition à laquelle nous renvoie notre article V, nous sommes forcés de tirer cette conséquence, que le privilége du trésor public ne produit d'effet, et ne peut par conséquent s'exercer, *qu'à compter de la date de l'inscription* qu'on aura prise, puisque, suivant les propres expressions de cet article 2106, le privilége ne produit d'effet qu'à partir de cette époque. Cependant telle ne peut être la conséquence que l'article 5 veut que l'on induise de l'article 2106, car en donnant deux mois pour prendre l'inscription, il a nécessairement entendu que son effet remonteroit à la cause du privilége, si le privilége étoit inscrit dans ce délai.

D'un autre côté, si nous nous rappelons la disposition de l'article 2113 auquel on nous renvoie encore, nous trouvons un résultat plus conforme à l'idée que donne de ce privilége notre article 6, car nous y voyons que si l'on n'inscrit pas dans les délais déterminés, si l'on ne met pas le privilége en action en le rendant public dans les deux mois, il reste encore au trésor public une hypothèque qui prend rang du jour de l'inscription. Ainsi cet article 2113 ne nous donne le résultat du premier (2106), c'est-à-dire ne fait dégénérer le privilége en simple hypothèque, et ne lui donne la date du jour de l'inscription, qu'autant que cette formalité n'a pas été observée dans les délais prescrits.

Du rapprochement de ces articles, et de la combinaison de leurs dispositions, il faut donc conclure que le privilége du trésor public sur les immeubles acquis depuis la nomination du comptable, s'exerce du jour des contrats d'acquisition et non du jour de l'inscription.

VII. Observons encore que c'est sur les immeubles acquis postérieurement à la *nomination* des comptables que porte le privilége; et quoiqu'on ne puisse pas supposer que ceux acquis depuis la nomination, mais avant l'entrée en fonctions, l'aient été des deniers du trésor, on doit respecter la sévérité de la loi, et lui accorder le privilége sur ces derniers comme sur les autres. Cependant convenons que, suivant l'esprit général de la loi, on auroit pu établir une exception pour les aliénations antérieures à l'entrée en gestion, dont le prix auroit absolument été payé avant cette époque; mais, nous le répétons, il seroit difficile de donner ce sens à l'article IV.

VIII. Enfin nous terminerons nos observations sur cette loi, par rappeler aux receveurs de l'enregistrement et aux conservateurs des hypothèques les obligations que l'article VII leur impose. Comme la conservation des priviléges du trésor leur est confiée, ils doivent sentir de quelle nécessité est pour eux de surveiller les acquisitions ou aliénations que pourroient faire les comptables; la moindre négligence, la plus légère omission sur ce point, compromettroit leur responsabilité et entraîneroit même leur destitution. Les receveurs de l'enregistrement doivent sur-tout apporter dans l'exécution de cette loi une scrupuleuse attention, parce qu'ils sont véritablement plus à même que les conservateurs de signaler les actes d'acquisition faits par les comptables, et que, dans le cas où ces actes n'auroient pas été soumis à la formalité de la transcription, ou n'auroient pas fait la base d'une inscription, ils seroient seuls responsables. Mais aussi, lorsque ces deux fonctionnaires ont eu connoissance des actes d'acquisition, ils doivent savoir qu'en les assujettissant à des dommages et intérêts, la loi les rend solidairement responsables pour leur recouvrement.

Ajoutons qu'à la rigueur les receveurs de l'enregistrement et les conservateurs des hypothèques ne sont obligés de prendre l'inscription dont parle l'article V, que lorsque, dans les actes qu'on leur soumet, ils trouvent énoncée la qualité de comptable ; mais nous pensons qu'ils ne pourroient guères, sans se compromettre, se dispenser de faire ou de requérir cette inscription à la vue d'un acte d'acquisition consenti par un comptable qui n'auroit pas énoncé sa qualité, mais qui dans le fait seroit connu d'eux, tels par exemple que le receveur-général de leur département ou tout autre comptable avec lequel ils seroient en relations d'affaires.

Voyez au surplus ce que nous ajouterons sur l'article 2104 relativement au privilége du trésor (1).

IX. La loi dont nous venons de rapporter les dispositions, fixe le privilége du trésor, établit l'ordre dans lequel il doit être exercé, mais seulement pour le recouvrement des débets des comptables. Les autres créances, telles par exemple que celles résultant d'avances faites par le trésor pour les frais de justice en matière criminelle, correctionnelle et de police, pour lesquelles, suivant notre article 2098, il doit également jouir d'un privilége, ne sont pas rappelées dans la loi du 5 septembre, et aussi devons-nous chercher ailleurs les règles à suivre en cette matière.

Sous l'ancienne législation on accordoit au trésor une amende qui lui tenoit lieu de frais de poursuite. Les déclarations du roi des 21 et 24 mars 1671,

---

(1) Un avis du Conseil-d'Etat, approuvé par l'Empereur le 25 février 1808, et inséré au Bulletin des Lois, n°. 3141, déclare applicables au trésor de la couronne les dispositions des articles 2098 et 2121 du Code Napoléon, ainsi que la loi du 5 septembre que nous venons de transcrire. Voyez ce que nous dirons sur l'article 2121.

13 juillet 1700, et notamment celle du 16 août 1707, fixèrent irrévocablement les droits du trésor, et dèslors il jouit d'un privilége sur les biens mobiliers des condamnés (privilége qui n'étoit primé que par celui du propriétaire pour les loyers, et par ceux des domestiques et des fournisseurs), et d'une hypothèque sur leurs immeubles à compter du jour du jugement de condamnation.

Cet état de choses dura jusqu'en 1791, époque où le Code Pénal et quelques autres lois supprimèrent presqu'entièrement les amendes et laissèrent à la charge du trésor tous les frais de procédure sans aucuns moyens de les recouvrer. — La loi du 18 germinal an 7 vint ensuite au secours du trésor, en disposant, art. Ier: «Que
» tout jugement d'un tribunal criminel, correctionnel
» ou de police, portant condamnation à une peine
» quelconque, prononcera en même temps au profit
» de la république le remboursement des frais auxquels
» la poursuite et punition des crimes et délits aura
» donné lieu. » — Mais cette loi ne s'occupa point de l'ordre de collocation, et le laissa par conséquent dans le domaine du législateur, où il est resté jusqu'à une seconde loi du 5 septembre 1807, qu'il est également nécessaire de connoître, et que pour cela nous allons transcrire :

Loi du 5 septembre 1807, relative au mode de recouvrement des frais de justice, au profit du trésor public, en matière criminelle, correctionnelle et de police.

Art. 1er. « En conséquence de l'article 2098 du Code
» Civil, le privilége du trésor public est réglé de la ma-
» nière suivante, en ce qui concerne le remboursement

» des frais dont la condamnation est prononcée à son
» profit, en matière criminelle, correctionnelle et de
» police.

2. » Le privilége du trésor public sur les meubles et
» effets mobiliers des condamnés ne s'exercera qu'a-
» près les autres priviléges et droits ci-après mention-
» nés ; savoir : 1°. les priviléges désignés aux articles
» 2101 et 2102 du Code Civil ; 2°. les sommes dues
» pour la défense personnelle du condamné, lesquelles,
» en cas de contestation de la part de l'administration
» des domaines, seront réglées, d'après la nature de
» l'affaire, par le tribunal qui aura prononcé la con-
» damnation.

3. » Le privilége du trésor public sur les biens im-
» meubles des condamnés n'aura lieu qu'à la charge
» de l'inscription, dans les deux mois, à dater du jour
» du jugement de condamnation; passé lequel délai,
» les droits du trésor public ne pourront s'exercer qu'en
» conformité de l'article 2113 du Code Civil.

4. » Le privilége mentionné dans l'article 3 ci-des-
» sus ne s'exercera qu'après les autres priviléges et
» droits suivans :

» 1°. Les priviléges désignés en l'article 2101 du Code
» Civil, dans le cas prévu par l'article 2105 ;

» 2°. Les priviléges désignés en l'article 2103 du
» Code Civil, pourvu que les conditions prescrites pour
» leur conservation aient été accomplies ;

» 3°. Les hypothèques légales existant indépendam-
» ment de l'inscription, pourvu toutefois qu'elles soient
» antérieures au mandat d'arrêt, dans le cas où il en
» auroit été décerné contre le condamné; et dans les
» autres cas, au jugement de condamnation ;

» 4°. Les autres hypothèques, pourvu que les créan-
» ces aient été inscrites au bureau des hypothèques
» avant le privilége du trésor public, et qu'elles résul-
» tent d'actes qui aient une date certaine, antérieure
» auxdits mandats d'arrêt ou jugement de condamna-
» tion ;

» 5°. Les sommes dues pour la défense personnelle
» du condamné, sauf le réglement, ainsi qu'il est dit
» en l'article 2 ci-dessus.

5. » Toutes dispositions contraires à la présente loi
» sont abrogées. »

X. Quelque claires que soient les dispositions de cette loi, on ne peut se dissimuler qu'elles n'aient laissé des lacunes et des difficultés, qu'il auroit été d'autant plus important pour le trésor de remplir et de résoudre, qu'il ne peut résulter pour lui, du silence de la loi, que des pertes considérables. Néanmoins il est possible qu'à l'aide d'une saine interprétation, et en suivant l'analogie des dispositions de la loi, nous parvenions à lever les obstacles qu'on a déjà opposés à son exécution.

On a d'abord demandé si ses dispositions étoient applicables aux amendes ; en d'autres termes, si le trésor public devoit jouir, pour le recouvrement des amendes, du privilége que notre loi lui accorde pour les frais de justice ? La négative ne nous paroît pas équivoque ; la loi du 5 septembre ne parle que des frais de justice. On ne peut donc pas en tirer de conséquence pour les amendes ; et sous ce rapport, les déclarations et édits de 1671, 1691, 1700 et 1707, doivent être regardés comme abrogés par le dernier article de la nouvelle loi.
— Plusieurs raisons viennent d'ailleurs à l'appui de notre opinion. Autrefois, les amendes tenoient lieu de

frais de poursuite. Il n'en est pas de même à présent, la condamnation aux frais est bien distincte de celle de l'amende; et comme la loi n'attribue de privilége qu'aux premiers, on doit en conclure qu'en effet on n'a pas entendu l'accorder pour les amendes. Les frais de poursuite avancés par le trésor public sont par eux-mêmes une dette privilégiée, et plus favorable que les amendes, qui sont une peine; aussi voit-on dans le Droit Romain (1) que les peines fiscales n'étoient colloquées qu'après tous les créanciers légitimes. Enfin les nouvelles lois, qui ont établi des amendes et déterminé en général les moyens d'en poursuivre le recouvrement, ne font aucune mention de privilége à ce sujet, et les anciennes ordonnances du dix-septième siècle ne peuvent guères servir de règles, puisqu'elles ne sont plus en harmonie avec la nouvelle législation, que de fait on ne les exécute pas dans les tribunaux. C'est du reste dans ce sens que le Grand-Juge l'a décidé dans une lettre du 19 mars 1808, écrite au ministre des finances, et dans laquelle S. Exc. pense que le privilége des amendes ne peut revivre que d'après une nouvelle loi.

XI. La loi du 5 septembre énonce en détail plusieurs priviléges et droits à exercer avant ceux du trésor public; elle ne parle pas de l'indemnité due à la partie civile; de-là, la question de savoir si cette indemnité doit primer le privilége du trésor? L'article V de la loi du 18 germinal an 7 décide d'une manière positive que les indemnités seront prises sur les biens des con-

---

(1) *In summâ sciendum est, omnium fiscalium pænarum petitionem, creditoribus postponi,* L. 17, ff. *de Jur. Fisc.* — *Rem suam persequentibus, pœnæ exactio postponitur.* L. unic. Cod. *de Priv. Fisc.*

damnés *avant les frais adjugés* à la république. La loi du 5 pluviose an 13, relative à la diminution des frais de poursuite, semble adopter une opinion contraire; elle décide qu'en toute affaire criminelle ceux qui se seront constitués parties civiles seront personnellement tenus des remboursemens des frais de poursuite, sauf leur recours contre les condamnés. Or, si les parties civiles sont personnellement responsables des frais envers le trésor, comment seroit-il possible de prétendre que leur indemnité peut le primer? Leur privilége seroit sans doute illusoire, puisqu'après avoir été payées de leur indemnité elles seroient obligées de la restituer au trésor pour le remplir de ses avances. Ajoutons qu'en détaillant les priviléges qui passent avant celui du trésor, la loi du 5 septembre n'y comprend pas les indemnités des parties lésées, et décide tacitement par-là qu'elle n'a pas voulu leur accorder de préférence. C'est l'opinion de l'orateur du gouvernement qui a présenté la loi à la sanction du Corps législatif; c'est également celle du ministre de la justice. On la trouve clairement développée dans la lettre que nous avons précédemment citée.

XII. L'article III de notre loi attribue au trésor public un privilége sur les biens immeubles des condamnés, et l'article IV détermine les créances qui passent avant ce privilége. Parmi celles que ce dernier article désigne, on remarque les hypothèques inscrites avant le privilége du trésor public, pourvu qu'elles résultent d'actes qui aient une date certaine *antérieure* au mandat d'arrêt ou au jugement de condamnation, et on en tire cette conséquence aussi juste que vraie, que dès qu'il y a eu un mandat d'arrêt de décerné, ou, dans le cas contraire, lorsque le jugement de condamnation a été rendu, le prévenu ou le condamné ne peut plus dès-lors engager ses biens au préjudice des droits du trésor. Mais ces articles se bornent à régler l'ordre et la préférence entre les créanciers, la validité et le rang des inscriptions prises sur les immeubles des condamnés ; nulle part, dans la loi, on ne parle des aliénations que pourroient faire les prévenus ; cependant il peut arriver, et il n'arrive peut-être que trop, qu'un accusé qui ne peut se dissimuler son crime, ou qui est déjà condamné, aliène frauduleusement ses propriétés pour arrêter le cours des répétitions que le trésor ou tout autre individu auroit à exercer contre lui. Dès-lors quels seront les droits du trésor ? pourra-t-il, argumentant de l'article IV déjà cité, prétendre qu'après le mandat d'arrêt ou le jugement de condamnation le prévenu ou le condamné ne peut rien faire d'une manière *utile* pour frauder ses droits, et que par conséquent le fisc doit être colloqué comme s'il n'y avoit pas eu d'aliénation ; ou, au contraire, sera-t-il obligé, pour poursuivre le recouvrement des frais, de se soumettre aux règles ordinaires, et de faire avant tout déclarer les actes frauduleux ? En se pénétrant bien du sens de la loi, des motifs qui ont déterminé la disposition de l'article IV, il sembleroit que du jour du mandat d'arrêt ou de celui du jugement, le prévenu fût, *par rapport au trésor public*, dans un état d'incapacité absolue. L'intention du législateur, en effet, en donnant au trésor le droit de primer les créanciers établis depuis le mandat d'arrêt ou le jugement, a été : 1°. de le soustraire aux fraudes que ne manqueroient pas de commettre les prévenus ; 2°. de le dispenser d'intenter une demande en rescision contre l'acte frauduleux : or si, comme il nous le sembloit, tels étoient les motifs du législateur, on ne pourroit, sans s'écarter de sa disposition, obliger le trésor public à poursuivre la rescision des aliénations consenties postérieurement au mandat d'arrêt ou au jugement ; car, en rendant inutiles vis-à-vis du trésor les inscriptions prises en vertu d'actes postérieurs au mandat, la loi a dû porter la même disposition pour les *transcriptions* requises en vertu d'actes également postérieurs au mandat d'arrêt ou au jugement, puisqu'il y a même raison de décider ; d'ailleurs, n'est-il pas de principe constant, en matière de loi prohibitive, que lorsqu'on défend le *moins*, on est censé défendre le *plus* ; or, la vente, la donation n'étant que des aliénations plus parfaites, plus étendues que l'hypothèque, en défendant celle-ci la loi n'est-elle pas censée interdire les premières ? Nous savons qu'on peut dire qu'avant la condamnation le prévenu jouit encore de tous ses droits et qu'il peut disposer de ses biens; mais ce ne peut pas être là un motif pour décider la question contre le trésor, puisque malgré toute sa capacité l'accusé ne peut utilement consentir une hypothèque, ni empêcher par là l'exercice du privilége du fisc ; ce qui cependant devroit être, s'il étoit dans l'intégrité de ses droits. D'un autre côté, il sembleroit que le privilége du trésor remontant au jour du mandat d'arrêt ou du jugement, s'il est inscrit dans les deux mois, le prévenu n'a pu aliéner les immeubles qu'à la charge du privilége ; que d'ailleurs la transcription faite par le tiers acquéreur n'a pu affranchir l'immeuble d'un privilége déjà acquis et qui existoit indépendamment de toute inscription jusqu'au dernier jour des deux mois.

Néanmoins, S. Exc. le ministre de la justice, dans une lettre écrite à son Exc. le ministre des finances, le 9 août 1808, pense que jusqu'au jugement de condamnation le prévenu conservant l'exercice de ses droits civils et la capacité de disposer de ses biens, il avoit pu *valablement* les aliéner; que, d'un autre côté, les actes translatifs de propriété, suivis de transcription, transmettent à l'acquéreur les biens libres et exempts de toutes hypothèques autres que celles qui se trouveroient inscrites lors de la transcription ou dans la quinzaine suivante; et que, comme le trésor public n'avoit de titre hypothécaire que par le jugement, et ne pouvoit conséquemment former inscription auparavant, il s'ensuivoit qu'il ne pouvoit exercer de privilége ni d'hypothèque sur les biens qui avoient été *antérieurement* aliénés.

S. Exc. ajoute que, dans ce cas, le fisc peut, comme les autres créanciers, provoquer la rescision des aliénations antérieures simulées, ou qui seroient faites en fraude de ses droits;

Qu'à cet égard il y a une différence à faire entre les aliénations à titre onéreux et les dispositions gratuites; que celles-ci sont plus facilement révoquées que les autres, parce qu'il suffit de prouver la *fraude* de la part de celui qui a disposé; tandis que, pour les aliénations à titre onéreux, il faut encore prouver la participation de l'acquéreur à cette fraude.

Enfin, S. Exc. pense que ces principes reçoivent un nouveau degré de force par la qualité des personnes en faveur desquelles peuvent être faites les donations. En effet, il est bien plus aisé de présumer la fraude lorsque les donations sont faites aux ascendans, descendans, ou autres proches parens du prévenu.

XIII. La loi du 5 septembre ne s'explique pas non plus sur le sort des actes faits avant le mandat d'arrêt ou avant le jugement de condamnation; cependant il peut arriver que des hommes dont le délit est découvert fassent avant cette époque des actes frauduleux et rendent ainsi inutile le privilége du trésor. Mais, comme l'observe fort bien l'orateur du gouvernement, dans les motifs de la loi, il n'étoit pas besoin de disposition particulière à cet égard : le privilége du trésor n'existant que du jour du mandat ou du jugement, c'est à lui à faire rescinder les actes frauduleux antérieurs à cette époque, qui lui occasionneroient quelque préjudice.

XIV. Le trésor public jouit encore de quelques priviléges tant pour le recouvrement des contributions directes que pour celles indirectes. Sous la loi de brumaire an 7 il avoit privilége sur les biens des redevables pour une année échue et celle courante de la contribution foncière, et lors de la rédaction du Code Napoléon on avoit proposé de laisser subsister ce privilége et d'en créer un pour les droits de mutation dus par décès. Mais cette opinion ne fut pas adoptée, et les choses restèrent aux termes du droit commun. D'après cela on peut se demander quels sont maintenant les droits du fisc pour s'assurer le paiement de ces diverses contributions ? La loi du 22 frimaire an 7 relative aux droits d'enregistrement, semble fixer la nature des droits dus à la régie pour les mutations par décès. L'article XXXII porte : « Les droits de déclarations des
» mutations par décès seront payés par les héritiers,
» donataires et légataires. . . . et la nation aura ac-
» tion *sur les revenus des biens à déclarer en quelques*

» *mains qu'ils se trouvent.* » — On ne peut guères, ce semble, établir en termes plus exprès l'existence du privilége. Le droit qu'a le fisc de suivre les fruits en quelques mains qu'ils se trouvent est même une de ces prérogatives qui n'est attachée qu'à un privilége extraordinaire ou exorbitant; et la circonstance que le Code Napoléon n'a pas parlé des droits dus par décès ne peut être d'un grand poids, puisqu'après avoir en général établi en principe que le trésor public avoit un privilége, il renvoie à des lois particulières pour l'organiser et en fixer les effets. C'est, du reste, dans ce sens que l'a décidé le Grand-Juge le 23 nivose an 12. Nous allons rapporter les termes mêmes de sa décision, parce qu'ils servent à fixer irrévocablement les principes à suivre en cette matière.

« Le régime hypothécaire, (dit son Exc.,) n'a été
» établi que pour régler les droits respectifs des créan-
» ciers sur les biens des débiteurs, et pour fixer l'ordre
» dans lequel ils doivent être payés. Il ne peut donc
» concerner la nation que lorsqu'elle se présente comme
» créancière, et pour les droits résultans seulement de
» ses propriétés ou domaines particuliers.

» Mais il ne doit plus en être de même pour ceux
» dérivant des contributions publiques, qui sont d'une
» nature toute différente des propriétés privées. Tel est
» entr'autres le droit de mutation qui se perçoit dans
» les successions. La nation ne réclame pas comme
» créancière, mais plutôt comme portionnaire d'une
» partie de cette succession. *C'est un prélèvement que*
» *la loi lui adjuge dans cette circonstance;* et suivant
» l'article XV de la loi du 22 frimaire an 7, ce prélève-
» ment doit se faire *sur le produit des biens sans dis-*

» *traction des charges*, c'est-à-dire que, pour fixer le
» droit de mutation, on évalue la succession sans faire
» la distraction des dettes.

» Or, si la loi soumettoit un pareil droit au régime
» hypothécaire, ou, ce qui revient au même, si elle
» exigeoit une inscription pour en assurer le recouvre-
» ment, il y auroit tout-à-la-fois inconséquence et con-
» tradiction dans ses dispositions; inconséquence, en
» ce que, après avoir dit que le droit sera perçu par
» prélèvement, sans distraction des charges, et sans
» concours par conséquent avec les créanciers, elle
» établiroit ce concours en exigeant une inscription,
» puisque, comme je l'ai déjà remarqué, les inscrip-
» tions n'ont d'autre objet que de fixer l'ordre dans
» lequel les créanciers doivent être payés.

» Il y auroit encore contradiction dans la loi, parce
» que, d'un côté, elle auroit voulu exempter le droit
» de mutation du régime hypothécaire, et qu'elle l'y
» soumettroit de l'autre.

» Ce droit est donc *une créance privilégiée*, un *pré-
» lèvement en faveur de la nation*, qui doit être payé,
» soit qu'il y ait des dettes dans la succession, soit
» qu'il n'y en ait pas, et qui, par conséquent, ne peut
» être mis sur la ligne d'aucune créance privée, etc. »

Après avoir ainsi démontré que le fisc a un privilége pour les droits de mutation dus par décès, S. Exc. prouve qu'il ne s'éteint pas par l'aliénation des immeubles de la succession; que par conséquent l'acquéreur est responsable des sommes dues; qu'à la vérité on ne peut exécuter le privilége que sur le produit des biens, ainsi que le porte l'article XXXII de la loi du 22 frimaire an 7.

Du reste, la cour de cassation, par son arrêt du 29 avril 1807, a aussi fait une juste application de ces principes, en décidant que les revenus des immeubles de la succession restoient affectés aux droits de mutation, lorsque l'acquéreur n'avoit pas purgé (1). (L'arrêt est rapporté au *Répertoire de Jurisprudence*, v°. *Enregistrement*, §. 40.)

XV. Quant aux contributions directes, le privilége du trésor public se trouve définitivement fixé par la loi du 12 novembre 1808, ainsi conçue :

Art. 1er. « Le privilége du trésor public, pour le
» recouvrement des contributions directes, est réglé
» ainsi qu'il suit, et s'exerce avant tout autre ;

» 1°. Pour la contribution foncière de l'année échue et
» de l'année courante, sur les récoltes, fruits, loyers et
» revenus des biens immeubles sujets à la contribution ;

» 2°. Pour l'année échue et l'année courante des
» contributions mobilières, des portes et fenêtres,
» des patentes, et toute autre contribution directe et
» personnelle, sur tous les meubles et autres effets mo-
» biliers appartenant aux redevables, en quelque lieu
» qu'ils se trouvent.

2. » Tous fermiers, locataires, receveurs, écono-
» mes, notaires, commissaires-priseurs et autres dépo-
» sitaires et débiteurs de deniers provenant du chef des
» redevables, et affectés au privilége du trésor public,
» seront tenus, sur la demande qui leur en sera faite,

---

(1) Il en seroit sans doute de même, si le tiers-acquéreur s'étoit borné à faire transcrire son contrat sans faire les notifications prescrites pour purger ; car, aux termes de l'article 2182, la transcription seule ne purge pas.

» de payer, en l'acquit des redevables, et sur le mon-
» tant des fonds qu'ils doivent, ou qui sont en leurs
» mains, jusqu'à concurrence de tout ou partie des
» contributions dues par ces derniers; les quittances des
» percepteurs pour les sommes légitimement dues
» leur seront allouées en compte.

3. » Le privilége attribué au trésor public pour le
» recouvrement des contributions directes ne préju-
» dicie pas aux autres droits qu'il pourroit exercer sur
» les biens des redevables, comme tout autre créancier.

4. » Lorsque, dans le cas de saisie de meubles et
» autres effets mobiliers, pour le paiement des contri-
» butions, il s'élevera une demande en revendication
» de tout ou partie desdits meubles et effets, elle ne
» pourra être portée devant les tribunaux ordinaires
» qu'après avoir été soumise, par l'une des parties in-
» téressées, à l'autorité administrative, aux termes de
» la loi du 5 novembre 1790. »

XVI. Il résulte de cette loi que le privilége du trésor, soit pour la contribution foncière, soit pour celle mobilière, ne porte jamais sur les immeubles; que, pour ceux-ci, les droits du trésor sont ceux d'un créancier ordinaire, obligé de venir par concurrence.

Mais aussi sur les meubles, c'est-à-dire sur les récoltes, fruits, etc. lorsqu'il s'agit de contribution foncière; et sur les effets mobiliers, lorsqu'il s'agit de contribution personnelle, mobilière: ses droits sont absolus et priment tous les autres créanciers privilégiés. Ce sont les termes de l'article 1er.

Cependant il nous semble que quelque générales que soient ces expressions, il faut les entendre de manière à ne faire venir le trésor qu'après les frais de justice. Ceux-ci, en effet, depuis le Code de Procédure, n'entrent plus dans la distribution, mais doivent être distraits auparavant par l'officier qui a fait la saisie. (Art. 657.)

Art. 2099. *Les priviléges peuvent être sur les meubles ou sur les immeubles.*

Nous ajouterons, et tout-à-la-fois sur les meubles et les immeubles, comme ceux désignés en l'article 2101.

SECTION PREMIÈRE.

Des Priviléges sur les meubles.

Art. 2100. *Les priviléges sont ou généraux ou particuliers sur certains meubles.*

§. Ier.

Des Priviléges généraux sur les meubles.

Art. 2101. *Les créances privilégiées sur la généralité des meubles sont celles ci-après exprimées, et s'exercent dans l'ordre suivant :*
1°. *Les frais de justice ;*
2°. *Les frais funéraires ;*
3°. *Les frais quelconques de la dernière maladie, concurremment entre ceux à qui ils sont dus ;*
4°. *Les salaires des gens de service, pour l'année échue et ce qui est dû sur l'année courante ;*
5°. *Les fournitures de subsistances faites au débiteur et à sa famille, savoir : pendant les six derniers mois, par les marchands en détail,*

tels que boulangers, bouchers et autres; et pendant la dernière année, par les maîtres de pension et marchands en gros.

I. Avant de faire connoître en particulier chacune des créances qui ont privilège sur la généralité des meubles, qu'il nous soit permis de faire remarquer ces expressions de notre article : *et s'exercent dans l'ordre suivant;* elles indiquent le rang que doit occuper chaque privilége, et aussi faut-il bien prendre garde au n°. de chaque disposition : le premier l'emporte sur le second, et ainsi de suite.

1°. *Les frais de justice.*

On appelle *frais de justice* ceux qui ont été faits, ainsi que le remarque Domat (loc. cit., sect. 5, art. 25), pour la cause commune des créanciers, pour conserver leur gage ou pour le discuter, ou pour la collocation des sommes provenant de la vente du gage. D'après cela on doit regarder comme tels les frais de scellés, d'inventaire, de vente, de liquidation, ceux faits pour actes conservatoires, par exemple pour interrompre une prescription qui alloit être acquise contre tous les créanciers, pour écarter une demande en revendication du gage commun formée par un tiers; en un mot, tous ceux qui ont eu pour objet l'intérêt commun des créanciers. Ceux donc qu'un d'entr'eux auroit faits pour son intérêt personnel, par exemple pour acquérir un titre ou rendre sa créance exécutoire, ne sauroient jouir d'un privilége autre que celui qui est attaché à la créance, dont ils ne seroient que l'accessoire.

De plus, il faut remarquer que le privilége dont nous parlons n'est accordé qu'aux frais qu'on auroit eu soin de faire constater par une taxe légalement faite; les autres, loin d'avoir quelque préférence, ne peuvent pas être exigés et ne sont réellement pas dus.

D'après l'article 657 du Code de Procédure, les frais faits pour parvenir à la vente du mobilier sont moins un privilége qu'un *prélèvement* que fait l'officier ministériel qui a procédé à la saisie; celui-ci, en effet, sans attendre la distribution qui doit avoir lieu entre les créanciers, se paie lui-même sur le produit de la saisie, et fait distraction de ce qui peut lui être légitimement dû d'après la taxe.

Quant aux frais faits pour parvenir à la vente forcée des immeubles, les articles 716 et 759 établissent irrévocablement leur privilége, et par suite le droit de s'en faire payer *par préférence à tous autres créanciers.*

Voy. du reste ce que nous avons dit sur l'article 2098, relativement aux frais faits par le trésor public.

2°. *Les frais funéraires.*

II. On donne ce nom à toutes dépenses faites depuis la mort du débiteur jusqu'à sa sépulture inclusivement. Pour que le privilége existe tel que cet article l'établit, il faut que les frais se trouvent en rapport avec la naissance, le rang, la fortune qu'avoit de son vivant le défunt (1); et s'ils étoient exorbitans, faits par orgueil ou ostentation, le privilége devroit être restreint à ce qui seroit jugé raisonnable et juste. C'est la disposition de la loi 14, §. 6, ff. de Relig. et Sumpt. Funer., *AEquum autem accipitur ex dignitate ejus qui funeratus est, ex causâ, ex tempore, ex bonâ fide, ut neque plus imputetur sumptûs*

---

(1) *Sumptus funeris arbitrantur pro facultatibus vel dignitate defuncti.* L. 12, §. 5, *ff.* de Relig. et Sumpt. Funer.

nomine, quàm factum est, neque tantùm quantùm factum est, si immodicè factum est. Il en seroit de même, si ces folles dépenses avoient été faites par ordre du défunt. Les volontés des mourans doivent sans doute être exécutées, mais en tant qu'elles ne nuisent point à des tiers : *Quid ergo si ex voluntate testatoris impensum est? sciendum est nec voluntatem sequendam, si res egrediatur justam sumptûs rationem.* L. 14, §. 6, ff. eod. — La loi romaine (L. 17, ff. *de Reb. Auct. Jud.*) accordoit ce privilége non-seulement pour les frais faits pour le débiteur lui même, mais encore pour ceux qu'il avoit été obligé de faire pour la sépulture des siens. Mais nous ne pensons pas qu'on doive suivre sa disposition ; il faut, en effet, restreindre le privilége dont nous parlons, aux frais funéraires faits pour la personne même du débiteur.

Nous avons dit, dans notre définition des frais funéraires, qu'on ne devoit donner cette dénomination qu'aux dépenses faites depuis la mort du débiteur jusqu'à la sépulture inclusivement. De-là il faut tirer cette conséquence, que les frais faits pour élever un cénotaphe ou tout autre monument funèbre, ne sauroient jouir non plus d'un privilége.

III. Autrefois le privilége des frais funéraires étoit placé au premier rang : *impensa funeris omne creditum solet præcedere.* (L. *Impensa* 45, ff. *de Relig. et Sumpt.*) Aujourd'hui il n'occupe que le troisième, et se trouve primé par les contributions directes et les frais de justice.

IV. Sous l'ancienne législation on avoit élevé des difficultés sur la durée de l'action qu'avoient les entrepreneurs des pompes funèbres ou toute autre personne qui avoit avancé les frais funéraires; et ce n'est que par un arrêt de 1693 qu'on l'avoit regardée comme annale. Le Code Napoléon ne s'explique pas d'une manière positive sur cet objet, et on doit présumer que, comme toutes les autres actions dont la durée n'est pas expressément limitée, celle-ci peut être exercée pendant trente ans. (*Voy.* l'article 2262.)

V. Enfin, observons que lorsque les frais funéraires ont été fournis par plusieurs personnes, celles-ci viennent toutes par concurrence pour le remboursement de leurs avances, suivant la règle de l'article 2097, que les créanciers privilégiés qui sont dans le même rang sont payés par concurrence.

3°. *Les frais quelconques de la dernière maladie, concurremment entre ceux à qui ils sont dus.*

I. Sous cette dénomination on doit comprendre toute espèce de dépenses faites durant la maladie à la suite de laquelle le débiteur est mort. Notre article est général et ne peut guère souffrir de restriction; cependant on peut se demander si, comme dans l'article précédent, ces frais ne doivent pas être restreints lorsqu'ils sont excessifs et qu'ils dépassent ce que permettoit de faire la fortune du malade? Nous distinguons les dépenses qu'exige sa situation, d'avec celles qui ne seroient faites que pour satisfaire son caprice. Les premières, celles que son genre de maladie paroît exiger, les remèdes par exemple, sur-tout lorsqu'ils sont ordonnés par des gens de l'art, à quelque prix qu'ils s'élèvent, jouissent du privilége pour leur restitution. Mais pour les dépenses suggérées par quelque caprice, il faut voir si elles sont modiques et si la fortune du malade peut lui permettre de les faire, ou bien si elles sont exorbitantes et peuvent être regardées comme folles ; dans le premier cas, comme on ne peut sans dureté ou sans manquer de complaisance les refuser au malade, il est juste que celui qui en a fait les avances ait un privilége pour leur paiement ; dans le second, au contraire, il semble qu'on ne pourroit, sans blesser l'intérêt des créanciers, accorder un privilége, voilà pourquoi nous croyons que ceux qui en auroient fait les avances ne seroient colloqués par privilége que pour ce qui seroit jugé raisonnable et juste ; que pour le surplus ils viendroient par concurrence avec les autres créanciers.

II. D'après ce que nous venons de dire, il faut mettre au rang des frais de dernière maladie les avances des apothicaires, les honoraires des médecins et chirurgiens, les salaires des garde-malades. Mais on doit observer que dans ces cas le privilége n'est accordé qu'autant que leur action est formée, savoir : pour les trois premiers, dans l'année à compter des dernières fournitures et visites ; et pour les derniers, dans les six mois qui ont suivi l'époque où ils ont cessé de servir. (Art. 2271, 2272.)

Quelques personnes ont cru qu'on devoit aussi mettre au rang de ces frais les fournitures faites par les bouchers durant la dernière maladie ; mais cette opinion est erronée et se trouve clairement combattue par le dernier paragraphe de notre article 2101, où le législateur n'accorde réellement de privilége pour les fournitures faites par les marchands en détail, tels que boulangers, bouchers, qu'après les frais de dernière maladie.

III. Enfin, nous observerons que le privilége dont nous parlons n'est accordé que pour les frais faits durant la dernière maladie. Ceux qui seroient faits pour le traitement d'une maladie chronique qui auroit été infiniment longue, qui par exemple auroit duré trois ou quatre ans, ne sauroient, pour leur totalité, entrer en taxe, quoique le malade en fût mort ; on doit s'attacher alors à connoître l'époque où la maladie s'est aggravée au point de menacer le malade d'une mort prochaine ; et ce sont seulement les frais faits depuis cette époque qui doivent jouir d'un privilége, parce qu'on peut regarder comme le commencement de la dernière maladie le changement qui s'est opéré dans la santé du malade ; autrement ce privilége, qui grève même ceux antérieurement acquis, et qui n'est accordé, comme l'indiquent les orateurs du gouvernement et du tribunat, que parce que les frais sont ordinairement modiques, préjudicieroit beaucoup trop aux autres créanciers.

4°. *Les salaires des gens de service pour l'année échue et ce qui est dû sur l'année courante* (1).

Qu'entend-on ici par gens de service ? Est-ce généralement tous ceux qui travaillent chez autrui, ou seulement ceux qui sont loués à l'année, et qu'on connoît sous le nom de domestiques ? Il nous semble que ce n'est qu'à ces derniers qu'on doit accorder le privilége : l'article l'accorde aux gens de service, et ceux qui travaillent à la journée ne sont pas compris sous cette dénomination, mais sont connus sous le nom

---

(1) *Voy.* l'Acte de notoriété du Châtelet de Paris, du 4 août 1692.

d'ouvriers (1); or les ouvriers n'ont pas de privilége pour le paiement de leurs journées ou de leurs salaires (2). D'après cela, jouissent seuls de ce privilége les gens à gage, tels que domestiques, portiers, frotteurs et autres, qu'on loue à l'année et qui demeurent dans la maison.

Ajoutez que ce privilége n'est accordé que pour les salaires ; les avances que pourroient donc avoir faites des domestiques, des maîtres-d'hôtel par exemple, ne jouiroient d'aucune préférence ; et ceux-ci, pour leur recouvrement, viendroient par concurrence avec les autres créanciers.

5°. *Les fournitures de subsistances faites au débiteur et à sa famille, savoir: pendant les six derniers mois, par les marchands en détail, tels que boulangers, bouchers et autres, et pendant la dernière année, par les maîtres de pension et marchands en gros.*

On entend par fournitures, les avances qu'un marchand en gros ou en détail fait à quelqu'un pour servir à sa subsistance et à celle de sa famille. Nous disons un marchand, parce que si les fournitures étoient faites par de simples particuliers non marchands, ils ne jouiroient d'aucun privilége pour leur recouvrement. Nous n'expliquerons pas ce qu'on entend par marchands en gros ou en détail, il suffit de recourir au Code de Commerce (Tit. Ier.) pour s'en faire une idée ; mais nous ferons remarquer que le privilége que ce numéro de notre article accorde aux maîtres de pension, est en

---

(1) Ce qui prouve qu'on ne doit pas entendre par gens de service les personnes qui travaillent à la journée, c'est que l'article 2271 ne leur donne que le nom de *gens de travail*.

(2) Ainsi jugé par l'arrêt du 19 décembre 1781, que nous rapporterons sur le n°. 4 de l'article 2103.

parfaite harmonie avec les actions que la loi leur donne. En effet, on voit (Art. 2272) que leurs actions se prescrivant par un an, leur privilége ne peut pas s'étendre à des sommes dues pour le prix de la pension des années antérieures. Mais quant aux marchands en détail, leur privilége ne s'étend pas aussi loin que leur action, et on les verra souvent colloqués par privilége pour les six derniers mois de fournitures, et venir ensuite par concurrence pour les autres six mois pour lesquels ils peuvent utilement actionner. (Art. 2272.)

Remarquons encore que le privilége dont nous parlons n'est accordé qu'aux maîtres de pension, et non aux maîtres et instituteurs des sciences et arts qui donnent des leçons aux mois et au cachet ; ceux-ci n'ont qu'une simple action qui ne jouit d'aucun privilége.

OBSERVATION.

A ces priviléges sur la généralité des meubles, l'article 2 de la loi du 5 septembre 1807, relative au recouvrement des frais de justice en matière criminelle, correctionnelle et de police, en ajoute un autre, celui des sommes dues pour la défense personnelle des condamnés ; mais ce privilége ne s'exerce qu'après ceux désignés aux articles 2101 et 2102.

§. II.

Des Priviléges sur certains meubles.

Art. 2102. *Les créances privilégiées sur certains meubles sont :*

1°. *Les loyers et fermages des immeubles sur les fruits de la récolte de l'année, et sur le prix de tout ce qui garnit la maison louée ou la ferme, et de tout ce qui sert à l'exploitation de la ferme; savoir, pour tout ce qui est échu, et pour tout ce qui est à échoir, si les baux sont authentiques, ou si, étant sous signature privée, ils ont une date certaine; et, dans ces deux cas, les autres créanciers ont le droit de relouer la maison ou la ferme pour le restant du bail, et de faire leur profit des baux ou fermages, à la charge toutefois de payer au propriétaire tout ce qui lui seroit encore dû;*

I. Le propriétaire d'un héritage donné à ferme conserve un privilége sur tous les fruits qui en proviennent, parce que, comme l'observe fort bien Domat, ils sont censés être sa propre chose jusqu'au paiement du prix de sa ferme. En outre, notre article, contre la disposition de la loi romaine, ajoute à cette préférence sur les fruits de la ferme un privilége sur le prix de ce qui la garnit et de tout ce qui sert à son exploitation: par où l'on peut voir que, quoique suivant l'article 524 les objets qui garnissent une ferme, et ceux qui servent à son exploitation, tels que les animaux attachés à la culture, les ustensiles aratoires, etc. soient immeubles, néanmoins ils sont ici regardés comme meubles. A la vérité cet ameublissement ne doit pas paroître extraordinaire, parce que ces objets n'étant immeubles que par destination, et parce qu'ils sont l'accessoire d'une chose immeuble par sa nature, ils doivent perdre ce caractère fictif, dès que par une saisie ils sont séparés de la ferme. (*Voyez* ce que nous en dirons sur l'art. 2118.)

II. Le privilége du propriétaire porte sur tout ce qui garnit la ferme, et par conséquent tant sur le mobilier du fermier que sur tout ce qui est destiné à l'usage de la ferme. Mais nous ne pensons pas qu'il doive s'étendre jusqu'à grever les objets qui n'appartiendroient pas au fermier, et qui ne seroient chez lui que pour peu de temps; c'est aussi ce que paroît avoir adopté le conseil, lorsque, sur la proposition de M. Jollivet, il a décidé que la disposition de notre article ne devoit pas s'étendre aux troupeaux de moutons que le fermier hivernoit dans la ferme, sans qu'ils lui appartinssent.

Cependant il ne faut pas non plus trop prendre à la lettre l'exception que nous faisons à notre article; et s'il se présentoit des cas où le propriétaire eût pu légitimement penser que ces objets appartenoient au fermier, il devroit jouir du privilége.

III. Le propriétaire jouit également de son privilége, encore que sa ferme ait été sous-louée. Il ne peut en effet dépendre du fermier de diminuer ou anéantir son droit. La généralité des expressions de notre article, *sur tout ce qui garnit la ferme*, ne laisse pas d'équivoque, et il ne peut guère y avoir de difficulté que sur l'étendue du privilége. En effet, on doit se demander si le propriétaire peut saisir les fruits ou les meubles du sous-fermier pour tout ce qui lui est dû, ou seulement pour ce que le sous-fermier doit au fermier principal? L'article 1753 porte : « Le sous-locataire n'est
» tenu envers le propriétaire que jusqu'à concurrence
» du prix de sa sous-location dont il peut être débiteur
» au moment de la saisie, et sans qu'il puisse opposer
» des paiemens faits par anticipation. » S'il ne s'agis-

soit ici que de loyers de maisons, sans doute que cet article seroit décisif; mais nous parlons de fermages, et cette disposition n'est pas répétée sous le titre *des règles particulières aux baux à ferme*. Dira-t-on néanmoins qu'y ayant les mêmes raisons de décider pour les baux à ferme, que pour les baux à loyers, sur-tout pour ce qui garnit la ferme, on doit adopter la même décision, suivant la maxime *ubi eadem ratio, ibi eadem decisio*; que le propriétaire de la ferme, comme celui de la maison louée, doit s'imputer de n'avoir pas surveillé ses intérêts et arrêté le prix des sous-fermages entre les mains du sous-fermier? Ces raisons, et beaucoup d'autres qu'on pourroit encore donner, ne détruiroient pas la conséquence qu'on tire de la position de l'article 1753; placé en effet dans la section II du Louage, intitulée : *des règles particulières aux baux à loyers*, il ne peut s'appliquer qu'à cette espèce de bail, puisque le législateur, dans cette section, détermine les règles particulières et exclusives du bail à loyer, comme il fixe dans la suivante celles du bail à ferme. D'ailleurs, il y auroit cette différence frappante entre les deux espèces de baux, que dans celui à loyer le propriétaire n'a qu'un droit de préférence sur les meubles qui garnissent la maison, tandis que dans les baux à ferme on pourroit, ainsi que l'observe DOMAT, titre *des Hypothèques*, Section V, n°. 12, le regarder comme étant propriétaire des fruits jusqu'au parfait paiement des fermages. Ainsi, si nous n'avions que les lois que nous venons de citer, il est sûr qu'il faudroit tenir que le propriétaire pourroit saisir tout ce qui garnit la ferme et tout ce qu'elle produit, encore que le sous-fermier ne dût rien au fermier principal, ou ne lui dût qu'une somme moindre que celle réclamée par le propriétaire ; mais le Code de Procédure en a autrement décidé par son article 820 ainsi conçu : « Peuvent » les effets des sous-fermiers et sous-locataires, garnis- » sant les lieux par eux occupés, et les fruits des terres » qu'ils sous-louent, être saisis-gagés pour les loyers » et fermages dus par le locataire ou fermier de qui ils » tiennent ; mais ils obtiendront main-levée, en justi- » fiant qu'ils ont payé sans fraude, et sans qu'ils » puissent opposer des paiemens faits par antici- » pation. »

IV. Indépendamment du privilége que la loi donne au propriétaire sur ce qui garnit la ferme ou sert à son exploitation, il jouit encore d'un droit de préférence sur le prix du sous-fermage ; car, en supposant qu'un autre créancier du fermier ait fait faire une saisie-arrêt des deniers dus par le sous-fermier, le propriétaire devra être colloqué avant tous autres, comme il le seroit sur les fruits ou autres objets dépendans de la ferme. (Code de Procéd., art. 661.) Dans ce dernier cas son privilége passe même avant celui des frais de poursuite (1). (*Ibid.*, art. 662.)

V. Observons néanmoins que le privilége que le propriétaire a sur les fruits de la ferme, ne doit s'entendre que de ceux qui sont encore pendans, ou encore en la puissance du fermier ; si celui-ci les avoit vendus et livrés à un acheteur de bonne foi, on ne pourroit les

―――――――

(1) La généralité des expressions de l'article 1er. de la loi du 12 novembre 1808 ne permet pas de douter que le privilége de la contribution directe ne prime celui du propriétaire. Il porte, en effet, que « le privilége du trésor public, pour le recouvrement des con- » tributions directes,..... s'exerce *avant tout autre.* »

revendiquer : c'est la conséquence qu'on doit tirer du quatrième alinéa de notre article.

De même il faut remarquer que, suivant notre article, le privilége ne s'exerce que sur les fruits de la récolte de l'année. Ainsi, en supposant qu'un propriétaire fasse saisir pour les fermages de cette année les fruits de l'année dernière, il n'aura pas de privilége sur le prix en provenant, mais viendra en concurrence avec les autres créanciers (1).

VI. Jusqu'à présent nous n'avons parlé que des baux à ferme. Il nous reste à faire quelques observations sur les baux à loyers; elles seront courtes, parce que tout ce que nous avons déjà dit s'applique à cette dernière espèce de baux.

L'article 2102 accorde au propriétaire de la maison louée un privilége sur le prix de *tout ce qui la garnit*, c'est-à-dire sur tout ce que le locataire a apporté dans la maison ; ainsi son privilége s'étend non-seulement sur les meubles meublans, mais encore sur tous les autres effets, tels que les tableaux d'une galerie, les porcelaines, etc.; mais il faut en excepter les choses déclarées insaisissables par l'art. 592 du Code de Procédure, l'argent comptant, les choses incorporelles, telles que les obligations, et généralement toutes les choses qui étant cachées n'ont pas dû et n'ont pas pu être regardées par le propriétaire comme un gage.

---

(1) Quoique la loi, en parlant du privilége sur les fruits et les effets du fermier, ne nomme que le propriétaire ; il est à présumer qu'elle a également entendu accorder ce droit au fermier qui auroit sous-affermé. Celui-ci, en effet, présente la même faveur que le propriétaire, et doit par conséquent jouir du même privilége pour le prix de son fermage. *Voy.* POTHIER, *du Louage*, part. 4, art. 1, §. 2.

VII. Ajoutons encore que ce privilége est accordé aux propriétaires des boutiques, greniers, comme aux propriétaires de maisons; mais dans tous les cas il ne grève que les meubles et objets qui sont à demeure dans les maison, boutique ou grenier; ceux qui n'y seroient que momentanément et pour être bientôt transportés ailleurs, comme par exemple un ameublement qu'auroit acheté le locataire pour le faire porter en un autre lieu, ne sauroient être affectés au paiement des loyers. L. 7, §. 1, ff. *in Quib. Caus. Pig.*; L. 32, *in fin*, ff. *de Pig. et Hyp.*

VIII. Quelques graves auteurs (1) prétendent également que les meubles de ceux que loge gratuitement le locataire ne sont pas affectés au privilége du propriétaire; mais je ne saurois adopter cette opinion. Elle a été victorieusement combattue par POTHIER, *Traité du Louage*, part. 4, chap. 1, art. 1, §. 3; et je crois qu'on n'a besoin que de lire l'article 2102 pour la rejeter. En effet, le privilége du propriétaire porte *sur tout ce qui garnit la maison louée*; peu importe que les objets qu'elle renferme appartiennent ou non au locataire, il suffit qu'ils y soient à demeure, qu'ils la *garnissent*, pour qu'ils soient frappés du privilége; s'il en étoit autrement, il seroit trop facile de soustraire le gage naturel du propriétaire.

IX. Enfin, nous terminerons nos observations sur cet article par le développement facile et simple de ses dernières dispositions. Le propriétaire jouit du privilége sur les objets dont nous venons de parler, et ce *pour*

---

(1) DOMAT, *loc. cit.*; BARTHOLE, sur la L. 11, §. 5, ff. *de Pig. Act.*; BASNAGE, etc., L. 5, ff. *in Quib. Caus. Pig.*

tout ce qui est échu et pour tout ce qui est d'échoir, si le bail est authentique (1); mais s'il est sous seing-privé, son privilége n'est aussi étendu qu'autant qu'il a une date certaine (2). Or il n'acquiert une date certaine que par l'enregistrement ou la mort de l'une des parties signataires, ou bien lorsque sa substance est constatée dans des actes dressés par des officiers publics, tels que procès-verbaux de scellés ou d'inventaire. (Art. 1328.)

X. POTHIER, *Traité du Louage*, part. 4, ch. 1er, art. 2, propose une question qu'il ne sera pas inutile d'examiner ; il demande si le propriétaire jouit également d'un privilége pour les avances qu'il a faites à son fermier pour faire valoir la ferme? Ou ces avances, dit-il, ont été faites par le bail, ou postérieurement. Dans le premier cas, le propriétaire doit avoir privilége, parce que la loi lui accorde une préférence pour toutes les obligations résultant du bail. Dans le second, il doit venir par concurrence, parce que son titre n'est qu'un simple contrat de prêt. Cette distinction seroit sans doute encore admise ; les propres expressions de notre article 2102 paroissent du moins la favoriser : on y trouve, en effet, que le privilége du propriétaire a lieu

---

(1) Il ne faut entendre cette règle que du cas où il s'élève un ordre entre les créanciers du preneur, et où il est en déconfiture, parce que c'est seulement alors que celui-ci ne doit plus jouir du délai accordé pour les termes à échoir. Si donc le propriétaire faisoit saisir les meubles ou fruits, et qu'il ne se présentât pas d'autres créanciers, il ne pourroit exiger que ce qui lui seroit déjà dû. Ainsi jugé par la Cour de Cassation, par arrêt du 8 décembre 1806, rapporté au *Journal du Palais*, n°. 438, art. 68.

(2) DENISART, dans sa note sur l'*acte de Notoriété* du 24 mars 1700, donne le même effet au bail sous signature privée reconnu en justice avant la saisie.

pour tout ce qui concerne l'exécution du bail; or, l'avance faite au fermier est un des objets du bail. Mais lorsque le prêt a été fait postérieurement au bail, il ne peut jouir d'un privilége, quelle que soit sa destination; ce ne seroit qu'autant que les deniers prêtés auroient été employés pour les semences ou la récolte de la ferme, que le propriétaire seroit préféré; mais ce seroit alors en vertu d'un autre privilége que celui dont nous parlons. *Voyez* ce qu'on dira sur le quatrième alinéa de cet article 2102.

Et, à défaut de baux authentiques, ou lorsqu'étant sous signature privée ils n'ont pas une date certaine, pour une année à partir de l'expiration de l'année courante.

I. Cet alinéa, quoique fort clair en apparence, laisse cependant du doute sur l'étendue et la force du privilége qu'il établit en faveur du propriétaire qui n'a qu'un bail sous signature privée dont la date n'est pas certaine; on peut en effet se demander quelle est la durée du privilége, et pour quels loyers et fermages le propriétaire peut l'exercer. A ne consulter que le sens grammatical de la dernière partie de l'alinéa, il est certain que le privilége ne paroît être accordé au propriétaire que pour l'année qui suit celle courante; car ces mots: *pour une année, à partir de l'expiration de l'année courante*, ne présentent pas d'autre idée. Cependant ce ne peut pas être là l'intention du législateur; et la phrase, telle que nous l'avons, ne doit pas rendre sa pensée; ou autrement on remarqueroit cette bizarre singularité, que le propriétaire qui n'a fait qu'un bail verbal ou sous seing-privé, auroit un privilége pour une année où son bail n'existeroit peut-être plus, quoiqu'il n'en eût jamais aucun pour l'année où il seroit en jouissance, et pour laquelle on ne pourroit le soupçonner de fraude. D'après cela, il faut chercher ailleurs que dans l'article lui-même l'intention du législateur, et nous croyons la trouver dans les motifs qui ont déterminé les deux premières parties de l'article 2102. En effet, on voit dans la discussion au Conseil, qu'après avoir accordé au propriétaire qui a fait un bail authentique ou sous signature privée, dont la date est certaine, un privilége absolu pour tout ce qui est échu, et pour tout ce qui est à échoir, on voulut, pour éviter la fraude et la collusion, restreindre les droits du propriétaire qui n'a consenti qu'un bail verbal ou sous signature privée, dont la date n'est pas certaine, et ne lui accorder qu'un privilége pour une année; or cette année ne peut être celle durant laquelle on est réellement en jouissance, puisque le propriétaire est alors, et pour cette année seulement, dans une situation aussi avantageuse que celle de celui qui a fait un bail authentique; que l'exercice public du bail écarte toute idée de fraude, et que, comme ce dernier, le propriétaire qui a un bail non authentique, ayant la propriété des fruits ou un droit de gage sur les meubles jusqu'au parfait paiement des fermages ou loyers, il n'avoit pas besoin que la loi lui accordât un privilége qu'il avoit déjà. Ainsi il est à présumer que, voulant ajouter au droit que donnoit la qualité de propriétaire, on n'a pu le faire que pour les fermages ou loyers à échoir, et pour lesquels sa qualité ne fournissoit encore aucun privilége. D'après cela, il peut arriver que, quoique notre article ne paroisse accorder privilége au propriétaire qui a consenti un bail sous signature privée, dont la date n'est pas certaine, que pour une année, celui-ci l'exerce cependant pour deux; savoir pour l'année courante, et pour celle qui la suit (1).

II. Mais reste encore à savoir si, dans ce dernier cas, les créanciers du fermier ou locataire peuvent, comme ceux de celui qui a un bail authentique, sous-affermer ou louer à leur profit jusqu'à l'expiration de l'année pour laquelle le propriétaire a privilége. Nous le pensons ainsi; car, quoique l'article 2102 n'accorde cette faculté qu'aux créanciers de celui qui a un bail authentique, néanmoins on ne peut refuser aux autres le droit de conserver leur gage. Les mêmes motifs de décider se trouvent dans l'une et l'autre espèce; et s'il y avoit quelque chose à ajouter, ce seroit en faveur des créanciers de celui qui n'a qu'un bail sous seing-privé, dont la date n'est pas certaine; puisqu'il pourroit quelquefois arriver que le bail eût été prolongé jusqu'à l'année après la saisie, de concert entre le propriétaire et le fermier, précisément pour frauder les créanciers. D'ailleurs il est de principe que tous créanciers peuvent exercer les droits et actions de leur débiteur, lorsque leur intérêt l'exige. (Art. 1166.)

Le même privilége a lieu pour les réparations locatives, et pour tout ce qui concerne l'exécution du bail.

I. On appelle réparations locatives celles qui sont déclarées telles par l'usage des lieux, et entr'autres

---

(1) *Voyez* M. Delvincourt, *Institutes de Droit Civil Français*, tom. III, pag. 242.

celles à faire aux âtres, contre-cœurs, chambranles et tablettes de cheminée, ou recrépiment du bas des murailles, des appartemens et autres lieux d'habitation, à la hauteur d'un mètre; aux pavés et carreaux des chambres, lorsqu'il y en a seulement quelques-unes de cassés; aux vitres, à moins qu'elles ne soient cassées par la grêle ou autre accident extraordinaire et de force majeure, dont le locataire ne peut être tenu; aux portes, croisées, planches de cloison ou de fermeture de boutiques, gonds, targettes et serrures. (Art. 1754.)

II. Le propriétaire a aussi privilége pour tout ce qui concerne l'exécution du bail; l'accomplissement des diverses obligations que le locataire s'est imposées; mais nous devons remarquer que, lorsque le bail est sous seing-privé, et qu'il n'a pas de date certaine, le propriétaire ne jouit d'un privilège que pour ce qui peut s'exécuter dans l'année courante et celle qui la suit: c'est la conséquence du premier alinéa de l'article 2102.

Le privilége dont nous parlons a également lieu pour les détériorations survenues par la faute du locataire, et pour tous les dépens, dommages-intérêts qu'il pourroit devoir à cause du bail : *Non solum pro pensionibus, sed et si deteriorem habitationem fecerit culpâ suâ inquilinus, quo nomine ex locato cum eo erit actio, invecta et illata pignori erunt obligata.* L. 2, ff. *in Quib. Caus. Pig.* C'est d'ailleurs ce qu'il faut comprendre par cette phrase de notre article, *pour tout ce qui concerne l'exécution du bail.*

Néanmoins les sommes dues pour les semences ou pour les frais de la récolte de l'année, sont payées sur le prix de la récolte; et celles dues pour ustensiles, sur le prix de ces ustensiles, par préférence au propriétaire, dans l'un et l'autre cas.

I. Les ouvriers et gens de travail qui ne se louent qu'au jour ou autrement, ne jouissent ordinairement d'aucun privilége pour le paiement de leurs journées ou salaires; et ce n'est que par une exception que commandoit l'intérêt de l'agriculture, qu'on en a accordé un à tous ceux qui ont contribué à ensemencer les terres et à faire les récoltes; ainsi les moissonneurs, les valets de labour, sont préférés sur les grains recueillis; les vignerons sur le vin, etc., et leur privilége s'exerce avant tous ceux qui sont établis sur certains meubles, et ne sont eux-mêmes primés que par ceux désignés en l'article 2101.

Mais observons que les créances dont nous venons de parler n'ont de privilége que sur le prix de la récolte actuelle et non sur celui des récoltes suivantes; que par conséquent elles cesseroient d'être privilégiées si on laissoit échapper la récolte qui leur est affectée.

II. Celui qui a vendu les ustensiles nécessaires à l'agriculture, ou qui a fourni les fonds pour les faire raccommoder, jouit aussi d'un privilége, parce que, jusqu'au paiement, il est censé en être propriétaire ou avoir conservé sur eux une espèce de gage. Mais son privilége ne porte que sur le prix provenu de la vente de ces ustensiles; et s'il étoit insuffisant pour le remplir de ses droits, il ne pourroit venir que par concurrence avec les autres créanciers pour ce qui lui resteroit dû. Ajoutons que même dans le cas de vente faite sans terme, outre ce privilége, le vendeur conserve encore le droit de revendiquer les ustensiles tant qu'ils sont en la possession de son débiteur, et d'en empêcher la revente pourvu que sa revendication soit faite dans la huitaine de la livraison. (Art. 2102, n°. 4.)

Le propriétaire peut saisir les meubles qui garnissent sa maison ou sa ferme, lorsqu'ils ont été déplacés sans son consentement, et il conserve sur eux son privilége, pourvu qu'il ait fait la revendication ; savoir, lorsqu'il s'agit du mobilier qui garnissoit une ferme, dans le délai de quarante jours ; et dans celui de quinzaine, s'il s'agit des meubles garnissant une maison.

I. Anciennement (1) le propriétaire n'avoit de droit sur les meubles qui garnissoient la maison louée ou la ferme, qu'autant qu'ils se trouvoient dans les lieux loués ; et ce n'étoit que dans le cas de fraude de la part du locataire ou fermier qu'il pouvoit les suivre entre les mains des tiers. Par la nouvelle législation, on a donné plus d'étendue au privilége du propriétaire, et il peut suivre les meubles et effets entre les mains des tiers, pourvu cependant qu'il exerce son droit dans le délai ci-dessus fixé (2). A la vérité, notre article, en établissant les bornes de la revendication, ne parle pas de

---

(1) DOMAT, Lois civiles, Tit. *des Gages et Hypothèques*, sect. 5, n°. 14.

(2) La Cour d'appel de Paris, par arrêt du 2 octobre 1806, a décidé que le droit du propriétaire s'étendoit sur tout ce qui garnissoit la maison louée ; que par conséquent il avoit droit d'exiger que les meubles enlevés fussent réintégrés, encore qu'il en restât assez pour répondre des loyers. (L'arrêt est rapporté au *Journ. du Pal.* 1806, 2e. sem.)

l'époque où commencent à courir les quinze ou quarante jours, et laisse indécise la question de savoir si c'est du jour du déplacement ou de celui où le propriétaire en a connoissance? Ordinairement la prescription ne commence à courir que du jour où on a connu son action et où on a été dans la possibilité de l'exercer ; mais ici, comme il s'agit de l'intérêt de tiers-acquéreurs de bonne foi, le propriétaire doit s'imputer de n'avoir pas soigneusement surveillé ses droits ; et d'un autre côté la difficulté qu'il y auroit à revendiquer, longtemps après le déplacement, des meubles qui auroient successivement passé en plusieurs mains, doit faire adopter cette opinion que les expressions générales de notre article paroissent favoriser, que la revendication doit s'exercer dans la quinzaine ou quarantaine à compter du jour du déplacement, et non de celui où le propriétaire en a eu connoissance. Mais il faudroit décider autrement si l'aliénation avoit été faite de mauvaise foi, et que le fermier et le tiers acquéreur eussent mis tout en œuvre pour éviter que le déplacement ne vînt à la connoissance du propriétaire. Comme ce seroit alors un véritable vol du gage, nous ne doutons pas que celui-ci ne pût exercer sa revendication après les quinze ou quarante jours de l'enlèvement, et jusqu'à l'expiration des mêmes délais, à partir du jour où il en auroit eu connoissance.

II. Mais si les meubles et effets avoient été déplacés au vu et su du propriétaire, et sans opposition de sa part, penseroit-on qu'il pût également exercer sa revendication dans les délais prescrits? Suivant notre article, le propriétaire ne peut revendiquer les effets qui garnissent la maison ou la ferme qu'autant qu'ils ont été enlevés sans son consentement : l'approbation expresse ou tacite qu'il donne au déplacement est une véritable renonciation au privilége, et une fin de non-recevoir absolue à opposer à sa revendication ; aussi, dans notre cas, le tiers acquéreur ne doit pas être dupe du silence qu'il a plu au propriétaire de garder, et la propriété des effets se trouve irrévocablement consolidée en ses mains par l'approbation tacite qu'il a donnée au déplacement.

III. Quant au droit du propriétaire sur les fruits de la ferme, nous avons vu ci-dessus qu'il ne pouvoit être exercé que sur ceux qui étoient encore pendans ou qui se trouvoient en la possession du fermier. Notre article, en effet, n'accorde la revendication que pour les *meubles et effets* que le fermier ou le locataire a déplacés, mais non pour les *fruits*.

IV. La revendication, dans le cas où elle est admise, est assujettie à certaines formes. D'après l'article 826 du Code de Procédure, on ne peut y procéder qu'en vertu d'une ordonnance du président du tribunal de première instance rendue sur requête, et les revendications qu'on pourroit exercer sans l'observation de cette formalité entraîneroient toujours des dommages-intérêts tant contre la partie que contre l'huissier. La requête à fin de revendication est simple ; et seulement, aux formalités ordinairement exigées pour ces sortes d'actes, on y désigne sommairement les effets à revendiquer. (*Cod. de Procéd.*, art. 827.)

Après l'obtention de l'ordonnance, on peut procéder à la saisie-revendication.

Les formes à suivre sont les mêmes que celles de la saisie-exécution, si ce n'est que celui chez qui elle est faite peut être constitué gardien (*Cod. de Procéd.*, art. 830); mais dès que la saisie est faite, il faut assigner en validité devant le tribunal du domicile de celui sur qui elle est faite. (*Ibid.*, art. 831.)

2°. *La créance, sur le gage dont le créancier est saisi;*

I. Le gage confère à la vérité au créancier le droit de se faire payer par préférence sur la chose qui en est l'objet, mais seulement tant qu'il en est nanti; car si, se fiant à la bonne foi de son débiteur, ou comptant sur sa solvabilité apparente, il n'en avoit pas exigé la tradition, ou après l'avoir exigée s'en étoit volontairement dessaisi, il auroit perdu toute espèce de privilége. (Art. 2076.) Toutefois, si le créancier étoit sans son consentement dépouillé du gage, il auroit toujours droit de le revendiquer; la force, la violence ou la ruse qu'on auroit employées pour le lui soustraire, ne sauroient profiter ni au débiteur ni à ses autres créanciers.

II. Le privilége que donne le gage au créancier qui en est nanti s'exerce pour tout ce qui peut être dû en capital, intérêts, dépens, et tous autres droits accessoires. Les avances faites pour la conservation du gage, les dépenses utiles et nécessaires faites par le créancier, jouissent de la même préférence.

III. L'antichrèse, qui n'est qu'un droit de gage sur des immeubles, donne aussi au créancier en faveur duquel elle est établie, un privilége sur les fruits produits par l'immeuble. Il est vrai que quelques personnes ont cru voir, dans le premier alinéa de l'article 2085 (1),

---

(1) Le créancier n'acquiert par ce contrat (celui d'antichrèse) que

une décision opposée; mais leur opinion nous semble erronnée: cet alinéa, en effet, ne dispose des suites de l'antichrèse que sous le rapport du débiteur et du créancier, l'intérêt des tiers ne paroît en aucune manière avoir été pris en considération; seulement on peut remarquer que dans la première partie de cet article 2085, en décidant que l'antichrèse ne s'établira que par écrit, on a suffisamment mis à couvert l'intérêt des tiers et indiqué l'effet de ce contrat. D'un autre côté, l'argument qu'on voudroit tirer de ce que, dans notre titre *des Priviléges*, on ne parle pas de l'antichrèse, ne seroit pas plus fondé, parce que, dans ce cas, le créancier ayant moins un privilége *qu'un droit de propriété sur les fruits* produits par l'immeuble, il n'étoit pas nécessaire de rappeler ce qu'avoient déjà consacré les articles 2085 et suivans; d'ailleurs l'article 2091, en décidant que l'antichrèse ne préjudicie pas aux droits qu'on pourroit acquérir sur le fonds, indique tacitement qu'il n'en est pas de même des fruits.

IV. Autrefois (1) on accordoit aussi un privilége aux créanciers qui avoient à recevoir des mains d'un dépositaire des sommes précédemment déposées pour leur tenir lieu de gage; aujourd'hui il paroît qu'il n'y auroit de préférence que pour les dépôts existans en nature; et encore, dans ce dernier cas, seroit-ce moins un privilége que l'exercice d'un droit de propriété; car on ne doit pas oublier qu'en mettant aux risques et

---

la faculté de percevoir les fruits de l'immeuble, à la charge de les imputer annuellement sur les intérêts, s'il lui en est dû, et ensuite sur le capital. (Art. 2085.)

(1) *Voyez* les *Principes de la Jurisprudence française*, par Prévôt de la Janès, tom. Ier., pag. 204, édit. in-12 de 1780.

périls du créancier les sommes déposées, l'article 257 lui en conserve la propriété. Ainsi, lorsqu'il s'agira de régler la préférence entre les créanciers personnels d'un dépositaire, et ceux en faveur desquels on auroit déposé quelque chose, il faudra examiner si les objets existent en nature, ou se trouvent confondus parmi les biens du dépositaire ; dans le premier cas, les créanciers qui devoient recevoir le dépôt seront préférés, parce qu'ils en sont propriétaires ou représentent celui qui l'est; dans le second, ils viendront par concurrence avec les autres créanciers personnels du dépositaire, parce qu'ils ne sont eux-mêmes que de simples créanciers chirographaires.

Le dépositaire ne jouit pas non plus d'un privilége pour le recouvrement des pertes que le dépôt peut lui avoir occasionnées, seulement il peut le retenir jusqu'à l'entier paiement de ce qui lui est dû. (Art. 1948.) Cependant, s'il avoit fait des avances pour la conservation de la chose déposée, il auroit, mais pour cet objet seulement, un privilége sur le dépôt. (Art. 2102, n°. 3.)

3°. *Les frais faits pour la conservation de la chose;*

On doit entendre par-là non-seulement les frais qu'un créancier auroit lui-même faits pour conserver la chose de son débiteur, mais encore les sommes qu'il lui auroit prêtées pour ce même objet; seulement il nous semble qu'on peut induire de l'article 2103, n°s. 2 et 5, que pour jouir de ce privilége le créancier devra faire insérer dans l'acte de l'obligation que le prêt a été fait pour fournir aux frais nécessaires à la conservation de la chose. (L. 25, ff. *De Reb. Cred.*; L. 5, ff. *Qui pot.*)

Ajoutons que la loi n'accorde privilége que pour les frais faits pour la conservation de la chose; d'après cela, ceux qui auroient été faits pour l'améliorer, l'embellir, encore qu'ils lui eussent donné une plus grande valeur, ne jouiroient d'aucune préférence; et celui qui en auroit fait les avances ne seroit payé que par concurrence avec les autres créanciers chirographaires (1).

4°. *Le prix d'effets mobiliers non payés, s'ils sont encore en la possession du débiteur, soit qu'il ait acheté à terme ou sans terme.*

Si la vente a été faite sans terme, le vendeur peut même revendiquer ces effets tant qu'ils sont en la possession de l'acheteur, et en empêcher la revente, pourvu que la revendication soit faite dans la huitaine de la livraison, et que les effets se trouvent dans le même état dans lequel cette livraison a été faite.

I. La vente est parfaite par le seul consentement des parties, et la propriété est acquise à l'acquéreur dès qu'on est convenu de la chose et du prix. Le vendeur, par ce seul acte, perd tous les droits qu'il avoit, et un simple privilége est la seule chose qu'il conserve pour assurer son paiement; encore, pour qu'il puisse valablement l'exercer, faut-il que les objets vendus se trouvent en la possession de l'acquéreur; car si celui-ci s'en étoit dépouillé par suite d'une aliénation onéreuse

---

(1) Néanmoins, si ce qui a été fait pour améliorer ou embellir la chose pouvoit facilement s'en séparer, celui qui a fait les dépenses auroit une action en répétition et un droit de préférence sur tous les autres créanciers.

ou gratuite, les droits du vendeur seroient absolument anéantis, et il ne pourroit les revendiquer sur des tiers qui ont pu valablement les acquérir, et entre les mains desquels ils sont passés libres de toutes charges; suivant la maxime, *que les meubles n'ont pas de suite par hypothèque.*

II. Autrefois le vendeur n'avoit de privilége que lorsque la vente avoit été faite sans terme (1); on doit voir par notre article que cette condition est indifférente; et soit que la vente ait été faite avec ou sans terme, le vendeur jouit toujours de son privilége, si les objets vendus sont encore en la possession de l'acquéreur. A la vérité, la circonstance que la vente a été faite sans terme introduit un autre avantage en faveur du vendeur. Comme dans tout contrat synallagmatique la condition résolutoire est sous-entendue pour le cas où l'une des deux parties ne satisferoit pas à son engagement (2), la vente, dans notre hypothèse, est regardée comme non-avenue, et le vendeur reste propriétaire des objets qui y étoient compris jusqu'au paiement du prix convenu (3); ainsi, outre le privilége dont nous venons de parler, il peut encore, en en prouvant l'identité, revendiquer les effets qu'il a vendus tant qu'ils sont en la possession de l'acheteur, et même, dans ce cas, en empêcher la revente en exerçant sa revendication dans la huitaine de la livraison (4). Mais

---

(1) Art. 176, 177 de la Coutume de Paris.
(2) Art. 1184 du Code Napoléon.
(3) *Quod vendidi non aliter fit accipientis quàm si aut pretium nobis solutum sit, aut satis eo nomine factum.* L. 19, ff. de Contrah. Empt.; L. 53, cod. ff., §. 41. Inst. de Rer. Div.
(4) Il n'en est pas de même lorsque la vente a été faite à terme, et

si sa revendication n'étoit pas exercée dans ce délai, ou si les effets vendus ne se trouvoient pas dans le même état, comme, par exemple, si on avoit fait des changemens importans, le vendeur n'auroit plus le droit de les revendiquer; seulement il pourroit les faire saisir et vendre en justice, et puis se faire colloquer par préférence sur le prix provenu de la vente. De même, si les objets vendus étoient changés de nature, comme par exemple, si du blé acquis on en avoit fait de la farine, le vendeur ne pourroit exercer aucun privilége sur le prix provenu de cette farine, parce que par le changement de nature du blé il auroit perdu son gage, et par suite son privilége. (C'est l'avis de BRODEAU sur LOUET, lett. P., n°. 19; de BASNAGE, *Traité des Hypoth.*, chap. 14). Notre article ne parle que du vendeur, et cependant il pourroit arriver que des tiers prêtassent l'argent pour faire l'acquisition des meubles; jouiroient-ils, dans ce cas, du même privilége? Dans l'ancienne jurisprudence cela ne faisoit pas de difficulté, le bailleur de fonds avoit privilége sur les meubles tant qu'ils étoient dans la main de l'acquéreur (DOMAT, tit. *des Hyp.*, sect. 5, n°. 5, en note). Aujourd'hui il y auroit sans doute de la difficulté à faire adopter une semblable décision, quoiqu'elle paroisse fort équitable; elle est réprouvée par le rapprochement des articles 2102, n°. 4, et 2103, n°. 2.

III. Le premier alinéa de notre n°. 4 n'accorde le privilége que pour le prix d'effets mobiliers non payés; on ne peut donc l'étendre aux suites naturelles du contrat,

---

le vendeur ne peut pas revendiquer les objets vendus, parce qu'il doit s'imputer d'avoir suivi la foi de son acquéreur.

tels que dépens, dommages-intérêts, etc.; et s'il arrivoit même que pour assurer l'exécution de leur convention les parties y ajoutassent une clause pénale, il faudroit n'accorder privilége que pour le prix principal, et renvoyer le vendeur à se faire payer la peine stipulée par concurrence avec les créanciers chirographaires.

Le privilége du vendeur ne s'exerce toutefois qu'après celui du propriétaire de la maison ou de la ferme, à moins qu'il ne soit prouvé que le propriétaire avoit connoissance que les meubles et autres objets garnissant sa maison ou sa ferme n'appartenoient pas au locataire.

Quelle est l'espèce de preuve que doit rapporter le vendeur? est-ce une preuve écrite, ou lui suffit-il de prouver par témoins que le propriétaire avoit connoissance que les effets n'appartenoient pas au locataire? Il nous semble que la preuve testimoniale peut et doit être admise sans difficulté, puisqu'aux termes de l'article 1348 du Code Napoléon la preuve écrite n'est exigée que lorsqu'il dépendoit de la partie de s'en procurer une; or, dans l'hypothèse, il est évident que le vendeur étoit dans l'impossibilité de se procurer une preuve littérale de la connoissance du propriétaire: c'est une de ces circonstances qui n'est jamais constatée par écrit, et qui ne peut guères résulter que de faits qui ont précédé ou suivi la vente.

Il n'est rien innové aux lois et usages du commerce sur la revendication.

La revendication en matière de commerce étoit d'usage en France depuis long-temps, mais n'étoit réglée par aucune loi, et varioit par conséquent suivant les localités. Les difficultés qu'elle présentoit dans la pratique, les injustices qu'elle occasionnoit quelquefois, avoient d'abord porté les rédacteurs du projet de Code de Commerce à interdire toute espèce de revendication, et quelques chambres et tribunaux de commerce avoient approuvé cette innovation. Mais après un sévère examen des inconvéniens et des avantages qu'elle présentoit, on a reconnu que, renfermée dans de sages bornes, elle ne pouvoit qu'être fort utile au commerce, et on en a organisé le principe dans le tit. III du liv. III du Code de Commerce, ainsi conçu :

Art. 576. « Le vendeur pourra, en cas de faillite, » revendiquer les marchandises par lui vendues et li-» vrées, et dont le prix ne lui a pas été payé, dans les » cas et aux conditions ci-après exprimés.

577. » La revendication ne pourra avoir lieu que » pendant que les marchandises expédiées seront encore » en route, soit par terre, soit par eau, et avant » qu'elles soient entrées dans les magasins du failli ou » dans les magasins du commissionnaire chargé de les » vendre pour le compte du failli.

578. » Elles ne pourront être revendiquées, si, » avant leur arrivée, elles ont été vendues sans fraude, » sur factures et connoissemens ou lettres de voiture.

579. » En cas de revendication, le revendiquant » sera tenu de rendre l'actif du failli indemne de toute » avance faite pour frêt ou voitures, commission, as-» surance ou autres frais, et de payer les sommes dues » pour mêmes causes, si elles n'ont pas été acquittées.

580. » La revendication ne pourra être exercée que » sur les marchandises qui seront reconnues être iden-

» tiquement les mêmes, et que lorsqu'il sera reconnu
» que les balles, barriques ou enveloppes dans lesquelles
» elles se trouvoient lors de la vente n'ont pas été ouvertes,
» que les cordes ou marques n'ont été ni enlevées, ni
» changées, et que les marchandises n'ont subi, en
» nature et quantité, ni changement, ni altération.

581. » Pourront être revendiquées, aussi long-temps
» qu'elles existeront en nature, en tout ou en partie,
» les marchandises consignées au failli à titre de dé-
» pôt ou pour être vendues pour le compte de l'en-
» voyeur ; dans ce dernier cas même, le prix desdites
» marchandises pourra être revendiqué, s'il n'a pas été
» payé ou passé en compte courant entre le failli et
» l'acheteur.

582. » Dans tous les cas de revendication, excepté
» ceux de dépôt et de consignation de marchandises,
» les syndics des créanciers auront la faculté de rete-
» nir les marchandises revendiquées, en payant au ré-
» clamant le prix convenu entre lui et le failli.

583. » Les remises en effets de commerce, ou en
» tous autres effets non encore échus, ou échus et non
» encore payés, et qui se trouveront en nature dans
» le portefeuille du failli à l'époque de sa faillite, pour-
» ront être revendiquées, si ces remises ont été faites
» par le propriétaire avec le simple mandat d'en faire
» le recouvrement et d'en garder la valeur à sa dispo-
» sition, ou si elles ont reçu de sa part la destination
» spéciale de servir au paiement d'acceptation ou de
» billets tirés au domicile du failli.

584. » La revendication aura pareillement lieu pour
» les remises faites sans acceptation ni disposition, si
» elles sont entrées dans un compte courant par lequel

» le propriétaire ne seroit que créditeur ; mais elle
» cessera d'avoir lieu, si, à l'époque des remises, il
» étoit débiteur d'une somme quelconque.

585. » Dans les cas où la loi permet la revendica-
» tion, les syndics examineront les demandes ; ils
» pourront les admettre sauf l'approbation du com-
» missaire ; s'il y a contestation, le tribunal pronon-
» cera après avoir entendu le commissaire. »

5°. *Les fournitures d'un aubergiste, sur les effets du voyageur qui ont été transportés dans son auberge ;*

Le privilége de l'aubergiste s'exerce sur tous les effets qui ont été transportés dans son auberge, sur le prix des chevaux et équipages des voyageurs, encore qu'une partie ou la totalité de ces objets ne leur appartienne pas ; il suffit, en effet, que l'aubergiste les ait reçus de bonne foi, et qu'il ait pu les regarder comme son gage, pour qu'ils demeurent affectés à sa créance (1). Mais on doit cependant observer que ce privilége ne subsiste qu'autant que l'aubergiste demeure nanti des effets, chevaux et équipages du voyageur ; car s'il les lui lais-soit emporter ou emmener, il seroit censé avoir renoncé à son privilége, et sa créance ne seroit plus que chirographaire.

De même, le privilége n'est accordé à l'aubergiste que pour les dépenses faites durant le séjour actuel ; celles qu'on auroit faites dans un précédent voyage ne joui-

---

(1) Cependant, si l'aubergiste savoit que les effets transportés chez lui n'appartenoient pas au voyageur, il n'auroit pas de privilége et seroit primé par le véritable propriétaire. Ainsi jugé par arrêt de la Cour d'Appel de Bruxelles, rapporté au *Journal du Palais*, n°. 420.

roient d'aucune préférence sur les effets apportés et saisis dans le second, et pour celles-ci l'aubergiste seroit encore simplement créancier chirographaire.

6°. *Les frais de voiture et les dépenses accessoires, sur la chose voiturée;*

Les choses que les voituriers transportent sont considérées entre leurs mains comme autant de gages qui leur assurent le paiement de leurs frais; mais, comme nous l'avons déjà observé, leur privilége ne se conserve qu'autant qu'ils sont restés nantis des objets voiturés. (POTHIER, *Procéd. Civ.*, ch. II, art. 7, §. 2.)

Notre article appelle dépenses accessoires tout ce que le voiturier a dépensé pour la chose même, par exemple pour les droits de douanes, d'entrées ou autres semblables qu'il auroit payés. (DOMAT, *Lois civiles*, Tit. *Gag. et Hypoth.*, sect. 5, n°. 11.)

7°. *Les créances résultant d'abus et prévarications commis par les fonctionnaires publics dans l'exercice de leurs fonctions, sur les fonds de leur cautionnement, et sur les intérêts qui en peuvent être dus.*

L'objet principal du cautionnement des fonctionnaires publics est de fournir au gouvernement une garantie pour la sûreté des reprises ou indemnités qu'il peut avoir à exercer contr'eux par suite de leurs abus et prévarications. Ensuite, lorsque le trésor public n'a plus rien à réclamer des fonctionnaires, les particuliers trouvent aussi un gage dans ce cautionnement, et obtiennent un privilége si leurs droits naissent d'abus ou prévarications de la part des fonctionnaires publics.

Mais dans l'un et l'autre cas, pour que le gouvernement et les particuliers aient privilége, il faut que les abus et prévarications aient été commis par les fonctionnaires *dans l'exercice de leurs fonctions*, autrement, leurs créances seroient simplement chirographaires, et ne seroient payées que par concurrence.

Le cautionnement des fonctionnaires publics est aussi affecté d'un privilége en faveur des personnes qui en ont fourni les deniers ; mais pour qu'elles puissent l'exercer, il faut qu'il résulte, du récépissé du cautionnement et de l'acte d'emprunt, qu'il a été fait de leurs deniers. (*Voyez* la discussion au Conseil-d'Etat, sur l'article 2102.)

OBSERVATIONS sur l'article 2102.

Cet article présente deux difficultés qu'on n'a pu précisément placer sous aucun de ses paragraphes, mais qu'il est essentiel de connoître, et que pour cela nous allons rapporter ici. Elles consistent à savoir : 1°. Si les divers priviléges énoncés dans cet article s'exercent dans l'ordre des numéros ? 2°. Si on ne doit reconnoître d'autres créances privilégiées sur certains meubles que celles désignées dans notre article ?

Sur la première question, on pourroit dire que ne trouvant précisément dans l'article aucune disposition qui énonce que c'est par l'ordre des numéros que doit se régler la préférence entre les priviléges y désignés, on doit s'en référer à la règle générale, et juger de la préférence par le degré de faveur que présentent les créances ; mais nous estimons que ce ne peut pas être là l'intention du législateur, parce que, comme l'a judicieusement observé l'orateur du tribunat, et après lui M. Malleville (*Analyse raisonnée des Discussions*), lorsqu'il veut intervertir l'ordre dans lequel sont énoncés les priviléges, il a soin de l'exprimer, témoin la disposition du troisième alinéa du 1°. de notre article, où on donne pour les sommes dues pour les semences un privilége qui s'exerce avant celui du propriétaire, quoique celui-ci soit le premier dans l'ordre des numéros. Ainsi toutes les fois que la loi n'ajoute rien, c'est qu'elle veut que l'ordre des numéros soit toujours soigneusement gardé ; d'ailleurs, qui jugeroit du plus ou moins de faveur d'une créance ? Ce ne peut être que les tribunaux ; de-là un arbitraire qui ne peut convenir avec la loi actuelle sans détruire son économie. D'après cela, si le créancier qui a fait des avances pour la conservation de la chose, concouroit avec le propriétaire de la maison louée chez qui se trouve cette même chose, ou avec celui qui l'a en gage, il seroit primé par ceux-ci. Mais si la concurrence s'établissoit entre le premier et l'aubergiste qui a fait des fournitures, le créancier qui a conservé la chose seroit préféré à cet aubergiste, parce qu'il se trouve placé dans un numéro antérieur de notre article.

Autrefois on mettoit en question si les médecins, les chirurgiens, etc. étoient préférés au propriétaire ; aujourd'hui il ne peut plus y avoir d'incertitude ; les médecins et chirurgiens ont privilége sur la généralité des meubles ; et, comme l'observe M. Malleville, l'article 2105 décide qu'ils sont préférés à tous les créanciers qui n'ont qu'un privilége sur certains meubles.

2°. Sur la seconde question, celle de savoir si on peut admettre des priviléges sur certains meubles autres que ceux désignés dans l'article 2102, nous répondrons que le privilége étant une exception au droit commun, il ne peut s'établir que par une loi formelle ; que par conséquent nous ne pouvons regarder comme ayant privilége sur certains meubles que les créances désignées en notre article ou dans une loi particulière. D'après cela, pour se faire une idée de plusieurs autres priviléges qui existent sur certains meubles, il faut consulter le titre Ier. du liv. II du Code de Commerce, qui en crée un grand nombre sur les bâtimens et navires.

On y trouve, en effet, que les navires et autres bâtimens de mer sont affectés aux priviléges, 1°. des frais de justice et autres faits pour parvenir à la vente et à la distribution du prix, pourvu qu'ils soient constatés par des états arrêtés par les tribunaux compétens ; 2°. aux droits de pilotage, louage, cale, amarrage, bassin et avant-bassin, constatés par les quittances légales des receveurs ; 3°. aux gages du gardien et frais de garde du bâtiment, depuis son entrée dans le port jusqu'à la vente, le tout justifié par des états arrêtés par le président du tribunal de commerce ; 4°. au loyer des magasins où se trouvent déposés les agrès et les apparaux ; 5°. aux frais d'entretien du bâtiment, de ses agrès et apparaux, depuis son dernier voyage et son entrée dans le port, pourvu qu'ils soient justifiés par un état arrêté par le président du tribunal de commerce ; 6°. aux gages et loyers du capitaine et autres gens de l'équipage employés au dernier voyage, s'ils sont constatés par les rôles d'armement et de désarmement arrêtés dans les bureaux de l'inscription maritime ; 7°. aux sommes prêtées au capitaine pour les besoins du bâtiment pendant le dernier voyage, et aux remboursemens du prix des marchandises par lui vendues pour le même objet, le tout constaté par des états arrêtés par le capitaine, appuyés de procès-verbaux signés par lui et les principaux de l'équipage, indiquant la nécessité des emprunts ; 8°. aux sommes dues au vendeur, aux fournisseurs et ouvriers employés à la construction, si le navire n'a pas encore fait de voyage ; à celles dues aux créanciers pour fournitures, travaux, main-d'œuvre, pour radoub, victuaille, armement et équipement avant le départ du navire, s'il a déjà navigué ; le tout constaté, savoir : la vente, par un acte ayant date certaine ; et les fournitures, par les mémoires, factures ou états visés par le capitaine, arrêtés par l'armateur, et déposés au greffe du tribunal de commerce avant le départ du navire, ou, au plus tard, dans les dix jours après son départ ; 9°. aux sommes prêtées à la grosse sur le corps, quille, agrès, apparaux, pour radoub, victuaille, armement et équipement avant le départ du navire, si elles sont constatées par acte passé devant notaire ou sous signature privée, dont les doubles sont déposés au tribunal de commerce dans les dix jours de leur date ; 10°. au montant des primes d'assurance faites sur le corps, quille, agrès, apparaux, et sur armement et équipement du navire, dues pour le dernier voyage, et constatées par les polices ou par les extraits des livres des courtiers d'assurance ; 11°. enfin, aux dommages-intérêts dus aux affréteurs pour le défaut de délivrance des marchandises qu'ils ont chargées, ou pour remboursement des avaries souffertes par lesdites marchandises par la faute du capitaine ou de l'équipage, le tout justifié par les jugemens ou les décisions arbitrales qui seront intervenues.

Tous ces priviléges devant, aux termes de l'article Ier. du titre Ier. du livre II du Code de Commerce, s'exercer dans l'ordre de leurs numéros, il ne peut pas y avoir de difficultés sur le rang de chacun d'eux ; seulement il faut observer que les créanciers compris dans chaque numéro doivent venir entr'eux en concurrence et au marc le franc en cas d'insuffisance du prix.

Section II.

Des Priviléges sur les immeubles.

Art. 2103. *Les créanciers privilégiés sur les immeubles sont :*

1°. *Le vendeur, sur l'immeuble vendu, pour le paiement du prix ;*

S'il y a plusieurs ventes successives dont le prix soit dû en tout ou en partie, le premier vendeur est préféré au second, le deuxième au troisième, et ainsi de suite ;

I. Celui qui vend un immeuble dont il ne reçoit pas actuellement le prix est censé ne l'aliéner que sous la condition tacite qu'il lui sera payé, et le retenir pour ainsi dire comme un gage jusqu'au paiement. L. 19, ff. *de Contrah. Empt.* ; L. 13, §. 8, ff. *de Act. Empt.* La circonstance que la vente est sous seing-privé, ou par tout autre acte non authentique, ne change rien à son droit, et laisse toujours subsister son privilége (1).

II. Suivant notre article, le privilége n'est accordé au vendeur que *pour le paiement du prix :* de-là la conséquence que toutes les autres créances, même celles

---

(1) *Principes de la Jurisprud. franç.*, par Prévôt de la Jannès, tom. Ier., pag. 210, édit. in-12 de 1780.

qui seroient occasionnées par la vente, ne jouissent pas de cette préférence. Ainsi les intérêts dus pour simple retard de paiement et sans stipulation, les dommages-intérêts occasionnés par le fait de l'acquéreur, n'ont aucun privilége. De même le vendeur cesse d'être privilégié, lorsque, pour le paiement du prix, il s'est contenté de simples promesses que lui a consenties l'acquéreur. Comme il se fait par-là une espèce de novation, il ne peut plus réclamer de préférence. C'est l'avis de DOMAT, *Lois Civiles*, tit. *des Hypothèques*, sect. 5, n°. 4 (1).

III. Le privilége du vendeur ne porte que sur l'immeuble par lui vendu, parce que c'est le seul qu'il ait pu regarder comme un gage. Ceux donc qui par suite seroient réunis à celui-là ne seroient nullement affectés à son privilége, à moins cependant qu'ils ne fussent tellement unis, qu'on ne pût les séparer. Mais aussi ce privilége du vendeur subsiste sur l'immeuble vendu, encore que l'acquéreur l'ait changé de nature, comme en faisant d'un champ une maison, *aut vice versâ*. La loi romaine le décidoit ainsi, et nous croyons que sa décision doit être encore adoptée de nos jours. Voici comment elle s'exprimoit : « *Si res Hypothecæ data posteà mutata fuerit, æquè hypothecaria actio competit, veluti de domo data hypothecæ, et horto facta : idem si de loco convenit et domus facta sit : idem de loco*

---

(1) Il en seroit de même, si dans le contrat de vente le vendeur déclaroit avoir reçu le prix, quoique par une contre-lettre il fût prouvé qu'il ne lui avoit pas été payé. Les contre-lettres ne pouvant pas être opposées aux tiers, il est constant que le vendeur ne pourroit, à leur préjudice, réclamer de privilége. (Voy. *Répert. de Jurisp.*, v°. Privilége, sect. 4, §. 1.)

dato et vineis in eo positis. » L. 16, *Si Fundus* ; §. 2 ; *Si Res* ; ff. *de Pign. et Hypoth.*

Mais on n'accorde cette préférence au vendeur qu'après l'exercice du privilége d'un premier vendeur qui n'auroit pas encore reçu le prix de l'immeuble ; c'est la conséquence de cette règle que nous avons établie, que le vendeur n'est censé céder définitivement ses droits sur l'immeuble qu'après en avoir été payé.

IV. Notre article n'accorde ce privilége qu'au vendeur ; on ne peut donc l'étendre à d'autres. Le donateur, par exemple, ne seroit pas fondé à le demander pour l'exécution des charges imposées à sa donation, et cela ne doit pas paroître étonnant ; le donateur, tant que les conditions de la donation ne sont pas remplies, reste propriétaire de l'immeuble donné ; et à l'aide de l'action en révocation qu'il peut toujours former dans les trente ans, il fait rentrer en ses mains les objets donnés libres de toutes charges, au préjudice même des droits acquis par les tiers, des hypothèques créées du chef du donataire. (Art. 954.) Ainsi, si d'un côté on peut dire que le donateur n'a pas de privilége, de l'autre on peut ajouter qu'il a une action infiniment plus étendue qui lui assure l'exercice de ses droits.

V. Mais le contrat d'échange doit jouir des mêmes avantages que la vente, et donner par conséquent un privilége aux échangistes qui ont des droits à exercer à raison des échanges. Ce contrat, en effet, n'est autre chose qu'une vente réciproque, qui ne diffère de la vente ordinaire qu'en ce que l'équivalent de ce qu'on donne ne consiste pas en argent : or, cette différence, trop peu importante en elle-même, ne sauroit priver les contractans du privilége que toute aliénation onéreuse leur acquiert; d'après cela, si l'un des échangistes avoit à exercer quelque retour de lots, il auroit privilége sur l'immeuble qu'il a lui-même donné.

VI. On doit tenir également que le débiteur qui se libère en donnant en paiement à son créancier un immeuble dont la valeur excède le montant de la créance, jouit aussi de ce privilége pour le remboursement de l'excédent; devenu à son tour créancier de celui auquel il devoit, il est censé lui avoir vendu l'immeuble qu'il lui a donné en paiement, suivant la maxime *dare in solutum est vendere*, et par conséquent s'en être tacitement retenu la propriété jusqu'à parfait paiement.

VII. Mais l'acquéreur à faculté de rachat conserve-t-il un privilége sur l'immeuble, lorsque le vendeur qui a exercé le réméré lui doit une partie du prix ? Devenu propriétaire par le fait seul de la vente, l'acquéreur pourroit peut-être se considérer comme vendeur, relativement à celui qui exerce le rachat, et prétendre jouir du privilége accordé par notre article. Mais ses prétentions ne seroient pas fondées, l'exercice du rachat ne peut pas être regardé comme une nouvelle vente, car la loi n'exige pas de droit de mutation. En second lieu, loin de former un nouveau contrat, le vendeur dissout par-là celui qu'il avoit formé sous une condition résolutoire, et écarte par conséquent toute idée de privilége. Ainsi l'acquéreur doit se borner au droit de rétention que la loi lui accorde, jusqu'au remboursement du prix, mais n'a pas le droit de le remplacer par un privilége, lorsque se fiant à la bonne foi de son débiteur, il a abandonné l'immeuble sans en avoir reçu le prix.

2°. *Ceux qui ont fourni les deniers pour l'acquisition d'un immeuble, pourvu qu'il soit authentiquement constaté, par l'acte d'emprunt, que la somme étoit destinée à cet emploi, et, par la quittance du vendeur, que ce paiement a été fait des deniers empruntés;*

I. Comme le privilége que la loi donne au vendeur lui fournit une entière garantie pour les droits qu'il a à exercer, il n'est pas rare de voir des personnes rechercher la subrogation en ses droits, soit en prêtant à l'acheteur les deniers nécessaires pour l'acquisition, soit en lui payant ce qui peut lui être dû : de-là deux espèces de subrogation à examiner : l'une est établie par notre article, l'autre par les articles 1250 et 1251.

II. Lorsque l'acheteur paye le prix de la vente avec les deniers d'un tiers, celui-ci obtient la subrogation par la double déclaration prescrite par notre article. S'il se bornoit à n'en exiger qu'une, par exemple, à faire déclarer par l'acte d'emprunt que les deniers étoient destinés à l'acquisition d'un immeuble, cette déclaration seroit insuffisante et ne lui transmettroit pas les droits du vendeur. De même, il faut remarquer que la déclaration exigée dans l'acte de prêt ne doit pas être conçue en termes généraux, et indiquer seulement que les deniers sont destinés à une acquisition; il faut en outre qu'on y trouve rappelé l'immeuble qu'on se propose d'acquérir, et qu'ensuite l'immeuble acquis se trouve être le même que celui désigné dans l'acte d'emprunt.

La déclaration que, l'argent emprunté a été réellement employé à l'acquisition, doit être faite dans l'acte de vente : celle qui seroit faite postérieurement, ou même avant la vente, ne donneroit aucun droit au prêteur, parce qu'à l'époque où elle auroit été faite le vendeur ne pouvoit pas céder des droits qu'il n'avoit pas encore, ou qu'il n'avoit déjà plus.

Ajoutons encore que notre article n'attache la subrogation en faveur du prêteur, qu'à la preuve *authentique* de la destination des sommes prêtées et de leur emploi; d'où il faut conclure que, si l'acte d'emprunt étoit sous seing-privé, que la vente ne fût pas faite par acte authentique (1), le prêteur ne passeroit pas dans les droits du vendeur et n'acquerroit pas ses priviléges. Cependant on ne voit pas trop pourquoi la loi n'attache pas le même effet à l'acte sous seing-privé dont la date est certaine, il semble que l'existence du prêt et son emploi sont suffisamment prouvés par des actes sous seing-privé duement enregistrés.

La subrogation s'opère en faveur du prêteur sans le consentement du vendeur; le fait seul de l'emprunt, réuni aux déclarations exigées, lui transmet tous ses droits et priviléges.

III. Lorsqu'un tiers paye au vendeur ce qui peut lui être dû par l'acquéreur, la subrogation au privilége ne s'opère que par une déclaration expresse. Il faut, en

---

(1) L'acte authentique est celui qui a été reçu par officiers publics ayant droit d'instrumenter dans le lieu où l'acte a été rédigé, et avec les solennités requises. (*Cod. Nap.*, art. 1317.)

effet, que lors du paiement, et dans la quittance, le vendeur déclare le subroger dans ses droits, actions, privilége ou hypothèque contre le débiteur (1); et il n'y a d'exception que pour le cas où le tiers qui paye est lui-même créancier de l'acquéreur. Comme alors la subrogation s'opère de plein droit (2), il est inutile de la stipuler.

3°. *Les cohéritiers, sur les immeubles de la succession, pour la garantie des partages faits entr'eux, et des soulte ou retour de lots;*

Quelle que soit la forme de l'acte de partage, qu'il

---

(1) Cette subrogation est conventionnelle,

1°. Lorsque le créancier, recevant son paiement d'une tierce personne, la subroge dans ses droits, actions, priviléges ou hypothèques contre le débiteur. Cette subrogation doit être expresse, et faite en même temps que le paiement;

2°. Lorsque le débiteur emprunte une somme à l'effet de payer sa dette, et de subroger le prêteur dans les droits du créancier. Il faut, pour que cette subrogation soit valable, que l'acte d'emprunt et la quittance soient passés devant notaires; que dans l'acte d'emprunt il soit déclaré que la somme a été empruntée pour faire le paiement, et que dans la quittance il soit déclaré que le paiement a été fait des deniers fournis à cet effet par le nouveau créancier. Cette subrogation s'opère sans le concours de la volonté du créancier. (*Cod. Napoléon*, art. 1250.)

(2) La subrogation a lieu de plein droit,

1°. Au profit de celui qui, étant lui-même créancier, paye un autre créancier qui lui est préférable à raison de ses priviléges ou hypothèques;

2°. Au profit de l'acquéreur d'un immeuble, qui emploie le prix de son acquisition au paiement des créanciers auxquels cet héritage étoit hypothéqué;

3°. Au profit de celui qui, étant tenu avec d'autres ou pour d'autres au paiement de la dette, avoit intérêt de l'acquitter;

4°. Au profit de l'héritier bénéficiaire qui a payé de ses deniers les dettes de la succession. (*Ibid.*, art. 1251.)

soit fait sous seing-privé, par acte authentique ou en justice, le co-héritier jouit toujours d'un privilége pour la garantie du partage, le recouvrement des soulte ou retour de lots ; et ce privilége diffère de celui du vendeur, en ce qu'il ne porte pas seulement sur un immeuble ou même sur la quotité des biens recueillis par le co-partageant qui doit les soultes ou retours, mais sur la totalité de tous les lots, sur l'universalité des biens immeubles qui composoient l'hérédité (1); et la raison en est, comme l'observe Prévôt de la Janès, *Principes de la Jurispr.*, tom. *I*, pag. 211 : « Que les » partages n'étant pas regardés comme translatifs de » propriété, mais comme déclaratifs de propriété, » chaque co-héritier est censé avoir été saisi dans le » commencement de la portion qui lui échoit par le » partage, et n'en avoir été saisi qu'avec la charge » de répondre de la sûreté des lots des autres : car » chacun des co-héritiers n'a reçu de la loi son lot, » qu'à la charge de l'égalité ; or la garantie réci- » proque est une suite nécessaire de l'égalité. »

Quoique notre article ne parle que des co-héritiers, et qu'on puisse en conclure que le privilége ne peut être exercé que par eux seuls, il faut cependant remarquer que la même préférence passe à tous ceux qui se trouvent subrogés à leurs droits ; que par conséquent le cessionnaire des droits successifs peut l'exercer comme feroit son cédant lui-même. (*Voyez* l'art. 2112.) — Il faut aussi ajouter que les co-partageans, autres que des héritiers, jouissent d'un semblable pri-

---

(1) *Voyez* l'arrêt du 27 mai 1689, rapporté par Lebrun, traité *des Successions*, chap. *des Partages*, n°. 34 et suiv.

vilége pour les soulte et retour de lots; cela résulte de l'article 2109, que nous expliquerons ci-après.

4°. *Les architectes, entrepreneurs, maçons et autres ouvriers employés pour édifier, reconstruire ou réparer des bâtimens, canaux ou autres ouvrages quelconques, pourvu néanmoins que, par un expert nommé d'office par le tribunal de première instance dans le ressort duquel les bâtimens sont situés, il ait été dressé préalablement un procès-verbal, à l'effet de constater l'état des lieux relativement aux ouvrages que le propriétaire déclarera avoir dessein de faire, et que les ouvrages aient été, dans les six mois au plus de leur perfection, reçus par un expert également nommé d'office. Mais le montant du privilége ne peut excéder les valeurs constatées par le second procès-verbal, et il se réduit à la plus-value existante à l'époque de l'aliénation de l'immeuble, et résultant des travaux qui y ont été faits.*

I. Les ouvriers désignés dans cet article ne jouissent d'un privilége qu'autant qu'ils font constater l'état des lieux avant de travailler sur l'immeuble, et que leurs ouvrages sont reçus dans les six mois de leur perfection. Cependant on doit croire que si les travaux avoient été faits dans une circonstance tellement urgente, qu'il eût été impossible de faire constater auparavant l'état des lieux, les architectes, entrepreneurs et autres ouvriers jouiroient également du privilége par le seul procès-verbal de réception de leurs ouvrages. Mais dans ce cas nous pensons que la preuve qu'il a été impossible aux ouvriers de faire constater l'état des lieux doit résulter de la notoriété publique.

L'expert qui constate l'état des lieux, peut sans doute faire aussi la réception des ouvrages; ou doit l'induire du silence de la loi; mais il faut remarquer que pour agir régulièrement il devra être nommé de nouveau; sa première nomination ne pourroit lui donner caractère à l'effet de recevoir les ouvrages, puisqu'elle avoit pour objet une mission absolument différente.

II. Notre article ne parle que des architectes, entrepreneurs, etc., qui ont fait à leur compte des travaux, mais ne dit pas un mot des ouvriers que ceux-ci peuvent avoir employés. Cependant le prix de leurs journées peut leur être dû, et on doit se demander s'ils jouissent d'un privilége non pas sur les immeubles réparés ou construits de nouveau, mais sur le prix dû à l'architecte pour le travail qu'il leur a fait faire? La question soumise au parlement de Paris, on y décida, le 19 décembre 1781, que les ouvriers ne jouissoient d'aucun privilége, mais qu'ils devoient venir en concurrence avec les autres créanciers personnels de l'architecte. Ces principes seroient sans doute encore admis, puisqu'on ne reconnoît de privilége pour les ouvriers que celui que notre article donne sur le corps de l'immeuble, et que, comme nous l'avons déjà observé, les personnes qui se louent à la journée n'ont aucun privilége pour le recouvrement de leur salaire.

III. Le privilége des architectes et autres ouvriers est subordonné à la valeur de l'objet qu'ils ont construit ou rétabli; aussi Basnage, *Traité des Hypothèques*, ch. 14, disoit-il qu'il se trouvoit quelquefois par l'événement fort mal assuré. Il n'a lieu en effet que, *in quantum res pretiosior facta est*, c'est-à-dire jusqu'à concurrence de la plus-value de l'objet résultant des travaux par eux faits. Ainsi, par exemple, si avant d'entreprendre la réparation d'une maison, elle valoit 10,000 livres, que les réparations n'eussent pas augmenté sa valeur, ou ne l'eussent augmentée que d'une somme inférieure à celle due aux ouvriers, ceux-ci ou n'auroient aucun privilége, ou n'en auroient qu'un égal à l'augmentation qu'ils auroient occasionnée.

IV. Nous ferons sur cet article la même question que celle que nous avons rapportée dans les observations sur l'article 2102; nous demanderons si c'est par l'ordre des numéros qu'il faut juger de la préférence entre les créanciers privilégiés sur les immeubles, et par conséquent si les architectes, entrepreneurs, etc., doivent être primés par le vendeur; si ceux qui ont fourni les deniers pour l'acquisition doivent primer les co-héritiers, etc.? Autrefois, ceux qui avoient réparé ou amélioré la chose étoient toujours préférés, *potior est qui salvam fecit totius pignoris causam*. L. 6; ff. *Qui Pot. in Pig.* La glose sur la L. 19, ff. *de Privil. Cred.* les appeloit avant tous autres créanciers, et cela avoit été ainsi jugé par divers arrêts rapportés par Mornac, part. 2, n°. 33, et Tournet, sur l'article 171 de la coutume de Paris. La loi du 11 brumaire avoit même adopté cette jurisprudence. Le Code Napoléon pourroit d'abord fournir quelques raisons pour l'appuyer; en effet, on pourroit dire que n'ayant de privilége que, *in quantum res pretiosior facta est*, la préférence qu'on accorderoit aux ouvriers ne pourroit préjudicier aux autres créanciers, puisque, déduction faite de la valeur des améliorations, ils retrouveroient leur gage *in statu quo*. Cependant nous ne pensons pas que telle soit l'intention du législateur : l'ordre des numéros marque celui des privilégiés ; et, comme l'observe M. Grenier dans son discours au Corps Législatif, lorsqu'on a voulu l'intervertir, on a eu soin de l'énoncer ; ainsi, quelque faveur que présente le privilége des architectes, il ne doit venir qu'après ceux désignés dans les numéros précédens. C'est aussi l'avis de M. Malleville sur l'article 2103.

5°. *Ceux qui ont prêté les deniers pour payer ou rembourser les ouvriers jouissent du même privilége, pourvu que cet emploi soit authentiquement constaté par l'acte d'emprunt et par la quittance des ouvriers, ainsi qu'il a été dit ci-dessus pour ceux qui ont prêté les deniers pour l'acquisition d'un immeuble.*

Voyez ce que nous avons dit sur le n°. 2 de cet article.

SECTION III.

Des Priviléges qui s'étendent sur les meubles et les immeubles.

Art. 2104. *Les priviléges qui s'étendent sur les meubles et les immeubles sont ceux énoncés en l'article 2101.*

I. C'est-à-dire, les frais de justice, les frais funéraires, les frais de dernière maladie, les salaires des gens de service et les fournitures de subsistances : il faut même y ajouter le privilége que les articles 2 et 4 de la loi du 5 septembre donnent au trésor public sur les meubles et les immeubles des comptables pour le recouvrement des débets, et celui que la deuxième loi du 5 septembre lui accorde également pour le recouvrement des frais de justice en matière criminelle, correctionnelle et de police. — Seulement on peut se demander si, comme les priviléges énoncés en l'article 2101, celui du trésor ne s'exerce sur les immeubles qu'à défaut de mobilier ? L'affirmative ne nous paroît pas équivoque : en général, lorsqu'on a deux priviléges pour la sûreté de la même dette, on doit discuter celui qui préjudicie le moins et au débiteur et aux autres créanciers ; d'ailleurs, dans l'hypothèse actuelle, le trésor ne peut souffrir d'une discussion préalable du mobilier, puisque, en cas d'insuffisance, sa dette sera toujours assurée par un recours sur les immeubles ; et dans le cas même où l'expropriation des immeubles du comptable seroit poursuivie avant que le trésor n'ait discuté les meubles, il n'auroit non plus rien à craindre, parce que, ou il pourroit faire suspendre l'adjudication jusqu'à ce qu'il ait terminé la discussion (1), ou se faire toujours conditionnellement colloquer sur le prix provenu de la vente des immeubles. Telle paroît avoir été l'opinion du Conseil-d'Etat, lors de la discussion de l'article 2104. La première rédaction, en effet, accordoit privilége sur les meubles et sur les immeubles, 1°. aux créanciers énoncés en l'article 2101 ; 2°. au trésor public ; et ensuite venoit l'article 2105 qui disposoit en général que les créances désignées en l'article 2104 ne s'exerçoient sur les immeubles *qu'à défaut de mobilier*. Il est vrai que dans la nouvelle rédaction de l'article 2104 on n'a plus parlé du privilége du tré-

---

(1) *Code Napoléon*, art. 2170.

sor; mais on en connoît la raison : ce n'est pas parce qu'on a voulu que le trésor ne fût assujetti, comme les créanciers désignés en l'article 2101, à une discussion préalable, mais parce qu'on avoit déjà établi par l'article 2098 que le privilége du trésor public seroit régi par des lois particulières. Ainsi, la suppression de ce qui concernoit le privilége du trésor public n'ayant pas eu pour objet de changer le mode d'exercice de son privilége, on doit en conclure qu'on a voulu l'astreindre à la même discussion prescrite à des créanciers encore plus privilégiés que lui, puisqu'ils lui sont préférés.

II. Mais aux frais de qui doit se faire la discussion du mobilier ? Je pense qu'il faut distinguer si de son propre mouvement le créancier poursuit son paiement sur les meubles, ou si s'étant présenté pour se faire colloquer sur le prix provenu de la vente des immeubles, on lui a opposé l'exception de discussion. Dans le premier cas, il n'y a pas de doute qu'il ne doive faire les avances de tous les frais ; dans le second, on peut comparer sa situation à celle d'un créancier, ou qui poursuit la caution avant d'avoir discuté le débiteur principal, ou qui veut exproprier un immeuble aliéné par son débiteur, quoique celui-ci en possède encore d'autres également hypothéqués à sa dette ; or, dans ces deux derniers cas, la caution, le tiers possesseur sont tenus à faire les avances des frais de discussion, article 2023 et 2170. Aussi concluons-nous par analogie que dans le cas où les autres créanciers opposent aux privilégiés dénommés dans l'article 2101 l'exception de discussion du mobilier, ils doivent en avancer les frais.

Art. 2105. *Lorsqu'à défaut de mobilier les privilégiés énoncés en l'article précédent se pré-*

sentent pour être payés sur le prix d'un immeuble en concurrence avec les créanciers privilégiés sur l'immeuble, les paiemens se font dans l'ordre qui suit :

1°. *Les frais de justice et autres énoncés en l'article* 2101 ;

2°. *Les créances désignées en l'article* 2103.

On peut ajouter, ainsi que nous l'avons vu sur l'article précédent, le privilége du trésor sur les immeubles des comptables acquis depuis leur nomination, et celui des frais de justice sur ceux des condamnés ; ils s'exercent en effet immédiatement après ceux-ci.

Voyez ce que nous avons dit sur l'article 2102, aux observations, et sur le n°. 4 de l'article 2103.

Section IV.

Comment se conservent les Priviléges.

Art. 2106. *Entre les créanciers, les priviléges ne produisent d'effet, à l'égard des immeubles, qu'autant qu'ils sont rendus publics par inscription sur les registres du conservateur des hypothèques, de la manière déterminée par la loi, et à compter de la date de cette inscription, sous les seules exceptions qui suivent.*

I. Le privilége sur les meubles existe par la seule qualité de la créance, et s'exerce sur le prix qui en provient, sans qu'il soit besoin de rien employer pour le faire connoître ; mais celui que la loi accorde à quelques créances sur certains immeubles ou sur l'universalité, n'existe qu'à charge d'inscription, ou, ce qui est la même chose, n'a sans elle qu'une existence éphémère. Ce principe est une suite naturelle du système de publicité introduit par la loi du 11 brumaire, et conservé par le nouveau régime hypothécaire. On a voulu que le tiers qui contractoit avec le débiteur ne fût pas induit en erreur sur sa véritable situation, mais qu'il pût aisément connoître les diverses charges qui grevoient ses propriétés immobilières, et par-là s'assurer de sa solvabilité actuelle. Ainsi, s'il arrivoit qu'un créancier privilégié sur les immeubles négligeât de prendre inscription ; que la faillite de son débiteur l'empêchât de réparer ensuite sa négligence (1), quoique ayant eu d'abord privilége, il n'en seroit pas moins regardé comme simple créancier chirographaire et obligé de venir par concurrence; c'est ce qu'il faut induire de ces mots de notre article, *entre les créanciers les priviléges ne produisent d'effet*, etc.

On nous opposera peut-être que par la définition même que la loi donne du privilége, il semble naître *de la seule qualité de la créance*. Il est vrai que l'article 2095 dit expressément que le privilége résulte de la qualité de la créance ; mais ce n'est là, à proprement parler, qu'un de ses premiers élémens auxquels il s'en rattache bientôt d'autres : le privilége est attaché à telle ou telle créance, mais si l'on accomplit telle formalité, si par exemple l'on fait transcrire ou inscrire dans les délais utiles; et il n'est pas rare de voir la loi attacher des droits à l'accomplissement de certaines formalités ; ainsi, par exemple, au titre *des Successions*, on la voit accorder aux héritiers le droit de n'être tenus que jusqu'à concurrence des forces de la succession, s'ils font faire inventaire (art. 794); au

---

(1) *Code Napoléon*, art. 2146.

titre *du Contrat de Mariage*, permettre à la femme de reprendre son apport franc et quitte de toutes dettes de communauté, si dans les trois mois et quarante jours après le décès de son mari, elle effectue sa renonciation (art. 1457, 1493 et 1494); enfin, dans notre titre, faire dépendre le privilége des co-héritiers, celui des architectes, des créanciers et légataires, d'une inscription prise dans les délais utiles. Si donc il est vrai de dire que la qualité de la créance constitue le privilége, il est également juste de soutenir qu'elle ne lui donne qu'une existence conditionnelle et subordonnée à l'accomplissement de la formalité prescrite par notre article 2106.

II. L'inscription nécessaire pour conserver le privilége en même temps qu'elle sert à le rendre public, sert aussi à désigner son rang. On a dû remarquer ces expressions de notre article : *à compter de la date de cette inscription*. Elles fixent l'époque où le privilége est en pleine activité, et le transforment par-là en hypothèque légale. L'effet du privilége est sans doute de toujours remonter à sa cause, de primer les autres créanciers même hypothécaires (art. 2095). Cependant, d'après notre article, les priviléges sur les immeubles ne priment que les créances inscrites postérieurement à leurs inscriptions, puisque ce n'est qu'à compter de cette époque qu'ils ont quelque effet ; de même, lorsque la concurrence s'établit entre plusieurs créanciers qui ont privilége pour la même cause, ils ne viennent pas tous par concurrence comme le veut l'article 2097, mais suivant l'ordre de leurs inscriptions. Telle est la seule manière d'entendre l'article 2106. Sa disposition est absolument opposée au système adopté sur les priviléges ; et aussi, nous semble-t-il impossible de la mettre en harmonie avec les autres principes du Code Napoléon ; mais nous avouerons que les difficultés que nous venons d'indiquer n'existent que dans la théorie, car en donnant, comme on l'a fait dans les articles subséquens du Code, un délai pour inscrire les priviléges sur les immeubles, et après l'accomplissement de cette formalité, faisant remonter leurs effets à leur cause, on a paralysé et rendu inutile la disposition de l'article 2106.

Art. 2107. *Sont exceptées de la formalité de l'inscription les créances énoncées en l'article 2101.*

L'article est conçu en termes généraux, et n'admet point d'exception. Quelle que soit la somme à laquelle s'élèvent ces créances, le privilége qui y est attaché se conserve toujours sans inscription.

Nous pensons qu'on doit également dispenser de l'inscription le privilége que la loi du 5 septembre 1807, relative au recouvrement des frais de justice, accorde aux sommes dues pour la défense personnelle de l'accusé. Ces sommes sont ordinairement fort modiques, et ne sont d'ailleurs assujetties par l'article 4, n°. 5, de cette loi, qu'à la taxe que doit en faire le tribunal.

Art. 2108. *Le vendeur privilégié conserve son privilége par la transcription du titre qui a transféré la propriété à l'acquéreur, et qui constate que la totalité ou partie du prix lui est due ; à l'effet de quoi, la transcription du contrat faite par l'acquéreur vaudra inscription pour le vendeur et pour le prêteur qui lui aura fourni les deniers payés, et qui sera subrogé aux droits du vendeur par le même contrat : sera néanmoins le conservateur des hypothèques tenu, sous peine de tous dommages et intérêts envers les tiers, de faire d'office l'inscription sur son registre; des créances résultant de l'acte translatif de propriété, tant en faveur du vendeur qu'en faveur des prêteurs, qui pourront aussi faire faire, si elle ne l'a été, la transcription du contrat de vente, à l'effet d'acquérir l'inscription de ce qui leur est dû sur le prix.*

I. Le privilége du vendeur, excepté par l'article 2106 de la formalité de l'inscription, se conserve par celle de la transcription du contrat ou de tout autre acte qui transfère la propriété. Cette transcription peut être requise, soit par le vendeur, soit par les bailleurs de fonds légalement subrogés aux droits du vendeur, soit par l'acquéreur lui-même; et quoique celle que ce dernier requiert ait pour unique objet de consolider sa propriété, elle n'en conserve pas moins le privilége du vendeur et de tous ceux qu'il a subrogés à ses droits. De même, comme le privilége du vendeur existe encore que la vente soit faite sous seing-privé, il est conséquent d'admettre la transcription d'un acte de cette nature, pourvu qu'il soit duement enregistré. C'est aussi ce qu'a décidé le Conseil-d'Etat par l'avis du 3 floréal an 13, ainsi conçu : — « Vu la loi du 11 brumaire an 7 sur
» le régime hypothécaire, et le titre du Code Civil sur
» les *Priviléges et Hypothèques*; considérant qu'aucune
» disposition précise ne s'oppose à ce qu'un acte sous
» signature privée, revêtu de la formalité de l'enregis-
» trement, soit transcrit sur les registres du conserva-
» teur des hypothèques ; que cette transcription n'a

» d'autre effet que d'annoncer aux personnes intéres-
» sées que la propriété d'un immeuble a passé d'une
» main dans une autre, et qu'il n'y auroit pas de mo-
» tif pour prohiber les annonces du changement qui se
» seroit opéré par acte sous signature privée, quand il
» est permis d'aliéner de cette manière ; qu'on ne
» peut tirer aucune induction contraire de ce que l'ins-
» cription à l'effet d'acquérir hypothèque ne peut avoir
» lieu que sur le vu d'une expédition authentique ; —
» qu'enfin, lors de la discussion du titre du Code Civil
» *des Priviléges et Hypothèques*, la question fut pro-
» posée en conseil-d'Etat, et qu'il parut si évident
» qu'on pouvoit transcrire un acte de vente sous signa-
» ture privée, duement enregistré, qu'on jugea su-
» perflu de faire une disposition pour le permettre,
» comme on peut s'en convaincre par la lecture du
» procès-verbal, séance du 10 ventose an 12 ; — est
» d'avis que les actes de vente sous signature privée, et
» enregistrés, peuvent être présentés à la transcription.»

II. Quoique notre article ne parle que du vendeur et du bailleur de fonds, il nous semble que le tiers qui a remboursé ce qui restoit dû au vendeur, et qui s'est fait expressément subroger à ses droits, a aussi la faculté de requérir la transcription du contrat et de conserver par-là son privilége. Nous avons déjà vu, en effet, que l'article 1250 lui transféroit sans exception tous les droits et priviléges du vendeur ; or, la faculté de conserver son privilége par la transcription du contrat est aussi un des principaux droits cédés. (Art. 2112.) Cependant nous observerons que pour agir régulièrement, et pour forcer le conservateur à transcrire, le créancier subrogé devra constater de l'acte de subrogation.

Quant au bailleur de fonds, s'il est généralement

vrai qu'il puisse conserver son privilége par la transcription du contrat de vente, il faut néanmoins admettre une exception pour le cas où ce contrat est sous signature privée; comme aux termes de l'article 2103, n°. 2, le prêteur n'acquiert de privilége qu'autant que 'emploi est *authentiquement* constaté par la quittance délivrée au vendeur, il suit que la transcription du contrat sous signature privée ne peut le lui conserver.

III. Ajoutons que cette disposition de la loi qui assujettit le vendeur à faire transcrire son contrat, n'est pas tellement impérative, qu'elle ne lui permette d'y suppléer par des équipollens. Il peut, en effet, remplacer la transcription par une simple inscription, c'est ce qui doit naturellement résulter de la dernière partie de notre article, où on oblige le conservateur à prendre une inscription d'office, pour avertir les tiers des charges qui grèvent l'immeuble ; or, le conservateur qui agit par-là au nom du vendeur, ne doit pouvoir faire que ce que celui-ci auroit droit d'effectuer, puisqu'en ce point il n'est réellement que le mandataire légal et forcé du précédent propriétaire. Cela résulte, du reste, d'un arrêt de la cour de cassation, que nous allons avoir occasion de rapporter dans un instant.

IV. Ainsi le vendeur, d'après ce que nous venons de dire, a le choix ou de faire faire la transcription de son contrat pour conserver son privilége, ou, s'il ne veut pas faire les avances de droits de transcription, et si cette formalité n'est point requise par l'acquéreur, de faire faire, en vertu de ce même acte, une inscription au bureau des hypothèques. A la vérité, on peut se demander s'il aura cette faculté, soit que l'acte de vente soit authentique, soit qu'il ait été fait sous signature privée? Pour l'acte authentique, il ne peut pas y avoir d'incertitude, il peut toujours faire la base d'une inscription, et tout ce que nous venons de dire doit naturellement s'appliquer à ce cas ; mais lorsque la vente a été faite sous signature privée, il doit y avoir plus de difficulté, puisqu'aux termes de l'article 2127 l'hypothèque ne peut résulter que d'actes passés en forme authentique devant deux notaires, ou devant un notaire et deux témoins. Cependant cette considération n'est pas assez forte pour renverser la conséquence qu'on ne peut s'empêcher de tirer de l'avis du conseil-d'État ci-dessus transcrit. Il suffit, en effet, qu'on ait permis au vendeur de transcrire un acte sous seing privé, pour qu'on soit censé donner à cette transcription le même effet qu'à celle d'un acte authentique ; d'ailleurs, on ne doit pas confondre sur ce point l'hypothèque et le privilége. L'hypothèque ne peut sans doute devenir publique, ni même avoir d'existence, qu'autant qu'elle résulte d'actes publics ; mais le privilége naît de la qualité de la créance, quelle que soit la manière dont elle soit prouvée ; il peut toujours donner lieu à l'inscription, encore qu'il résulte d'actes sous seing-privé, ainsi qu'on peut le voir dans l'article 2111, où tous les créanciers du défunt, sans distinction d'hypothécaires ou de cédulaires, peuvent prendre inscription sur ses biens.

Ces raisons acquièrent un grand degré de force par la jurisprudence de la cour de cassation, consacrée notamment dans un arrêt rendu le 6 juillet 1807, au rapport de M. Oudart, et sur les conclusions conformes de M. le procureur-général-impérial ; en voici le dispositif ; il est puisé à la vérité dans la loi du 11 brumaire, mais on s'appercevra aisément qu'on peut en appliquer les raisons au nouveau régime. — « Attendu » qu'il suit de l'article 2 (de la loi du 11 brumaire

» an 7) que le précédent propriétaire conserve son
» privilége en faisant faire inscription de son titre ;—
» qu'il suit de l'article 29 (1) qu'à son défaut le con-
» servateur est tenu de faire inscription de sa créance
» immédiatement après la transcription du titre d'alié-
» nation, lorsque ce titre constate que le prix lui en est
» dû et que la créance n'est pas inscrite ; que la loi per-
» met de transcrire un acte de vente sous signature
» privée, duement enregistré, ce qui est reconnu par
» l'avis du Conseil-d'Etat du 12 floréal an 13 ; que le
» conservateur est tenu, sur la représentation d'un tel
» acte, comme sur celle d'un acte notarié, de faire
» inscription de la créance non inscrite du précédent
» propriétaire, et *qu'à plus forte raison* le précédent
» propriétaire peut directement ce que peut le conser-
» vateur, qui en ce cas n'est que le mandataire légal
» et forcé du précédent propriétaire ; que la loi du
» 11 brumaire an 7 n'exige point que le précédent
» propriétaire qui prend inscription, présente préala-
» blement à la transcription le titre d'aliénation ; qu'il
» résulte de l'article 27 que c'est à l'acquéreur qu'il
» appartient de faire transcrire le contrat de vente, et
» que c'est à lui que l'expédition transcrite est remise ;
» que le tribunal d'appel, en jugeant que, faute de
» transcription préalable, l'inscription du demandeur
» étoit comme non-avenue, a violé l'article 2, et faus-
» sement appliqué l'article 29 de la loi du 11 brumaire
» an 7; la Cour casse. »

V. Le privilége du vendeur, déjà rendu public par la transcription de l'acte de vente, n'est assujetti de sa

---

(1) On sait que l'article 2108 du Code Napoléon est absolument calqué sur cet article 29 de la loi du 11 brumaire an 7.

part à aucune autre formalité. Cependant, comme cette transcription ne le fait pas connoître des tiers qui, s'ils veulent savoir les charges qui grèvent un immeuble, ne doivent pas consulter les registres des transcriptions, mais celui des inscriptions, la loi exige que les conservateurs fassent une inscription d'office à la vue de la transcription. Comme cette inscription a donné lieu à diverses difficultés, nous allons en parler d'une manière particulière.

VI. Le conservateur doit, suivant notre article, faire une inscription d'office toutes les fois qu'il résulte de la vente que tout ou partie du prix est encore dû au vendeur, et il ne pourroit, sans compromettre sa responsabilité, se dispenser de la faire sous prétexte que le terme de paiement étoit expiré lors de la transcription requise par l'acquéreur. Car, s'il est vrai que dans ce cas l'expiration du terme accordé pour le paiement du prix soit une présomption du paiement, elle n'est pas assez forte pour détruire ni paralyser la disposition rigoureuse de notre article, qui, sans distinction, prescrit l'inscription d'office toutes les fois que tout ou partie du prix peut être dû; or, dans notre hypothèse, le prix peut être encore dû après l'expiration du terme. Cependant, comme il ne faut pas rendre cette formalité trop onéreuse pour les acquéreurs et leur faire supporter une inscription alors qu'ils prouvent qu'ils ont légalement payé, il nous semble que le conservateur peut, sans s'exposer, se dispenser de prendre inscription lorsqu'on lui prouve par acte authentique que tout a été soldé.

VII. Nous pensons également que les conservateurs doivent prendre inscription, encore que par l'acte de

7.

vente le vendeur les en ait dispensés, parce que ce n'est pas, comme l'a prétendu un commentateur de la loi du 11 brumaire (1), en faveur du vendeur que cette formalité a été introduite, mais dans l'intérêt des tiers; elle n'ajoute, en effet, absolument rien au privilége du vendeur, tandis qu'elle fait connoître aux tiers la situation du débiteur. Ainsi, il ne peut donc appartenir au vendeur de renoncer à un droit qui ne sauroit le concerner, et les conservateurs s'exposeroient s'ils négligeoient de faire l'inscription d'office.

VIII. Au contraire, les conservateurs ne doivent pas prendre l'inscription d'office pour tous les droits qui pourroient compéter au vendeur autres que ceux pour lesquels la loi lui donne privilége : ainsi, si la vente avoit été faite sous faculté de réméré, et que le prix en eût été payé, ou sous tout autre condition résolutoire, il ne seroit pas nécessaire de prendre inscription, 1°. parce que le vendeur n'auroit pas, dans ce cas, de privilége; 2°. parce que son action se conserve par elle-même, et qu'elle est suffisamment connue des tiers par la transcription.—De même, si la vente avoit été faite avec réserve d'usufruit, d'usage ou d'habitation, il ne seroit pas non plus besoin d'inscription d'office, parce que ces objets étant distincts de la nue-propriété qu'on a seulement aliénée, le vendeur a sur l'immeuble non pas un privilége, mais un droit de propriété, qui se conserve par lui-même, et qu'on peut comparer au droit qu'on auroit sur une partie d'un immeuble après avoir aliéné le surplus. C'est ainsi que LL. Exc. les ministres de la justice et des finances l'ont unanimement décidé le 22 mars 1808.

---

(1) Hua, sur l'article 29.

IX. Les conservateurs ne doivent pas non plus prendre inscription d'office pour la conservation des droits des créanciers indiqués en l'acte de vente, mais seulement dans l'intérêt du vendeur, qui éventuellement, et si l'acquéreur ne paye pas aux créanciers indiqués, peut exercer son privilége comme s'il n'y avoit pas eu d'indication. Toutefois cette inscription ne peut jamais profiter à ces créanciers indiqués, parce que, simples créanciers personnels du vendeur, ils ne peuvent retirer aucun avantage direct de la convention faite entre le vendeur et l'acquéreur, qui est pour eux, *res inter alios acta*. C'est ainsi que l'a jugé la cour de cassation dans l'affaire des sieurs Halboult et Hayes. Il s'agissoit de régler l'ordre entre les créanciers du sieur Boutry-Revel, dont les uns étoient hypothécaires, les autres simples chirographaires, mais indiqués dans le contrat de vente d'un domaine vendu par le débiteur commun ; ces derniers prétendoient devoir être préférés aux créanciers hypothécaires, parce que, par l'effet de l'indication, étant passés aux lieu et place du vendeur, ils pouvoient, comme il l'auroit fait lui-même, exercer un privilége. Leur prétention fut accueillie par le tribunal de première instance, mais bientôt après rejetée par la cour d'appel : on vint ensuite devant la cour de cassation, et voici l'arrêt qui fut rendu le 22 avril 1807 : « La Cour, attendu.....
» que la clause du contrat relative aux créanciers du
» demandeur n'est qu'une simple indication de paie-
» ment ; qu'ainsi la cour d'appel a pu juger dans l'es-
» pèce, et sans violer la loi du contrat, que le sieur
» Basin-Duclos n'étoit pas tenu de représenter aux
» créanciers indiqués les 12,936 liv. qu'il avoit don-

» nées au vendeur ;..... que, suivant l'article 29 de la
» loi du 11 brumaire an 7, les créances que le conser-
» vateur doit inscrire, sont, non pas toutes celles
» mentionnées dans l'acte que l'on présente à la trans-
» cription, mais celles-là seulement qui emportent un
» droit de préférence par leur nature, tel celui du
» vendeur pour ce qui lui reste dû du prix ; tel celui
» du prêteur de fonds pour le paiement du bien ac-
» quis, et qui est subrogé aux droits du vendeur ; que,
» dans l'espèce, les demandeurs, simples créanciers
» indiqués, n'ont par-là même aucun droit de préfé-
» rence ; que dès-lors, en jugeant que les créanciers
» Hayes et Halhoult *n'étoient pas dans le cas d'être*
» *inscrits d'office*, et que l'inscription faite à leur pro-
» fit par le conservateur ne pouvoit leur servir, l'arrêt
» attaqué n'est en contravention ni avec l'article 29 de
» la loi du 11 brumaire an 7, ni avec aucune loi ; —
» Rejette. (1) »

X. Nous croyons qu'il faudroit encore étendre cette décision au cas où le vendeur auroit subrogé en tous ses droits quelques-uns de ses créanciers personnels, car si nous avons dit ci-dessus que les créanciers subrogés aux droits du vendeur pouvoient, comme lui, exercer son privilége et primer les autres créanciers, on doit l'entendre de ceux de l'acquéreur, et non de ceux personnels au vendeur ; autrement il dépendroit toujours du débiteur de rendre illusoires les hypothèques

---

(1) Cet arrêt, comme on le voit, a été rendu sur des actes faits sous l'empire de la loi du 11 brumaire ; mais il doit d'autant plus servir de règle dans la nouvelle législation, qu'elle n'accorde pas privilége comme celle de brumaire aux *ayans-cause du vendeur*, mais seulement à ceux qui lui seroient légalement subrogés.

déjà acquises sur ses immeubles, et de les faire primer par de simples créanciers chirographaires, à qui il lui plairoit de donner des priviléges. Ainsi, dans ce cas, les conservateurs ne devroient pas prendre d'inscription, pas même dans l'intérêt du vendeur, puisque par l'effet de la subrogation il a été payé de tout ce qui lui étoit dû, et que par-là s'est éteint son privilége.

XI. Mais, au contraire, il faut tenir que le conservateur est toujours tenu de prendre l'inscription d'office lorsqu'il reste dû quelque chose au vendeur; et peu importe la forme de l'acte, fût-il même sous signature privée, qu'il devroit toujours y procéder. Cela résulte de l'arrêt de la Cour de Cassation que nous avons rapporté ci-dessus, et d'une autre décision où la même Cour l'a jugé *in terminis*. Voyez le *Journal des Audiences de 1807*, onzième cahier. (1)

XII. Nous trouvons énoncés dans notre article les cas où le conservateur doit faire inscription d'office, mais nous ne voyons nulle part l'époque où il doit procéder à cette formalité. Cependant il est bien essentiel de se fixer sur ce point, puisque de-là peut dépendre le sort du conservateur et celui des tiers. Supposons en effet que voulant contracter avec un acquéreur qui a fait transcrire son acte d'acquisition, je me présente à la

---

(1) En parlant des droits que le contrat de vente attribuoit au vendeur, nous avons cru inutile de rien ajouter pour ce qui concerne l'acquéreur; car on a dû voir par la lecture des divers articles de la matière, que ce dernier n'acquéroit aucun privilége, même pour la garantie d'éviction, ou pour la répétition du prix payé au vendeur et sujet à être représenté aux créanciers. Le contrat de vente ne lui donne pas d'hypothèque même pour ces objets, à moins cependant qu'il ne l'ait stipulée: encore, dans ce dernier cas, seroit-il tenu de prendre inscription.

Conservation des Hypothèques pour demander un certificat des inscriptions qui le grèvent; que le conservateur, en me délivrant ce certificat, n'y comprenne pas le privilége du précédent propriétaire, et que, sur la foi de ce certificat, je contracte avec cet acquéreur; que bientôt après je requière moi-même une inscription hypothécaire : je serai sans doute primé par le privilége du précédent propriétaire ; mais n'aurois-je pas une garantie, un recours contre le conservateur qui, en faisant trop tard l'inscription d'office, m'a réellement induit en erreur ? La raison de douter peut être prise de ce que la loi, en obligeant les conservateurs à prendre une inscription d'office, ne les a pas astreints à la faire immédiatement après la transcription ; que leur responsabilité n'est attachée qu'au défaut absolu d'inscription, et non au retard qu'ils peuvent mettre à la faire. Les raisons de décider au contraire se trouvent dans les motifs qui ont déterminé cette disposition ; en obligeant les conservateurs à faire l'inscription d'office, on a voulu prévenir les fraudes que pourroient commettre les acquéreurs en taisant le privilége du vendeur ; si ce privilége étoit par lui-même indépendant de toute inscription, le système de publicité déjà consacré exigeoit cependant qu'il fût d'une manière ou d'autre rendu public, afin que les tiers pussent d'un seul coup-d'œil vérifier les charges qui grevoient les immeubles ; or, on n'auroit pas atteint ce but, si on eût laissé aux conservateurs le droit de retarder impunément l'accomplissement de cette formalité. D'après cela on doit donc croire que le législateur a toujours supposé que l'inscription seroit faite immédiatement après la transcription, et que, si un tiers avoit, depuis la vente, contracté avec l'acquéreur et fait inscrire avant que le conservateur n'eût lui-même procédé à l'inscription d'office, celui-ci seroit tenu envers le premier de tous dommages-intérêts.

XIII. En général, lorsqu'un conservateur procède à une inscription ordinaire, il perçoit, ainsi que nous verrons ci-après, un droit proportionnel sur les sommes pour lesquelles on inscrit, et un autre droit pour lui tenir lieu de salaire. On avoit demandé si on devoit suivre la même marche pour les inscriptions d'office, et le ministre des finances a répondu, le 6 floréal an 7, qu'il ne seroit pas juste que pour un prix presque toujours payable après la transcription ou la radiation des inscriptions, la loi exigeât qu'il fût payé deux droits proportionnels : d'après cela, l'inscription d'office est toujours gratuite, et le conservateur ne doit percevoir ni droit proportionnel, ni droit de salaire.

XIV. Jusqu'ici nous n'avons parlé que de la transcription et de l'inscription d'office ; il nous reste à examiner la question la plus importante de notre matière, celle de savoir de quelle époque date le privilége du vendeur, si c'est du jour où la vente a été consentie, ou de celui où la transcription en a été faite ? Quelques personnes, sans s'expliquer positivement sur la question, ont prudemment donné le conseil au vendeur d'insérer dans l'acte de vente une clause d'après laquelle l'effet en seroit suspendu jusqu'au jour de la transcription. En approuvant cette sage précaution, nous devons néanmoins nous expliquer sur le sort d'un acte où l'on ne l'auroit pas prise, et où la transcription du privilége seroit précédée par des inscriptions prises en vertu d'obligations consenties par l'acquéreur. A ne consulter que l'article 2106, on pourroit peut-être croire que le privilége se trouve primé par les inscriptions antérieures ; mais d'abord il est évident que cet article ne peut s'appliquer au privilége du vendeur, puisqu'il l'excepte expressément ; en second lieu, la généralité des expressions de notre article 2108 ne permet point de douter que le privilége du vendeur ne se régisse comme les autres priviléges, et qu'il ne remonte par conséquent à sa cause ; *le vendeur privilégié*, dit cet article, *conserve son privilége*, etc. Or, on ne conserve que ce que l'on a déjà, et si l'on eût voulu ne donner de force au privilége que du jour de la transcription, on n'auroit pas dit : *le vendeur privilégié conserve son privilége*, mais *rend utile son privilége*, ou tout autre expression équivalente. Du reste, on peut se convaincre par la lecture de tous les articles de la section IV des Priviléges, que le mot *conserver* est pris dans l'acception que nous venons de lui donner. Ainsi par exemple, on voit, à l'article 2109, que le co-partageant *conserve* son privilége par l'inscription ; à l'article 2111, que les créanciers et légataires du défunt *conservent* aussi leur privilége par l'inscription ; et cependant, dans tous ces cas, on ne doutera pas que le privilége remonte à sa cause, et non au jour de l'inscription. D'ailleurs, qu'on y prenne garde : si l'on admettoit, malgré ces raisons, que le privilége du vendeur n'a de rang que du jour de la transcription, il arriveroit : 1°. qu'on transformeroit en simple hypothèque légale le privilége du vendeur ; 2°. qu'on feroit presque toujours dépendre de la volonté de l'acquéreur le rang du privilége du vendeur, parce que le plus ordinairement ce n'est pas le vendeur qui fait transcrire, mais bien l'acquéreur. Or, ce ne peut pas être là l'intention de la loi, elle a donné un privilége au vendeur et non une hypothèque; elle lui a assuré par l'article 2095 une préférence sur les créanciers même hypothécaires, et elle n'a pu vouloir qu'il dépendît de l'acquéreur d'anéantir ou de réduire cette préférence. Je sais qu'on opposera qu'il résulte de cette opinion un grave inconvénient, et on aura raison; mais on m'accordera aussi qu'il est plutôt dans la loi que dans notre décision. Le vendeur pourra, à la vérité, par une transcription tardive faite dix, vingt ans après la vente, enlever le gage des créanciers qui ont contracté avec l'acquéreur et pris inscription sur un immeuble qu'ils croyoient libre ; mais tout cela vient de ce que, dans l'article 2108, on n'a pas, comme dans les suivans, donné au vendeur un délai pour faire transcrire. Si on avoit dit, par exemple, comme on l'a fait pour les cohéritiers, les légataires, les créanciers d'une succession, le vendeur conservera son privilége par la transcription du contrat, faite au plus tard dans les deux mois à partir de sa date, il n'y auroit eu nul inconvénient, et tous les principes consacrés par les articles précédens auroient été en harmonie avec celui-ci. Mais reste, d'après ce que nous avons dit, que le privilége du vendeur remonte à sa cause, quelle que soit l'époque de la transcription, pourvu qu'elle ne soit pas faite dans les dix jours qui précèdent la faillite du débiteur (1), qu'il prime par conséquent toutes les hypothèques que l'acquéreur auroit établies sur le fonds acquis.

Cependant l'article 834 du Code de Procédure doit faire induire une limitation au droit qu'a le vendeur

---

(1) *Voyez* Code de Commerce, liv. III, art. 7, et ce que nous dirons sur l'art. 2146 du Code Napoléon.

de pouvoir *toujours* requérir la transcription; il porte en effet que les créanciers hypothécaires et privilégiés n'ont le droit de requérir la mise aux enchères, et par conséquent, de conserver leurs privilége et hypothèque sur les immeubles aliénés, qu'autant qu'ils ont pris inscription dans la quinzaine de la transcription. A la vérité, le même article ajoute : *sans préjudice des autres droits résultans, au vendeur et aux co-héritiers, des articles 2108 et 2109 du Code Civil;* mais ces droits ne peuvent pas s'entendre de la faculté qu'à le vendeur de requérir en tout temps la transcription ; parce qu'autrement le second acquéreur ne pourroit jamais purger le privilége, et qu'en réclamant après la transcription le certificat des inscriptions, il n'y trouveroit pas le vendeur originaire, et seroit dans l'impossibilité de lui faire les notifications prescrites par l'article 2183.

Art. 2109. *Le co-héritier ou co-partageant conserve son privilége sur les biens de chaque lot ou sur le bien licité, pour les soulte et retour de lots, ou pour le prix de la licitation, par l'inscription faite à sa diligence, dans soixante jours à dater de l'acte de partage ou de l'adjudication par licitation; durant lequel temps aucune hypothèque ne peut avoir lieu sur le bien chargé de soulte ou adjugé par licitation, au préjudice du créancier de la soulte ou du prix.*

I. Pour se faire une idée juste sur la disposition de cet article, il faut examiner séparément le cas où il y a eu partage, et celui où on a licité l'immeuble qui étoit indivis. Lorsque les co-héritiers ou tous autres co-partageans se sont divisé entr'eux les immeubles qui étoient en commun, leurs priviléges respectifs, tels que nous les avons désignés sur l'article 2103, se conservent par une inscription, encore que l'acte de partage ait été fait sous signature privée. C'est ce qu'on doit induire du silence de la loi et de la règle générale ci-dessus établie, que dans le nouveau régime on peut, pour la conservation des priviléges, inscrire et transcrire des actes sous signature privée.

Cette inscription est, suivant notre article, la seule manière de conserver utilement le privilége des co-héritiers ou co-partageans, et il ne paroît point qu'elle pût être remplacée par la transcription de l'acte de partage. Autrement il faudroit, comme pour le contrat de vente, obliger le conservateur à faire une inscription d'office ; et certes, leurs fonctions et leur responsabilité sont par-là trop exposées, pour pouvoir arbitrairement ajouter à la loi.

II. Lorsque le co-partageant est majeur, il ne peut point y avoir de difficulté sur la personne qui doit requérir l'inscription ; elle doit l'être, dit notre article, *à sa diligence*. Mais s'il est mineur, interdit, qui pourvoira à la conservation de son privilége ? Notre article ne le dit pas ; mais aussi n'avoit-il pas besoin de le dire. Le tuteur, d'après les principes posés au titre *de la Tutelle*, doit administrer les biens du mineur en bon père de famille, et par conséquent faire tous les actes conservatoires que son intérêt exige ; et s'il ne les faisoit pas, si dans l'hypothèse il ne requéroit pas l'inscription, il seroit personnellement responsable envers le mineur.

III. Dans le cas où le partage a été fait par une femme en puissance de mari, l'inscription doit être requise par le mari, si elle est mariée sous le régime de la communauté (1), et par elle-même, si elle est séparée de biens (2); le défaut d'inscription de la part du mari le rendroit responsable envers la femme de tous dommages-intérêts.

IV. L'inscription ainsi prise dans les délais utiles, frappe tous les biens de chaque lot, et par conséquent même ceux que possèdent les co-partageans, autres que ceux qui sont personnellement obligés aux soulte et retour de lots, et on ne pourroit pas empêcher l'exercice du privilége du co-partageant sur ces biens, en opposant qu'il en reste d'autres entre les mains du principal obligé également affectés à la dette, parce qu'on verra, par l'article 2171, que l'exception de discussion ne peut être opposée au créancier ayant privilége. Mais aussi le privilége du co-héritier ou co-partageant ne s'étend jamais plus loin que les biens qui étoient précédemment en commun; on ne pourroit donc pas l'exercer sur les biens personnels des cohéritiers, et l'inscription qu'on auroit prise à cet effet seroit inutile. Cependant, si le partage avoit été fait en justice, ou s'il résultoit d'un acte authentique dans lequel on auroit déclaré donner hypothèque, on pourroit utilement inscrire et acquérir par-là une hypothèque sur les biens personnels, à dater du jour de l'inscription.

V. Pour que l'inscription profite aux co-partageans, elle doit être faite dans les soixante jours à dater de

---

(1) *Code Napoléon*, art. 1428.
(2) *Ibid.*, art. 1449 et 1536.

l'acte de partage authentique, ou sous seing privé, et notre article ajoute, *durant lequel temps aucune hypothèque ne peut avoir lieu sur le bien chargé de soulte ;* ce qu'il faut entendre, de manière que l'inutilité des inscriptions prises par les tiers durant les deux mois, n'existe que relativement aux co-partageans, et non à l'égard des autres créanciers qui ont pris inscription ; par rapport à ceux-ci, ces inscriptions ont toute leur force, et prennent le rang que leur assigne leur date.

Mais ce délai de soixante jours que donne notre article pour l'inscription à faire par les co-héritiers ou co-partageans, peut aussi être réduit par l'effet de l'aliénation de l'immeuble assujetti à la soulte. Supposons, en effet, que le nouvel acquéreur fasse transcrire de suite son contrat, il faudra, d'après l'article 834 du Code de Procédure, que le co-héritier requière son inscription dans la quinzaine de cette transcription. C'est l'opinion de l'orateur du tribunat, qui présenta au Corps Législatif la partie du Code de Procédure dans laquelle se trouve l'article 834 : « Si, dit-il, la vente
» du fonds affecté à la soulte ou au prix de la licitation
» étoit faite et transcrite, même pendant le délai de
» soixante jours accordé au co-partageant, ce dernier
» ne conserveroit la faculté de surenchérir envers le
» nouvel acquéreur, qu'en accélérant son inscription,
» et en la plaçant *au moins dans la quinzaine de la
» transcription de la vente.* »

VI. Quand les co-héritiers ou co-partageans, pour égaliser leurs lots, ou pour tout autre motif, ont licité quelques-uns des immeubles communs, notre article leur donne également un privilége pour les soulte et retour de lots, et *même pour le prix de la licitation;*

mais il faut bien entendre cette dernière partie de la disposition. Elle suppose que l'immeuble licité a été adjugé à l'un des co-partageans, et c'est dans ce sens qu'elle prescrit l'inscription dans les soixante jours. Mais si c'étoit un étranger qui, après avoir été admis à la licitation, fût devenu adjudicataire, on retomberoit dans le cas de l'article 2108; et les co-héritiers, qui ne pourroient être considérés que comme de simples vendeurs, conserveroient leurs priviléges par la transcription du jugement d'adjudication. Il est d'autant plus important de saisir cette distinction, que ce n'est que dans le dernier cas, celui où un étranger s'est rendu adjudicataire, que le conservateur est tenu de prendre inscription d'office; dans l'autre, c'est aux co-héritiers eux-mêmes que la loi donne le soin d'instruire les tiers de l'existence de leurs priviléges.

En outre, nous pouvons ajouter, pour faire connoître de plus en plus l'effet de cette distinction, que si c'étoit un étranger qui eût acquis l'objet licité, les tiers pourroient de suite utilement inscrire, et obtenir par-là un recours contre le conservateur, si leur inscription précédoit celle d'office; tandis que lorsqu'un des co-partageans devient adjudicataire, les tiers ne peuvent utilement inscrire, ou du moins le faire au préjudice du privilége des co-héritiers, qu'après l'expiration de soixante jours.

Art. 2110. *Les architectes, entrepreneurs, maçons et autres ouvriers employés pour édifier, reconstruire ou réparer des bâtimens, canaux ou autres ouvrages, et ceux qui ont, pour les payer et rembourser, prêté les deniers dont l'emploi a été constaté, conservent, par la double inscription faite, 1°. du procès-verbal qui constate l'état des lieux, 2°. du procès-verbal de réception, leur privilége à la date de l'inscription du premier procès-verbal.*

Le privilége des architectes, maçons, etc., ne se conserve que par l'inscription des deux procès-verbaux. Celle qu'on feroit d'un seul ne suffiroit pas (1); mais on doit remarquer que, faisant remonter le privilége au jour de l'inscription du premier procès-verbal, et ne déterminant aucun délai pour inscrire le dernier, on donne au créancier le droit de retarder à son gré l'inscription du seul acte qui puisse faire connoître aux tiers les sommes pour lesquelles il a privilége, et de laisser jusqu'à cette époque les biens du débiteur frappés d'un privilége indéfini.

Ces diverses inscriptions peuvent être requises, tant par les architectes, entrepreneurs, etc., que par ceux qui ont prêté l'argent pour les payer, ou à qui ils ont cédé leurs droits; le débiteur pourroit même requérir l'inscription du dernier procès-verbal, afin de rendre déterminé le privilége indéfini résultant du premier.

Le privilége rendu public, ainsi que nous venons de le voir, remonte, comme les autres, à sa cause, si le premier procès-verbal est inscrit à l'époque où on a commencé les constructions et réparations; mais s'il est inscrit auparavant, il remonte plus haut que sa cause, et prime par conséquent les créances inscrites depuis, encore qu'elles l'aient été avant le commencement des ouvrages. Si, au contraire, on n'en avoit

---

(1) Sauf ce qui a été dit sur le n°. 4 de l'article 2103.

fait l'inscription que depuis les constructions, le privilége dégénéreroit en simple hypothèque, puisqu'il ne remonteroit point à sa cause, et qu'il ne prendroit de rang que du jour de son inscription. C'est la conséquence du principe posé dans notre article, que ce privilége ne s'exerce qu'à la date de l'inscription du premier procès-verbal.

Art. 2111. *Les créanciers et légataires qui demandent la séparation du patrimoine du défunt, conformément à l'article 878 du titre des Successions, conservent, à l'égard des créanciers des héritiers ou représentans du défunt, leur privilége sur les immeubles de la succession, par les inscriptions faites sur chacun de ses biens dans les six mois à compter de l'ouverture de la succession.*

Avant l'expiration de ce délai, aucune hypothèque ne peut être établie avec effet sur ces biens, par les héritiers ou représentans, au préjudice de ces créanciers ou légataires.

I. D'après l'article 878 du Code Napoléon, les créanciers et légataires du défunt peuvent éviter la confusion des biens de celui-ci avec ceux de l'héritier, en demandant la séparation des patrimoines. Suivant l'article 880, cette demande peut être exercée sur les immeubles, tant qu'ils existent *dans les mains* de l'héritier.

Mais cela ne doit s'entendre que respectivement à l'héritier, et non à l'égard de ses créanciers personnels. Relativement à ceux-ci, la demande en séparation ne peut leur être opposée que lorsque, dans les six mois, les créanciers et légataires ont pris inscription. Le système de publicité consacré par la nouvelle législation, exigeoit en effet qu'on apportât cette modification à l'article 880.

Cependant il faut bien entendre l'article 2111, et ne pas trop généraliser notre proposition. S'il s'agit des créanciers hypothécaires inscrits de l'héritier, sans doute que les légataires ne pourront opposer la séparation des patrimoines, qu'autant qu'ils auront inscrit dans les six mois à compter de l'ouverture de la succession. Mais si l'on suppose que ce soient des créanciers chirographaires de l'héritier qui concourent avec les créanciers personnels du défunt ou ses légataires, nécessairement ceux-ci pourroient, après les six mois, et sans avoir pris inscription, demander la séparation des patrimoines, pourvu que les immeubles soient encore entre les mains de l'héritier. C'est là véritablement le cas de l'article 880.

Mais ce n'est pas encore tout : supposons que l'héritier aliène les immeubles de la succession, même après les six mois, et avant que les légataires aient fait faire inscription, croira-t-on qu'ils aient, pour cela, absolument perdu le droit de demander la séparation des patrimoines ? Non, le Code de Procédure (art. 834) vient encore modifier l'article 880. Il réserve, en effet, aux créanciers hypothécaires, et à tous ceux à qui la loi accorde des privilèges, le droit de prendre inscription dans la quinzaine de la transcription. Jusques-là les immeubles restent le gage des créanciers et légataires, et ceux-ci sont toujours à temps de conserver leurs droits, jusqu'à ce que le tiers ait irrévocablement consolidé sa propriété : on dira peut-être que l'article 2111 exige l'inscription dans les six mois précisément, pour prévenir les tiers; mais en convenant du principe, nous répondrons que parmi ces tiers on ne doit voir que les créanciers de l'héritier, puisque la loi dit elle-même que ce n'est qu'*à l'égard des créanciers des héritiers* qu'elle prescrit l'inscription. Ainsi, relativement aux tiers acquéreurs, les créanciers et légataires ne perdent le droit de demander la séparation des patrimoines, même après l'expiration des six mois, que lorsqu'ils n'ont pas requis l'inscription dans la quinzaine de la transcription.

II. Pour arrêter l'effet des hypothèques ou aliénations que pourroit consentir l'héritier, notre article prescrit donc une inscription; mais il faut encore bien entendre sa disposition: il ne veut pas dire que chacun des créanciers soit obligé de renouveler l'inscription qu'il avoit précédemment prise sur le défunt, ou de faire faire une inscription de sa créance personnelle, lorsqu'elle n'avoit pas encore été inscrite; mais il exige une inscription générale, faite individuellement ou collectivement par les créanciers chirographaires ou hypothécaires qui demandent la séparation des patrimoines, et dont l'effet n'est pas de conserver *entr'eux* leurs priviléges et hypothèques, mais leurs droits à l'égard des créanciers de l'héritier, le privilége résultant de la séparation des patrimoines. Et une chose qui établit irrévocablement la vérité de ce principe, c'est que, malgré l'inscription prescrite par notre article, le créancier hypothécaire n'en conserve pas moins, à son défaut, son hypothèque, à dater du jour de l'inscription qu'il a faite du vivant du débiteur; ainsi, il demeure incontestable que la formalité de l'inscription, dans les six mois, n'est pas exigée pour la conservation des droits de chacun des créanciers, mais pour empêcher que les tiers, les créanciers de l'héritier n'acquièrent des droits sur les immeubles de la succession, au préjudice de ceux du défunt.

III. Il faut également remarquer que l'inscription dont nous venons de parler n'est nullement nécessaire lorsque la succession a été acceptée sous bénéfice d'inventaire. Comme un des principaux effets de ce bénéfice est d'empêcher la confusion et l'inscription de nouvelles hypothèques (Art. 2146), on doit juger que la demande en séparation deviendroit dès-lors inutile, et par suite l'inscription.

IV. Notre article, en exigeant l'inscription dans les six mois, fait courir ce délai du jour de l'ouverture de la succession. Cependant il pourroit arriver que le légataire ne connût pas son droit; comme, par exemple, si le testament qui lui donne naissance n'avoit été découvert qu'un an après l'ouverture de la succession; dès-lors il sembleroit que les six mois ne devroient être comptés que de cette époque, puisqu'il est du principe qu'aucune prescription ne peut courir que du jour où on a connu son action. Néanmoins il seroit difficile et même dangereux d'admettre cette restriction. L'article 2111 est formel, et l'intérêt des tiers qui auroient, dans l'intervalle, contracté avec l'héritier, seroit compromis d'une manière trop sensible. Ce ne pourroit donc être que dans le cas où le testament auroit été tenu caché par le fait de l'héritier et de ceux à qui il auroit hypothéqué les biens de la succession, qu'on pourroit faire partir les six mois de l'époque où le testament auroit été découvert.

V. Sous la loi du 11 brumaire, les créanciers du défunt pouvoient toujours demander la séparation des patrimoines sans être obligés à prendre inscription pour en conserver les effets ; la cour d'appel de Paris l'avoit plusieurs fois jugé, et sa jurisprudence avoit été confirmée par un arrêt de la cour de cassation, rendu le 22 janvier 1806, au rapport de M. Vallée. Mais depuis le nouveau régime hypothécaire il s'est élevé des difficultés pour les successions ouvertes sous l'empire de cette première loi ; on a demandé si, comme lorsqu'elle étoit en vigueur, les créanciers de ces successions pouvoient se dispenser de prendre inscription pour la conservation de leurs droits? La question, soumise à la cour d'appel de Toulouse, a reçu, le 12 janvier 1807, une solution négative; cette Cour a pensé que s'il étoit vrai qu'aucun article du Code n'eût assujetti les créanciers des successions ouvertes avant sa promulgation, à faire inscription dans les six mois, il n'en étoit pas moins exact de prétendre que le nouveau système hypothécaire résidant principalement dans la publicité des hypothèques, il étoit impossible de conserver avec effet une hypothèque sans incription; que le nouveau Code déclare expressément, dans l'article 2134, que l'hypothèque soit légale, soit judiciaire, soit conventionnelle, n'a de rang que du jour de l'inscription faite dans la forme voulue par la loi, sauf l'exception portée par le même article en faveur des mineurs, interdits et des femmes mariées, pour les cas y mentionnés ; que les créanciers des successions ouvertes n'ont point été compris dans cette exception; qu'ainsi il y a lieu de se conformer à la disposition de cet article, avec d'autant plus de raison qu'on ne peut se dissimuler les grands inconvéniens qui résulteroient du système contraire, dont un des principaux seroit le renversement de la publicité des hypothèques, sur laquelle repose essentiellement le nouveau régime hypothécaire et la foi publique.

A la vérité, cette décision a été critiquée de quelques personnes, sur le fondement que c'étoit donner un effet rétroactif au Code Napoléon; mais on n'a pas pris garde que, pour qu'il y eût réellement dans l'espèce effet rétroactif, il faudroit que la Cour eût privé les créanciers du défunt de quelque droit qui leur étoit déjà acquis avant la promulgation du Code Napoléon; or, loin de les en avoir privés, elle reconnoît au contraire en principe, que les créanciers avoient le droit de demander la séparation des patrimoines sous l'empire du Code Napoléon comme sous celui de la loi du 11 brumaire; mais remarquant ensuite les bases sur lesquelles pose le nouveau régime hypothécaire, elle pense avec raison que la nouvelle législation a dû imposer à ces créanciers, comme à tous les autres, la condition sans laquelle il est désormais impossible de reconnoître de charge sur les immeubles. En un mot, elle a fait ce qu'avoit adopté avant elle cette même loi du 11 brumaire, en ordonnant l'inscription des créances hypothécaires existantes avant sa promulgation; et certes, il n'est venu dans l'idée de personne de soutenir qu'en ce point la loi du 11 brumaire avoit un effet rétroactif. Ainsi, il est facile de voir qu'en jugeant que pour les successions ouvertes avant la promulgation du Code Napoléon les créanciers qui demandent la séparation des patrimoines devoient prendre inscription dans les six mois de cette promulgation, la cour d'appel de Toulouse a saisi l'esprit de la loi et fait une juste application de ses dispositions.

VI. Enfin, nous observerons sur le dernier alinéa de notre article, que ce n'est que relativement aux créanciers du défunt que l'héritier contre qui on a obtenu la séparation des patrimoines, ne peut pas consentir d'hypothèques sur les biens de la succession ; car s'il arrivoit qu'après avoir payé ces créanciers il restât encore des biens, les inscriptions qui auroient été prises dans les six mois de l'ouverture de la succession auroient tout leur effet relativement aux autres créanciers personnels de l'héritier.

Art. 2112. *Les cessionnaires de ces diverses créances privilégiées exercent tous les mêmes droits que les cédans, en leur lieu et place.*

Cet article est en parfaite harmonie avec les principes établis par le Code Napoléon sur les cessions de créances ; l'article 1692 porte : « La vente ou cession » d'une créance comprend les accessoires de la créance, » tels que caution, privilége et hypothèque ; » et il importe peu que la cession soit faite à titre gratuit ou onéreux, elle transfère toujours au cessionnaire les priviléges et hypothèques attachés à la créance. Il est également indifférent que dans l'acte de cession on soit convenu ou non du transport des priviléges ; il suffit que la créance soit valablement cédée pour qu'elle entraîne avec elle tous ses accessoires ; et c'est en cela que la cession diffère du paiement avec subrogation, dont nous avons parlé sur le n°. 2 de l'article 2103. Car nous avons vu que, pour que le créancier subrogé succédât aux privilége et hypothèque, on devoit expressément en convenir dans l'acte de subrogation. (Article 1250.) Il n'y a d'exception que pour le cas où celui qui paye est lui-même ou créancier ou acquéreur d'un immeuble du débiteur, ou obligé au paiement de la dette, soit comme caution, soit comme co-obligé ; ou enfin lorsqu'étant héritier bénéficiaire du débiteur, il paye un créancier avec ses propres deniers ; dans ces quatre cas seulement la subrogation aux privilége et hypothèque s'opère de plein droit, ainsi qu'on le peut voir au titre *du Paiement avec subrogation*, art. 1251.

Néanmoins, aux termes de l'article 1690, le transport ne saisit le cessionnaire, *à l'égard des tiers*, qu'autant qu'il est signifié au débiteur, ou que celui-ci l'a expressément accepté dans un acte authentique. Jusques-là le cédant reste propriétaire, et tous les actes tendant à conserver le privilége doivent être faits en son nom.

Art. 2113. *Toutes créances privilégiées soumises à la formalité de l'inscription, à l'égard desquelles les conditions ci-dessus prescrites pour conserver le privilége n'ont pas été accomplies, ne cessent pas néanmoins d'être hypothécaires; mais l'hypothèque ne date, à l'égard des tiers, que de l'époque des inscriptions qui auront dû être faites ainsi qu'il sera ci-après expliqué.*

Cet article consacre un grand principe, c'est que le privilége emporte toujours avec lui une hypothèque dont on peut subsidiairement faire usage. Un créancier privilégié, en effet, a-t-il manqué d'accomplir les formalités imposées par la loi pour conserver son privilége, il lui reste toujours une hypothèque légale, à l'aide de laquelle il peut prendre rang parmi les créanciers hypothécaires. Ainsi les co-héritiers, s'ils n'ont pas requis inscription dans les soixante jours, les créanciers et légataires, s'ils n'ont pas accompli cette formalité dans les six mois, peuvent toujours profiter de l'hypothèque, et prendre rang du jour de leur inscription.

A la vérité, on a élevé des difficultés pour les créanciers de la succession, on a prétendu que le décès de leur débiteur ne pouvoit pas changer leur état, et que par conséquent de créanciers chirographaires ils ne pouvoient devenir par cela seul hypothécaires. Mais c'est là une erreur : sans doute que relativement aux autres créanciers du défunt leur état ne peut pas changer ; ils ne peuvent acquérir d'hypothèque qu'en se conformant aux conditions prescrites par la loi ; mais relativement aux créanciers personnels de l'héritier, ils sont devenus créanciers privilégiés, et par suite hypothécaires, puisqu'il est généralement reconnu que le privilége renferme une hypothèque dont on peut faire usage lorsque le privilége n'existe déjà plus.

En second lieu, les termes de notre article 2113 ne peuvent pas laisser d'équivoque. *Toutes créances privilégiées*, y est-il dit, *soumises à la formalité de l'inscription...ne cessent pas néanmoins d'être hypothécaires*, etc. Les droits des créanciers du défunt sont mis au rang des créances privilégiées par l'article 2111 ; ils doivent donc se prévaloir de l'hypothèque qui est inséparable du privilége, puisque cet article 2113 attache ce droit à *toutes* créances privilégiées sans distinction.

Quant au privilége du vendeur, du bailleur de

fonds, des architectes, il ne peut jamais se convertir en simple hypothèque, puisque la loi ne leur fixe aucun délai pour requérir la transcription, et que par conséquent ils sont toujours à temps de le rendre public.

Le privilége, ainsi converti en hypothèque, doit aussi être inscrit, et ne prend de rang que du jour où on a accompli cette formalité; mais il faut prendre garde que l'hypothèque de ces anciens privilégiés étant purement légale, ils n'ont pas besoin de représenter d'acte authentique pour faire faire l'inscription; il leur suffira de prouver qu'ils sont co-héritiers, créanciers, ou légataires, pour que le conservateur doive effectuer l'inscription.

CHAPITRE III.

Des Hypothèques.

Art. 2114. *L'hypothèque est un droit réel sur les immeubles affectés à l'acquittement d'une obligation.*

Elle est, de sa nature, indivisible, et subsiste en entier sur tous les immeubles affectés, sur chacun et sur chaque portion de ces immeubles. Elle les suit dans quelques mains qu'ils passent.

I. L'hypothèque est un droit réel, *jus in re*, mais différent de celui que donne la propriété. Ce dernier, en effet, transmet à l'acquéreur la possession de la chose, tandis que l'hypothèque, laissant au débiteur la jouissance de l'immeuble engagé, ne donne au créancier que le droit de le faire vendre à défaut de paiement, et de se faire colloquer pour ce qui peut lui être dû. Ce droit réel, que transmet l'hypothèque, n'est donc autre chose qu'une affectation subordonnée au défaut de paiement, mais tellement inhérente au fonds qui en est grevé, qu'elle le fait considérer comme obligé à l'acquittement de la dette, et qu'elle le suit en quelques mains qu'il passe.

En outre, la destination de l'hypothèque doit faire regarder le droit qui en résulte comme un droit accessoire, toujours attaché au sort d'une obligation principale dont il garantit l'exécution, mais qu'il peut précéder (1). A la vérité, dans ce dernier cas, l'hypothèque n'a de force, et ne peut par conséquent être inscrite que du jour où l'obligation pour laquelle elle auroit été donnée seroit réellement contractée.

II. On trouve maintenant dans l'hypothèque trois caractères distinctifs, la publicité, la spécialité, l'indivisibilité. Nous aurons occasion de parler des deux premiers sur les articles suivans. Quant à l'indivisibilité, les principes en sont renfermés dans cette maxime de droit que tout le monde connoît : *Est tota in toto, et tota in quâlibet parte.* L'hypothèque, en effet, subsiste en entier sur tous les immeubles affectés, sur chaque portion de ces mêmes immeubles, encore que la dette pour laquelle elle a été contractée soit divisible, et même divisée entre plusieurs débiteurs. Ainsi, pour donner un exemple de l'indivisibilité de l'hypothèque,

---

(1) *Fidejussor et præcedere obligationem et sequi potest.* Inst. §. 3, *de Fidej.* Vinnius, sur ce paragraphe, ajoute : *Sed ita tamen, ut præcedens fidejussoribus obligatio, tùm demùm vires capiat, cùm et principalis obligatio cujus illa accessio est, constituta est.* — Nous avons pensé qu'on devoit appliquer à l'hypothèque ce que ce paragraphe établit pour le cautionnement.

si nous supposons que le débiteur ait acquitté une partie de la dette, ou qu'après la division entre les héritiers du débiteur tous les héritiers, à l'exception d'un seul, aient payé leur part, nous verrons que dans ces deux cas l'hypothèque subsiste comme si on n'avoit encore rien payé. De même, si une partie des immeubles hypothéqués étoit périe, ou cessoit de tout autre manière de pouvoir être regardée comme affectée à la créance, l'hypothèque subsisteroit sur les immeubles restant, et le créancier auroit le droit de les faire vendre pour tout ce qui lui seroit dû (1).

III. Nous ferons encore remarquer sur cet article deux autres effets de l'hypothèque, et nous établirons par-là la différence qui existe entre les créanciers chirographaires, et ceux ayant hypothèque. Suivant l'article 2093, les biens du débiteur sont le gage commun de tous les créanciers sans distinction; mais ce gage ne s'exerce de la part des créanciers cédulaires, qu'autant que les biens sont en la possession du débiteur. Au contraire, les créanciers hypothécaires conservent leur droit et suivent leur gage en quelques mains qu'il passe. Le débiteur ne peut, par son aliénation, conférer la propriété de l'immeuble qu'avec les charges qui le grevoient déjà, et les tiers acquéreurs ne peuvent les rendre libres, dans leurs mains, qu'en suivant les formalités prescrites pour purger les hypothèques. En outre, s'il est vrai que les créanciers chirographaires peuvent comme tous les autres poursuivre l'expropriation des immeubles du débiteur, ils ne peuvent cependant être colloqués sur le prix qu'après les créanciers

---

(1) DOMAT, Lois civiles, Tit. des Gages et Hypothéqués, sect. 1, n°. 18; L. 19, ff. de Pig.

hypothécaires. Car nous avons vu, sur l'article 2094, que l'hypothèque étoit une cause légitime de préférence. Ainsi, les créanciers chirographaires diffèrent de ceux ayant hypothèque : 1°. en ce qu'ils n'ont pas de droit de suite sur les immeubles du débiteur, que celui-ci peut aliéner à leur préjudice ; 2°. en ce qu'ils ne sont payés sur le prix des immeubles qu'après les créanciers chirographaires.

Art. 2115. *L'hypothèque n'a lieu que dans les cas et suivant les formes autorisés par la loi.*

Toutes les hypothèques sont légales en ce sens, que c'est la seule autorité de la loi qui les crée, et qui les assujettit à certaines formes. Mais on donne plus particulièrement cette dénomination à une espèce d'hypothèque qui naît de la seule force de la loi, et sans qu'il soit besoin d'actes authentiques ou de jugemens. Nous en parlerons article 2121.

Art. 2116. *Elle est ou légale, ou judiciaire, ou conventionnelle.*

Nous parlerons séparément de ces trois espèces d'hypothèques sur les articles 2121, 2123 et 2124.

Art. 2117. *L'hypothèque légale est celle qui résulte de la loi.*

L'hypothèque judiciaire est celle qui résulte des jugemens ou actes judiciaires.

L'hypothèque conventionnelle est celle qui dépend des conventions, et de la forme extérieure des actes et des contrats.

Voyez ce que nous dirons sur les articles 2121, 2123 et 2124.

Art. 2118. *Sont seuls susceptibles d'hypothèques,*
1°. *Les biens immobiliers qui sont dans le commerce, et leurs accessoires réputés immeubles;*
2°. *L'usufruit des mêmes biens et accessoires pendant le temps de sa durée.*

I. Pour que les biens soient susceptibles d'hypothèques, il faut deux choses essentielles : la première, qu'ils soient dans le commerce; la seconde, qu'ils soient immeubles, ou réputés tels. Les articles 538, 540 et 541, en désignant les objets qui ne sont pas susceptibles d'une propriété privée, font connoître ceux qui sont dans le commerce, et ceux qui n'y sont pas, du moins actuellement. Au rang de ces derniers les articles précités placent les chemins, routes et rues, à la charge de l'Etat; les fleuves et rivières navigables ou flottables; les rivages, lais et relais de la mer; les ports, les hâvres et les rades; les portes, murs, fossés, remparts des places de guerre et des forteresses; les terrains des fortifications, etc. : tous ces objets étant une dépendance immédiate du domaine public, sont actuellement hors du commerce, et ne sont susceptibles d'aucune hypothèque. Ce ne seroit que par l'aliénation que pourroit en faire le gouvernement, qu'ils rentreroient dans le commerce, et qu'ils pourroient subir cette affectation.

Suivant le décret impérial du 1er. mars 1808, relatif à la création des majorats, les biens dont ils sont formés sont également mis hors du commerce, et par conséquent non susceptible de toute aliénation, comme de toute affectation par hypothèque. (*Voyez* l'article 41 de ce décret; *Bulletin* 186, n°. 3206.)

II. Les biens immeubles susceptibles d'hypothèques sont tous ceux qui ont ce caractère par leur nature et par destination; c'est ce que veulent dire ces expressions de notre article, *les biens immobiliers et leurs accessoires réputés immeubles*. Or, on appelle immeubles par leur nature, les objets qui ne peuvent se mouvoir ni par eux-mêmes, ni par l'effet d'une force étrangère, tels que les fonds de terre, les bâtimens et autres désignés dans les articles 519 et suivans; et immeubles par destination, ceux qui par leur nature sont véritablement meubles, et qui ne sont immobilisés que par une fiction de la loi, par exemple, les choses placées par le propriétaire pour le service et l'exploitation du fonds, comme les animaux attachés à la culture, les ustensiles aratoires, les semences et autres objets rapportés par l'article 524. Ainsi, par cette immobilisation fictive, ces divers objets deviennent susceptibles d'hypothèque comme les immeubles eux-mêmes, et il ne reste qu'à voir jusqu'à quel point elle les affecte.

D'abord, il est évident que tant qu'ils demeurent attachés au fonds où on les a placés, ils conservent leur caractère d'immeubles, et demeurent par conséquent affectés à l'hypothèque qui les grève; mais dès qu'ils en sont séparés, et qu'ils ont repris par-là leur première nature de meubles, pourroit-on croire que le créancier qui avoit acquis sur eux une hypothèque, pût les suivre? Nous ne le pensons pas. Les meubles n'ont pas de suite par hypothèque, et cessent d'être le gage des créanciers, dès qu'ils sont aliénés. C'est la disposition de l'article 2119, qui, bien entendu, s'applique véritablement à notre cas. Car, encore qu'on ait des droits sur des meubles, soit comme privilégié, soit à

tout autre titre, on en perd l'exercice dès qu'ils sont sortis des mains du débiteur. Ainsi, ce point ne peut désormais paroître équivoque, et nous ne devons guères trouver de difficulté que dans la manière dont les meubles, immobilisés comme nous l'avons déjà vu, peuvent être hypothéqués. On s'est sans doute déjà demandé si, seuls et pris isolément, ils peuvent faire la matière d'une hypothèque, ou s'ils ne sont susceptibles de cette affectation que lorsqu'ils sont hypothéqués avec l'immeuble même. M. Tarrible, dans son savant article sur les hypothèques, inséré au *Répertoire de Jurisprudence*, ne balance pas à penser que ces espèces de biens ne peuvent être grevés d'hypothèques qu'avec le fonds dont elles forment actuellement un accessoire, et je crois qu'il a raison. Voici du reste comme il s'en explique : « Que signifieroit, dit-il, une hypothèque
» imposée isolément sur les animaux servant à la cul-
» ture d'un fonds, ou sur les matériaux composant la
» toiture d'un édifice ? Elle seroit totalement opposée
» à la nature de ce droit et à l'esprit de la loi. Des ani-
» maux, des matériaux même, dans leur état d'in-
» corporation avec l'édifice, n'ont ni cette fixité, ni
» cette immobilité sur laquelle doit reposer le gage
» hypothécaire. Lorsque la loi a voulu déterminer quels
» seroient les biens susceptibles d'hypothèques, elle a
» désigné principalement les vrais immeubles ; si elle
» a étendu ses regards jusque sur les meubles attachés
» au fonds, elle a voulu que l'hypothèque imposée sur
» le fonds atteignît les accessoires qui s'y trouvoient
» actuellement attachés ; mais elle n'a ni voulu ni en-
» tendu que l'on pût séparer les accessoires du prin-
» cipal, et établir sur ces accessoires fugitifs une hy-

» pothèque dont l'existence est nécessairement liée
» avec l'immobilité de l'objet sur lequel elle est assise. »

Ces raisons, auxquelles il seroit difficile d'en ajouter de plus fortes, ne permettent donc pas de douter que s'il est vrai qu'on puisse hypothéquer les immeubles par destination, il est également sûr qu'ils ne peuvent l'être qu'avec le fonds dont ils sont l'accessoire; que l'affectation des immeubles, par leur nature, entraîne toujours et sans convention l'affectation des objets immobilisés par leur seule destination.

III. Notre article, ainsi que nous l'avons déjà observé, ne parle que de deux espèces d'immeubles, ceux qui le sont par leur nature, et ceux à qui leur destination donne ce caractère; cependant l'article 517 du Code Napoléon en reconnoît une autre espèce, ceux qui le sont par l'objet auquel ils s'appliquent; et de ce nombre sont, suivant l'article 526, les servitudes ou services fonciers, les actions qui tendent à revendiquer un immeuble, l'usufruit des biens immobiliers; de-là la nécessité d'examiner si ces objets sont susceptibles d'hypothèque.

IV. Pour les servitudes, il ne peut guères y avoir de difficulté; elles ne peuvent être affectées par hypothèque que conjointement avec le fonds auquel elles sont dues, parce que, considérées isolément, elles ne peuvent présenter de garantie, et qu'elles n'ont de valeur, d'existence même, que pour le propriétaire du fonds dominant (1).

---

(1) Dans le Droit Romain, les servitudes urbaines ne pouvoient être hypothéquées; mais les servitudes rustiques pouvoient toujours l'être. *Voy.* L. 11 et 12, *de Pig. et Hyp. Voy.* Cujas sur ces lois.

V. La question n'est pas plus difficile pour les actions qui tendent à revendiquer un immeuble. Nous avons dit ci-dessus que notre article, voulant déterminer les biens susceptibles d'hypothèque, ne parloit que des immeubles par leur nature et par destination ; d'où l'on doit conclure que ceux qui ne le sont que par l'objet auquel ils s'appliquent, ne peuvent en aucune manière être grevés d'hypothèque. Ce qui vient d'ailleurs à l'appui de cette opinion, c'est le soin que le législateur prend de parler, dans le n°. 2 de notre article, de l'usufruit des biens immobiliers ; par-là il indique lui-même que la première partie de l'article 2118 ne désigne que les biens immeubles par leur nature et par destination, puisque si elle eût compris les immeubles par l'objet auquel ils s'appliquent, il auroit été inutile d'ajouter une disposition particulière pour l'usufruit, qui, aux termes de l'article 526, est aussi un immeuble par l'objet auquel il s'applique. Cependant il faut entrer dans quelques détails relativement aux actions immobilières, et examiner d'une manière particulière quelques-unes d'entr'elles.

Lorsque, par la nature de l'action, celui qui en est nanti peut être considéré comme propriétaire de l'immeuble, il doit pouvoir hypothéquer, non pas, si l'on veut, son action, mais l'immeuble lui-même. Supposons, en effet, qu'appelé à recueillir une succession je ne me présente que lorsqu'un parent de degré inférieur s'est déjà mis en possession des biens ; j'aurai sans doute le droit de le déposséder ; et mon action, fondée uniquement sur ma qualité d'héritier et de propriétaire, doit me donner le droit d'hypothéquer les immeubles de la succession. C'est à ce cas précisément qu'on peut

9

appliquer cette règle de droit, *qui et actionem habet, et ipsam rem habere videtur.*

Il faut adopter les mêmes principes pour les actions qui par leur exercice font convertir le droit qui en résulte en celui de propriétaire. Ainsi, par exemple, le vendeur qui n'a consenti qu'une vente à faculté de rachat, peut hypothéquer l'immeuble, et l'effet de cette hypothèque sera subordonné à l'exercice du réméré dans les délais utiles. De même, le vendeur qui a consenti une vente à vil prix, peut hypothéquer non pas son action, mais l'immeuble vendu; et l'effet de cette hypothèque sera encore subordonné au cas où, par l'exercice de l'action en rescision pour cause de lésion, le vendeur redeviendra propriétaire de l'immeuble. Car, quoiqu'il puisse arriver que le vendeur ne se trouve avoir été que créancier d'une somme d'argent, néanmoins, comme avant l'exercice de l'action il avoit sur l'immeuble un droit de propriété résoluble par le droit qu'avoit l'acquéreur d'empêcher la rescision en payant le supplément du prix, il pouvoit, suivant l'article 2125, consentir une hypothèque soumise à la même rescision.

Nous pourrions encore rapporter une infinité d'exemples auxquels il seroit facile de faire l'application de ces principes; mais nous nous contenterons d'observer que, s'il est vrai que les actions immobilières ne puissent pas être hypothéquées, leurs résultats, ou, pour me servir des expressions de la loi, les objets auxquels elles s'appliquent, peuvent toujours l'être; à la vérité l'effet de ces hypothèques, leur exercice même, sera toujours subordonné à l'exercice de ces actions et aux résultats qu'elles produiront, parce qu'alors seulement on pourra connoître si celui qui en étoit nanti étoit propriétaire de l'immeuble, ou seulement créancier d'une somme d'argent.

Si donc nous supposons qu'une personne qui a vendu à vil prix, ou sous faculté de rachat, donne à l'un de ses créanciers une hypothèque sur l'immeuble vendu, celui-ci ne pourra exproprier cet immeuble, ni par conséquent exercer son hypothèque, qu'après avoir fait prononcer la rescision du contrat, ou exercé le réméré dans les délais utiles, parce que c'est seulement alors qu'il peut savoir s'il a réellement hypothèque sur l'immeuble.

VI. Quant à l'usufruit des choses immobilières, il peut être hypothéqué comme le seroient ces choses elles-mêmes. Mais on doit remarquer que quoique cette hypothèque porte sur le corps des immeubles, elle n'atteint cependant que la jouissance, et que le créancier à qui on l'auroit donnée n'auroit que le droit de faire vendre l'usufruit, et de le suivre en quelques mains qu'il passât. On doit observer que, s'il se bornoit à faire saisir les fruits qui en proviendroient, leur prix se distribueroit entre les créanciers par contribution, parce que l'hypothèque ne porte que sur le droit en lui-même, et non sur les fruits, qui ne présentent, dès qu'ils sont séparés de la terre, que des biens meubles.

Mais le droit du créancier s'éteint par la cessation de l'usufruit, à moins qu'elle ne soit survenue par l'effet d'une convention entre le propriétaire et l'usufruitier. Car, quoique suivant l'article 617 la consolidation soit une manière d'éteindre l'usufruit, néanmoins le tiers à qui on l'auroit donné en hypothèque conserveroit son droit jusqu'à la mort de l'usufruitier, ou l'époque à laquelle il étoit originairement convenu qu'il prendroit fin, parce que l'usufruitier ne peut pas par son fait nuire à l'hypothèque déjà acquise.

VII. Autrefois on décidoit sans difficulté que l'hypothèque pouvoit elle-même être hypothéquée. On trouve dans les lois romaines une infinité de décisions qui consacrent ce principe (1). Je ne pense pas qu'aujourd'hui on doive suivre cette opinion, parce qu'indépendamment de ce que les actions ne sont plus susceptibles d'hypothèque, celle qui résulte de cette affectation n'a pas le caractère d'immobilité exigé dans les biens qu'on peut y soumettre. L'action hypothécaire étant l'accessoire d'une obligation qui a toujours pour objet une somme d'argent ou d'autres effets mobiliers, il est évident qu'elle est essentiellement mobilière, comme l'obligation à laquelle elle est attachée. Le créancier en faveur duquel elle a été consentie, ne peut tout au plus que donner sa créance en gage à ses créanciers personnels, et se procurer ainsi le crédit qu'il trouvoit autrefois dans l'affectation de son hypothèque. *Voyez* l'article 2075 du *Code Napoléon*.

VIII. On a demandé si un fonds de commerce, quoique composé d'objets mobiliers, pouvoit être fictivement regardé comme immeuble, et par suite hypothéqué (2)? La négative ne nous paroît point douteuse; un fonds de boutique n'est dans le fait, et ne peut être considéré que sous l'aspect d'une généralité de meubles fongibles dans leurs parties comme dans leur ensemble.

---

(1) L. 4, C. *Quæ res Pig.*; L. 13, ff. §. 2, *de Pig. et Hyp.*
(2) La L. 34, ff. *de Pign.*, décidoit l'affirmative; mais on en connoît la raison; dans le Droit Romain les meubles étoient susceptibles d'hypothèque. (*Voy.* Basnage, chap. 3.)

dans leurs parties, parce que toutes consistent en nombre, poids et mesure; dans leur ensemble, parce qu'une chose est fongible, non-seulement lorsqu'une espèce, ou un individu de cette chose, peut être remplacée par une autre quantité, mais même quand elle est de nature à pouvoir être représentée par l'argent, qui est le premier de tous les objets fongibles. C'est ainsi que l'a décidé la cour de cassation, dans son arrêt du 9 thermidor an 11, rapporté dans sa *jurisprudence*, par Sirey, an 12, 1er. cahier, pag. 29.

IX. Les rentes, au moins dans certaines coutumes, pouvoient être légalement hypothéquées (1); mais depuis qu'elles ont été déclarées rachetables, qu'on n'a vu en elles que la seule obligation d'une somme d'argent, elles sont réputées meubles (2), et par conséquent insusceptibles d'hypothèque.

Mais il ne faut pas appliquer les mêmes principes aux actions de la banque de France. D'après l'article 7 du décret impérial du 16 janvier 1808, les actionnaires peuvent leur donner la qualité d'immeubles, en en faisant la déclaration dans la forme prescrite pour les transferts; et cette déclaration une fois inscrite sur le registre, les actions immobilières restent soumises au Code Napoléon, et aux lois des priviléges et hypothèques, comme les propriétés foncières, en sorte qu'elles ne peuvent être aliénées, et les priviléges être purgés, qu'en se conformant au Code Napoléon, et aux lois relatives aux priviléges et hypothèques sur les propriétés foncières.

---

(1) Voyez *les Coutumes de Paris et d'Orléans*.
(2) *Code Napoléon*, art. 529 et suiv.; loi du 29 décembre 1790.

Art. 2119. *Les meubles n'ont pas de suite par hypothèque.*

La construction grammaticale de cet article pourroit peut-être faire croire que les meubles sont susceptibles d'hypothèque, mais que l'effet de cette affectation se borne à ne pas les suivre entre les mains des tiers; que par conséquent, tant qu'ils sont en la possession du débiteur, les créanciers peuvent exercer leurs droits, et être payés par rang d'hypothèque. Cependant ce n'est pas là le sens que le législateur y a attaché. On a déjà vu, par l'article précédent, que les meubles ne pouvoient être hypothéqués. On se rappelle ces expressions: *sont seuls susceptibles d'hypothèque les immeubles et leurs accessoires*, etc. Notre article ne peut donc vouloir dire autre chose, si ce n'est que les meubles qui, comme tous les autres biens du débiteur, sont le gage commun des créanciers, cessent de leur être affectés, dès qu'ils sont légitimement sortis de ses mains. Nous avons déjà eu occasion d'observer plusieurs fois que ce n'étoit que dans des cas d'exception que les créanciers pouvoient les revendiquer. Si donc un créancier saisit les meubles de son débiteur, le prix en provenant est toujours distribué par concurrence, sauf cependant les cas où il y a des privilégiés. Mais si ces meubles étoient une fois sortis des mains du débiteur, les créanciers, même ceux ayant privilége, ne pourroient plus les saisir, parce que, comme le dit notre article, cette espèce de biens *n'a pas de suite par hypothèque.*

Art. 2120. *Il n'est rien innové, par le présent Code, aux dispositions des lois maritimes concernant les navires et bâtimens de mer.*

I. L'article 1er. du Livre II du Code de Commerce déclare meubles les navires et autres bâtimens de mer. D'où l'on pourroit conclure, suivant ce que nous avons déjà dit, qu'ils ne peuvent être hypothéqués aux dettes du vendeur. Cependant l'intérêt du commerce a fait consacrer d'autres principes. Les navires sont affectés spécialement aux dettes du vendeur, et frappés par-là d'une hypothèque légale en faveur de tous les créanciers; ils peuvent être suivis entre les mains des acquéreurs, et continuent conséquemment, malgré la vente qu'en auroit faite le propriétaire, d'être le gage commun des créanciers. Voici comment s'explique l'article 7 du Liv. II du Code de Commerce : « La » vente volontaire d'un navire *en voyage* ne préjudicie » pas aux créanciers du vendeur. En conséquence, » nonobstant la vente, le navire, ou son prix, continue » d'être le gage desdits créanciers, qui peuvent même, » s'ils le jugent convenable, attaquer la vente pour » cause de fraude. »

II. On doit remarquer que cet article ne dispose que pour le cas où la vente a été consentie lorsque le navire étoit en voyage ; cependant on peut vendre un navire qui est dans le port, l'article 6 le dit formellement : or, dans ce cas, le navire ou son prix resteroit-il le gage des créanciers? La négative nous paroît résulter de la combinaison des articles 6 et 7 ci-dessus cités. Dans le premier, en effet, on s'occupe de la vente des navires, et on la permet, tant pour ceux qui sont dans le port, que pour ceux qui sont en voyage. Dans le second, au contraire, on ne parle que du cas où c'est un navire en voyage qui est vendu; et alors, seulement, on accorde aux créanciers du vendeur le droit de suivre leur gage entre les mains de l'acquéreur. La raison en est sensible : tant que le navire est dans le port, c'est aux créanciers à surveiller leurs droits, la loi ne doit rien faire pour eux : mais lorsqu'il est en voyage, il leur est aussi difficile d'en prévenir la vente volontaire, que d'arrêter les tempêtes qui peuvent l'engloutir : aussi la loi doit-elle veiller pour eux, et empêcher que le débiteur ne les dépouille volontairement de leur gage. Il faut donc prendre l'article 7 tel qu'il est conçu, et ne pas étendre ses dispositions au cas où le navire étoit dans le port lors de la vente, et accorder seulement le droit de suite pour les navires vendus en voyage.

III. L'hypothèque dont nous venons de parler est acquise à la masse des créanciers du vendeur, encore que tous ou quelques uns d'entr'eux n'aient que des actes sous signature privée. L'intérêt du commerce, la rapidité et le nombre des transactions, ainsi que la bonne foi qui doit y régner, sollicitoient ce relâchement. On peut même induire du silence de la loi, et de la généralité des expressions de l'article 7, que la même hypothèque est accordée aux créances verbales, pourvu qu'on en justifie légalement l'existence.

IV. L'hypothèque des créanciers sur le navire ou son prix se conserve par elle-même, et sans qu'il soit besoin de la rendre publique : l'intérêt du commerce a encore seul déterminé cette exception à la règle de la publicité. Mais, pour qu'on puisse utilement l'exercer, il faut que, lorsque le vaisseau est rentré dans le port après la vente, les créanciers ne le laissent pas repartir sans former des oppositions. Car, si depuis il avoit fait un voyage en mer, sous le nom et aux risques de l'acquéreur, et sans opposition de la part des créanciers, ceux-ci perdroient le droit qu'ils avoient de le suivre entre les mains de l'acquéreur. (Art. 4.) Jusques-là ils peuvent le faire vendre, encore qu'il ait passé successivement sur la tête de plusieurs acquéreurs.

V. L'effet de cette hypothèque légale sur les navires et bâtimens de mer se borne à empêcher que l'acquéreur ou ses créanciers n'en profitent au préjudice de ceux du vendeur. Mais, relativement à ces derniers, cette hypothèque n'est *entr'eux* d'aucun effet, et le prix des navires et bâtimens se distribue par contribution, à moins qu'il n'y ait des créances privilégiées. *Voyez* ce que nous avons dit des priviléges sur les navires, à la fin du §. 2 de la sect. 1re. des Priviléges.

Section première.
Des Hypothèques légales.

Art. 2121. Les droits et créances auxquels l'hypothèque légale est attribuée, sont:

Ceux des femmes mariées, sur les biens de leurs maris;

Ceux des mineurs et interdits, sur les biens de leurs tuteurs;

Ceux de l'État, des communes et des établissemens publics, sur les biens des receveurs et administrateurs comptables.

I. On appelle hypothèque légale celle qui naît immédiatement de la loi, qui existe par sa seule force, sans stipulation ni condamnation judiciaire, *quæ à lege inducitur, absque expressis contrahentium pactionibus*. Elle est attachée à un petit nombre de créances que notre article désigne, et nous examinerons ci-après si l'on ne peut pas en y joindre quelques autres. Toutefois il faut commencer par développer celles indiquées dans ce même article.

II. Les femmes, excessivement favorisées par la fameuse loi *Assiduis* (1), avoient jadis une hypothèque sans bornes, ou plutôt un privilége dont la rétroactivité immodérée enlevoit aux créances les mieux assises et leurs droits et leur rang. Depuis, la loi du 11 brumaire avoit réduit leurs prérogatives, et tout en accordant une hypothèque légale, ne lui donnoit de rang que du jour de l'inscription. Par-là on remédia sans doute aux abus qu'entraînoit la loi *Assiduis*, mais on tomba dans un excès opposé. On fit dépendre l'hypothèque des femmes de la formalité de l'inscription, et aussi arrivoit-il souvent que leurs droits n'étant rendus publics que long-temps après le mariage, étoient primés par des créanciers postérieurs, qui avoient su profiter de la négligence de ceux qui étoient chargés de faire faire l'inscription. Le Code Napoléon a pris ensuite, de ces divers systèmes, ce qu'il y avoit de mieux, et a concilié par-là l'intérêt des femmes avec celui des tiers. Désormais les femmes mariées auront hypothèque légale, à partir du mariage, mais leurs droits seront

---

(1) L. 12, C. *Qui potiores*. Elle étoit suivie dans le ressort du parlement de Paris et presque dans tous ceux de Droit écrit ; mais en Normandie la femme n'avoit aucun privilége.

rendus publics. Nous verrons ci-après quel est l'effet de cette publicité, tant relativement aux femmes, qu'envers les tiers. Il nous suffit maintenant d'examiner quelles sont les femmes qui ont hypothèque légale, et les biens qui sont frappés de cette affectation : nous verrons ailleurs quelles sont les sommes ou reprises pour lesquelles cette hypothèque existe.

III. L'hypothèque légale des femmes résulte de la célébration du mariage, et existe, encore qu'aucune convention, qu'aucun contrat ne l'ait précédée. Mais pour qu'elle ait quelqu'effet, il faut que le mariage soit légitimement contracté ; autrement on ne peut regarder les contractans comme époux, et leur association ne sauroit leur attirer quelqu'avantage (1) : si donc le mariage étoit déclaré nul, soit par vice de forme, soit par l'incapacité de l'une des parties, la femme n'auroit aucune hypothèque pour la répétition de sa dot ou de ses autres apports, à moins cependant qu'elle n'eût été de bonne foi lors de la célébration du mariage. Car les articles 201 et 202 du Code Napoléon font produire tous les effets civils au mariage déclaré nul, mais dont les parties étoient de bonne foi.

L'hypothèque dont nous parlons est attachée à la célébration du mariage, et à la célébration seule. Peu importe en effet le lieu où l'on y a procédé ; et le mariage fût-il contracté en pays étranger, pourvu qu'il l'eût été légalement, il engendreroit toujours l'hypothèque. C'est là la conséquence qu'il faut tirer de la comparaison de notre article avec l'article 170 du

---

(1) *Voy.* Justit. §. ult. *de Nuptiis.*

Code Napoléon. Car, en permettant aux Français qui se trouvent en pays étrangers, de se marier en suivant les formes usitées dans le pays, on déclare formellement reconnoître leur union, et y attacher toutes les prérogatives d'un mariage célébré en France.

IV. L'hypothèque légale des femmes, telle que nous venons de la décrire, grève tous les biens du mari présens et à venir. Elle ne peut être primée, quant aux biens présens, que par des hypothèques inscrites avant la célébration du mariage. Mais sur les biens à venir elle sera presque toujours au premier rang, parce que, comme nous aurons occasion de le voir, on ne peut ordinairement hypothéquer cette sorte de biens. Seulement elle pourra, dans ce cas, être primée par des hypothèques judiciaires existant avant la célébration du mariage, parce que, comme nous le remarquerons encore, cette dernière espèce d'hypothèque porte également sur les biens présens et à venir, et s'exerce à la date de son inscription. Néanmoins, lorsque le mari étoit négociant lors de la célébration du mariage, ou qu'étant fils de négociant et sans profession déterminée il l'est lui-même devenu, l'hypothèque n'affecte que les biens qu'il possède à l'époque de la célébration du mariage, si par la suite il vient à faire faillite : c'est la disposition littérale des articles 115, 116 et 117 du livre III du Code de Commerce, ainsi conçus :

« La femme dont le mari étoit commerçant à l'é-
» poque de la célébration du mariage, n'aura hypo-
» thèque pour les deniers ou effets mobiliers qu'elle
» justifiera, par actes authentiques, avoir apportés en
» dot, pour le remploi de ses biens aliénés pendant le

» mariage, et pour l'indemnité des dettes par elle con-
» tractées avec son mari, que sur les immeubles qui
» appartenoient à son mari à l'époque ci-dessus.
» (Art. 115.)

» Sera, à cet égard, assimilée à la femme dont le
» mari étoit commerçant à l'époque de la célébration
» du mariage, la femme qui aura épousé un fils de
» négociant, n'ayant, à cette époque, aucun état ou
» profession déterminée, et qui deviendroit lui-même
» négociant. (Art. 116.)

» Sera exceptée des dispositions des articles 113 et
» 116, et jouira de tous les droits hypothécaires accor-
» dés aux femmes par le Code Napoléon, la femme
» dont le mari avoit, à l'époque de la célébration du
» mariage, une profession déterminée autre que celle
» de négociant ; néanmoins, cette exception ne sera
» pas applicable à la femme dont le mari feroit le com-
» merce dans l'année qui suivroit la célébration du
» mariage. (Art. 117.)

Ces articles, d'ailleurs fort clairs, ne nécessitent
qu'une seule observation ; c'est que, si le mari commerçant n'est pas en faillite, l'hypothèque de la femme
affecte tous ses biens présens et à venir, ceux qu'il
possédoit à l'époque de la célébration du mariage,
comme ceux qu'il a acquis depuis. Dans ce cas on re-
tombe dans la règle générale que nous avons ci-dessus
développée.

Le Code de Commerce nous fournit encore une observation relative à notre sujet c'est que, si dans les
dix jours qui suivent la célébration du mariage le mari
fait faillite, la femme n'a pas d'hypothèque, et reste,
pour la répétition de son apport, simple créancière

chirographaire. Pour s'en convaincre, il suffit de lire l'article 7, il est ainsi conçu : « Nul ne peut acquérir » privilége ni hypothèque sur les biens du failli, dans » les dix jours qui précèdent l'ouverture de la faillite. » Ces expressions sont trop générales pour que l'on puisse admettre d'exception.

V. L'hypothèque des femmes peut même aussi s'étendre sur des biens qui n'appartiennent pas au mari. Les anciennes lois et le Code Napoléon en ont des dispositions expresses. L'ordonnance de 1747 sur *les Substitutions*, prévoyant le cas où les biens du mari seroient insuffisans pour l'exercice des reprises de la femme, étend son hypothèque aux biens chargés de substitution. L'article 1054 du Code Napoléon porte : « Les femmes des grevés ne pourront avoir, sur les » biens à rendre, de recours subsidiaire en cas d'insuf- » fisance des biens libres, que pour le capital des de- » niers dotaux, et dans le cas seulement où le testateur » l'auroit expressément ordonné. » Ainsi, dans le cas d'insuffisance des biens personnels du mari, la femme peut exercer son hypothèque sur les biens qu'il est obligé de rendre, mais seulement si le testateur l'a expressément ordonné. S'il n'avoit pas ajouté cette condition à sa libéralité, ses biens devroient être restitués aux appelés francs et quittes de toutes charges et de l'hypothèque de la femme.

Toutefois celle-ci n'a de recours subsidiaire à exercer que pour le capital de sa dot, à la différence de ce qui se pratiquoit sous l'ordonnance de 1747, où les intérêts, le douaire, les gains de survie et les autres avantages pouvoient grever les biens substitués.

La femme a également une hypothèque légale sur les biens donnés à son mari par contrat de mariage avec stipulation de retour, dans le cas de prédécès. Mais cette hypothèque est subsidiaire, et lui est accordée seulement dans le cas d'insuffisance des biens du mari : en sorte que, lorsque les biens de ce dernier suffisent pour la remplir de ses droits, les biens donnés restent dans les mains du donateur libres de toute hypothèque.

Néanmoins on doit observer que l'article 952 du Code Napoléon, qui établit cette hypothèque, l'accorde à la femme pour sa dot, et pour les autres conventions matrimoniales, telles que préciput, gains de survie, etc., mais seulement dans le cas où le donateur ne l'a pas prohibée, et n'a pas déclaré vouloir que les biens restassent libres en ses mains. *Voyez* sur l'hypothèque légale des femmes, ce que nous dirons sur les articles 2135, 2140 et 2144.

VI. La seconde hypothèque légale dont parle notre article, est celle qu'il accorde aux mineurs et interdits sur les biens de leurs tuteurs (1). Cette hypothèque frappe également sur les biens présens et à venir, et existe du jour de l'acceptation de la tutelle, et non,

---

(1) Dans le pays de droit écrit on accordoit autrefois une semblable hypothèque légale aux tuteurs pour les sommes qu'ils avoient avancées dans l'intérêt de leurs pupilles. *Voyez* la L. du Cod. *de Cont. Tut. Act.*

La Coutume de Paris la leur donnoit du jour de la clôture du compte. *Voyez* Tronçon, sur l'article 103; Basnage, *Traité des Hypothèques.*

Le Code Napoléon ne leur en accorde aucune. Ils ne pourroient donc en acquérir qu'autant qu'ils la stipuleroient dans l'acte de reddition de compte, ou qu'ils obtiendroient jugement contre le pupille.

comme le prescrivoit la loi du 11 brumaire, du jour de l'inscription. Nous aurons occasion d'examiner de quel effet est aujourd'hui l'inscription de cette hypothèque, mais auparavant nous devons voir si elle n'est accordée que sur les biens du tuteur.

VII. Dans la première rédaction de l'article 2135 du Code Napoléon, on accordoit indifféremment cette hypothèque sur les biens du tuteur, et sur ceux du subrogé-tuteur, dans le cas où, suivant les lois de la tutelle, il étoit responsable envers les mineurs. Mais sur les observations du tribunat, on limita les hypothèques légales aux biens du tuteur; et voici sur quels motifs : « On ne doit pas admettre, disoit le Tribunat, d'hypothèque légale contre les subrogés-tuteurs, parce qu'il est de l'intérêt de la société de dégager autant que possible les immeubles des hypothèques. Or, il n'y a pas de nécessité d'imprimer l'hypothèque légale sur les biens du subrogé-tuteur. Mais pour la sûreté de sa responsabilité à cet égard, il est raisonnable de se contenter de l'action que le mineur peut exercer contre lui, lorsqu'il y a lieu à réclamer cette responsabilité. On devroit craindre d'ailleurs que les citoyens ne fissent tous leurs efforts pour éloigner d'eux les fonctions de subrogé-tuteur, s'ils devoient être grevés d'une hypothèque aussi générale. »

A ces raisons que donne le Tribunat, nous en joindrons une, qui démontre jusqu'à l'évidence que les biens du subrogé-tuteur ne sont pas ordinairement grevés d'hypothèque légale. D'après la loi sur la tutelle, ses fonctions principales consistent à surveiller l'administration du tuteur, à être le contradicteur né de celui-ci, mais presque jamais à prendre l'administration de ses biens. Il n'est donc pas comptable envers le mineur ou l'interdit ; et ce n'est cependant qu'à ce titre, et par suite de son administration, que ses biens pourroient être, comme ceux du tuteur, grevés d'hypothèque. D'ailleurs, le silence de notre article, la précaution qu'on prend, dans quelques endroits du Code, de ne le déclarer que personnellement responsable, indiquent de la manière la plus absolue l'intention de ne pas assujettir ses biens à l'hypothèque légale.

Cependant il y a deux cas où il nous semble que le subrogé-tuteur devient comptable, et par conséquent assujetti à l'hypothèque légale. Supposons, en effet, qu'une succession échoit au mineur et au tuteur ; que celui-ci, en son nom, en demande et obtienne le partage. Le subrogé-tuteur, d'après l'article 420, est obligé d'agir pour les intérêts du mineur, et par conséquent d'administrer, au moins durant partage, les biens de la succession. D'après cela, le subrogé-tuteur doit rendre compte au mineur, ou plutôt au tuteur qui le représente, des sommes et objets mobiliers qu'il a reçus en son nom et comme chargé des opérations du partage : il est donc, sur ce point, constitué comptable, et pour cela sujet à l'hypothèque légale du mineur.

Le second cas, qui nous paroît exiger l'hypothèque légale sur les biens du subrogé-tuteur, est celui où le tuteur, accusé comme suspect, est traduit devant le conseil de famille, et ensuite devant les tribunaux, pour être exclu et destitué de la tutelle. Il est à présumer, quoique le Code ne s'en explique pas, qu'on suit la disposition de la loi romaine, et qu'on oblige le tuteur à se dépouiller de l'administration durant l'instance (1) ; et alors ce ne peut être que le subrogé-tuteur qui soit obligé d'administrer les biens du mineur, puisque, suivant l'article 448, on ne nomme de tuteur que lorsque l'ancien adhère à l'exclusion ou est définitivement écarté de la tutelle. Or, si telle est l'intention de la loi, ce qui nous paroît évident, il seroit difficile de ne pas voir dans le subrogé-tuteur un administrateur comptable, qui pour ce cas fait tout ce qu'auroit pu et dû faire le tuteur, et qui doit être soumis aux mêmes obligations et aux mêmes charges. Ainsi, dans l'un et l'autre cas, il nous semble que les biens du subrogé-tuteur sont, comme ceux du tuteur, soumis à l'hypothèque légale, mais seulement à partir du jour où il a commencé à administrer, et où on a pu le regarder comme comptable envers les mineurs.

VIII. Les biens des curateurs, dans les cas où il doit en être nommés, ne sont pas affectés à l'hypothèque légale des mineurs. La raison en est sensible : les curateurs n'administrent jamais, leur unique fonction est de surveiller l'administration des mineurs ; ils assistent, par exemple, à la reddition des comptes du tuteur, ils surveillent l'emploi des capitaux que les mineurs ont reçus, etc., mais jamais ils n'ont de gestion, ni par conséquent de compte à rendre. Aussi la loi ne leur prescrit ces diverses obligations que sous leur responsabilité personnelle. Toutefois il y a des curateurs qui par la nature de leurs fonctions ont des biens à administrer, mais on ne pourroit assujettir

---

(1) *Si quis autem suspectus postulatur, quoad cognitio finiatur, interdicitur ei administratio, ut Papiniano visum est.* Inst. §. 7, de Suspect. Tutor. vel Curat.

leurs biens à une hypothèque légale sans ajouter à la loi. Notre article n'accorde cette hypothèque qu'aux mineurs, et ce seroit outrepasser la disposition que de l'étendre à d'autres personnes. Ainsi, un curateur à une succession vacante administre les biens de cette succession, doit rendre compte à qui de droit, et cependant ses biens ne sont pas grevés d'une hypothèque légale pour la sûreté de sa gestion. Il en seroit de même à l'égard de tout autre curateur qui auroit également des biens à administrer, parce qu'on ne connoît d'autre hypothèque légale que celle qui est établie par la loi.

IX. Les conseils judiciaires qu'on nomme aux prodigues ne sont pas plus assujettis à l'hypothèque légale que les curateurs, il n'entre jamais dans leur fonction d'administrer leurs biens ; seulement ils doivent les assister lorsqu'ils plaident, qu'ils transigent, empruntent ou font d'autres actes désignés dans l'article 513 du Code Napoléon. Ainsi, suivant nos principes, ils n'engagent envers les prodigues que leur responsabilité personnelle.

X. Mais il n'en est pas de même des pro-tuteurs ou co-tuteurs dont la loi exige quelquefois la nomination. La nature de leurs fonctions les rapproche tellement des tuteurs, qu'il est impossible de ne pas les assimiler en tout. D'ailleurs, il résulte évidemment du rapprochement des lois de la matière, que leurs biens sont affectés de l'hypothèque légale comme ceux du tuteur; l'article 396 le fait du moins supposer, il porte :
« Lorsque le conseil de famille, duement convoqué,
» conservera la tutelle à la mère, il lui donnera né-
» cessairement pour co-tuteur le second mari, qui de-

» viendra *solidairement* responsable, avec sa femme,
» de la gestion postérieure au mariage. » Ce soin que
la loi prend d'établir une solidarité entre le mari et la
femme, marque l'intention de fixer les obligations de
chacun d'entr'eux et de les mettre sur le même rang;
or, la femme tutrice étant obligée sous l'hypothèque
légale de tous ses biens, son mari, son co-tuteur, qui
est censé partager avec elle les charges de la tutelle,
doit aussi donner pour gage l'universalité de ses
biens (1).

Il faut en dire autant pour le cas où le mineur
possédant des biens en France et dans les Colonies,
auroit tout-à-la-fois un tuteur et un pro-tuteur. Les
biens de ce dernier doivent aussi être grevés d'hypothèque légale, parce que, indépendant, dès l'origine, des
fonctions du tuteur, et non responsable envers lui de
sa gestion, il est, à l'égard du mineur, comme un second tuteur, dont rien ne peut garantir la gestion, si
ce n'est l'affectation spéciale et tacite de tous ses biens.
C'est du reste ce qu'on doit induire du n°. 1. de l'article 417, ainsi conçu : « En ce cas, le tuteur et le
» pro-tuteur seront indépendans et non responsables
» l'un envers l'autre pour leur gestion respective. »

De toutes ces réflexions il faut donc conclure qu'en
général l'hypothèque légale n'existe en faveur des mineurs, que sur les biens de leur tuteur (2); que ceux

---

(1) *Voyez* L. 10, Cod. *in Quib. Caus. Pig.*; L. 2, §. 1, Cod.
Quand. Mater Tut. Off. Fung., et les arrêts rapportés par Cancolas, liv. IV, ch. 46; et Catelan, liv. IV, ch. 24.

(2) L'article 1055 permet de créer un tuteur pour la substitution. Il
ne peut être assujetti à l'hypothèque légale, puisqu'il n'administre pas.
D'ailleurs, l'article 1075 dit qu'il n'est obligé que personnellement.

de leurs curateurs n'en sont jamais affectés ; mais que, quoique notre article garde le silence sur ce point, cette même hypothèque doit, aux termes des articles 396 et 417, frapper les biens des co-tuteurs et pro-tuteurs, pour tout ce dont ils peuvent être débiteurs envers les mineurs.

XI. Les lois romaines donnoient cette hypothèque aux mineurs, non seulement sur les biens de leurs tuteurs, mais encore, dans le cas où l'on n'en avoit point nommé, sur les immeubles de ceux qui, sans qualité, s'étoient ingérés dans l'administration de leurs biens : *Si quis, cùm tutor non esset, pro tutore negotia gessit, privilegio locum esse manifestum est.* L. 19, §. 1, ff. *de Reb. Auct. Jud. Poss.* Sous l'empire des nouvelles lois, la question ne peut guère s'élever, au moins pour le cas où il n'y auroit pas de tuteur nommé ; car on prend tant de précautions pour assurer la nomination des tuteurs, qu'il est impossible qu'on n'y pourvoie point. Il ne pourroit donc rester de difficulté que pour le cas où le tuteur nommé n'administreroit pas lui-même, et laisseroit la gestion des biens du mineur à un tiers ; et encore est-il impossible que cet état de chose dure long-temps, puisque le subrogé-tuteur sera toujours là, ou pour forcer le tuteur à se livrer lui-même à l'administration des biens, ou pour réclamer sa destitution. Cependant, comme il pourroit arriver que le subrogé-tuteur y apportât la même négligence que le tuteur, nous devons nous expliquer sur les droits du mineur.

Notre article, en consacrant l'hypothèque légale en faveur des mineurs, ne l'établit que sur les biens des tuteurs ; et peu importe la manière dont ils sont reliquataires, leurs biens sont toujours affectés au paiement du reliquat, au remboursement de tout ce qu'ils peuvent devoir, soit par suite d'une mauvaise administration, soit comme ne s'y étant jamais livrés. Les personnes qu'ils emploient soit expressément en leur donnant un mandat, soit tacitement en souffrant qu'elles administrent, ne contractent d'obligations qu'envers eux, et ne s'engagent nullement envers le pupille ; c'est ce que fait induire l'article 454, n°. 1, en disant que le tuteur pourra être autorisé à s'aider dans sa gestion d'un ou plusieurs administrateurs, gérant *sous sa responsabilité*; et s'il en étoit autrement, les mineurs auroient une double hypothèque légale, ce qu'on ne sauroit voir dans la loi, puisqu'elle n'en établit qu'une seule sur les biens du tuteur. D'ailleurs les droits du mineur sont suffisamment garantis par cette hypothèque, et par l'action personnelle contre le subrogé tuteur, qui ne pourroit se défendre de négligence, et qui devient suspect de n'avoir pas forcé le tuteur à administrer lui-même.

XII. Mais l'intérêt des mineurs doit aussi faire appliquer les dispositions de notre article au cas où le père, sans être tuteur, régit les biens personnels de ses enfans, et par-là s'érige en administrateur légal. L'article 389 du Code Napoléon ne laisse aucun doute sur ce point : « Il est comptable (le père), quant à la pro- » priété et aux revenus des biens dont il n'a pas la jouis- » sance, et quant à la propriété seulement de ceux des » biens dont la loi lui donne l'usufruit. » Durant le mariage du père, on ne peut, il est vrai, concevoir de tutelle; mais relativement aux intérêts des enfans, à la conservation de leurs biens personnels, on doit appliquer à la puissance paternelle tout ce qui fait partie de la tutelle. Ainsi, par exemple, le père qui veut vendre les biens de ses enfans, est obligé, comme le tuteur, de se conformer aux règles prescrites pour l'aliénation des biens du mineur. Comme lui, il est obligé de rendre compte, et comme lui il doit présenter à ses enfans les mêmes garanties, et leur assurer par une hypothèque légale l'exercice de tous leurs droits. Ainsi, quoique notre article ne dise rien des droits des enfans sur les biens de leur père, il me semble qu'on doit assimiler celui-ci au tuteur, et frapper tous ses biens d'hypothèque légale. A la vérité, il paroît d'abord y avoir quelques difficultés à fixer l'époque où les biens du père commencent à être affectés de cette hypothèque; mais il nous semble qu'en y réfléchissant on ne peut donner à l'hypothèque des enfans d'autre date que celle où ils commencent eux-mêmes à avoir des propriétés, parce que c'est seulement de cette époque que le père devient comptable.

XIII. L'hypothèque légale des mineurs ne porte, comme nous l'avons déjà fait pressentir, que sur les biens personnels du tuteur. Si celui-ci étoit en possession de biens chargés de substitution, et qu'il fût obligé de rendre, ils ne seroient nullement affectés à l'hypothèque des mineurs, et devroient être restitués aux appelés francs et quittes de toutes charges, ainsi que cela résulte des articles 1048 et suiv. du Code Napoléon. Cependant s'il arrivoit que le tuteur qui avoit établi la substitution, eût, comme dans le cas de l'article 1054, ordonné l'affectation de ces biens à l'hypothèque des mineurs, il faudroit en reconnoître l'existence, et ne les faire passer entre les mains des tiers qu'avec cette charge; car il dépend du testateur d'imposer à sa libéralité toutes les conditions qui ne blessent ni les mœurs, ni les lois.

XIV. Enfin nous terminerons nos observations sur l'hypothèque légale des mineurs, en remarquant qu'elle n'est attachée à l'administration de la tutelle, qu'autant que les mineurs forment leurs actions contre leur tuteur, dans les dix ans de leur majorité ; c'est ce qu'établit tacitement l'article 275 du Code Napoléon, en décidant que toute action du mineur contre son tuteur, relativement au fait de la tutelle, se prescrit par dix ans. Comme l'hypothèque légale est intimement liée avec l'action qui naît de la tutelle ; il est sensible qu'elle ne peut exister sans cette action dont elle est l'accessoire. Cependant il ne faut pas croire pour cela que cette hypothèque se prescrive par dix ans ; elle est soumise aux mêmes règles que l'hypothèque ordinaire, et ne s'éteint, dans notre hypothèse, que parce qu'il n'y a plus d'action dont elle puisse assurer l'exécution. — *Voyez*, au reste, tout ce que nous disons sur l'article 2135, n°. 1, touchant l'hypothèque légale des mineurs (1).

XV. La dernière hypothèque légale qu'établit notre

---

(1) Autrefois on regardoit en quelque sorte les appelés aux substitutions comme des mineurs, et voilà pourquoi on décidoit qu'ils avoient hypothèque tacite sur les biens personnels de l'héritier chargé de restitution, pour les aliénations ou dégradations par lui faites dans les biens substitués, du jour de la mauvaise administration. *V* la sixième partie du *Journal du Palais*, fol. 82, et BASNAGE, *Traité des Hypothèques*, ch. 6. — Aujourd'hui on doit tenir, au contraire, que les appelés n'ont pas d'hypothèque sur les biens du grevé, ni pour les aliénations par lui consenties, puisqu'elles sont nulles, ni pour les dégradations, lesquelles ne donnent qu'une action personnelle. *Voyez* art. 1048 et suiv.

article, est celle de l'Etat, des communes et des établissemens publics, sur les biens des receveurs et administrateurs comptables (1). On se rappelle les dispositions de la loi du 5 septembre 1807, rapportées sur l'article 2098. On sait que les droits du trésor sont assurés d'abord par un privilége sur les cautionnemens et les immeubles acquis depuis la nomination des comptables, et par une hypothèque légale sur les biens dont ils étoient propriétaires avant leur nomination. Quant aux droits des communes et des établissemens publics, ils ne jouissent d'aucun privilége, et ne sont garantis que par l'hypothèque légale que leur attribue notre article.

Comme l'hypothèque légale n'est établie que sur les biens des comptables, il nous faut savoir ce que la loi entend par cette dénomination. FERRIÈRE, dans son *Dictionnaire de Pratique*, V°. *Comptable*, en donne une définition. « On appelle comptable, dit-il, celui qui » manie ou a manié les deniers publics et ceux du roi. » D'après cela, nous ne devons attribuer l'hypothèque légale que sur les biens de ceux qui manient réellement ou qui ont déjà eu en maniement les deniers de l'Etat, des communes ou des établissemens publics, tels que les payeurs, les receveurs, les percepteurs, les trésoriers des établissemens publics, parce qu'eux seuls sont comptables. Mais nous ne devons pas regarder comme grevés de la même affectation les biens de ceux qui dirigent seulement la recette ou l'emploi de ces deniers, qui surveillent l'administration des comptables, et que pour cela on ne doit pas mettre au rang de ces der-

---

(1) *Voyez* la L. 3, Cod. *de Privileg. Fisc.*

niers. Ainsi, ne doivent pas être soumis à l'hypothèque légale les ordonnateurs, les inspecteurs des droits d'enregistrement, les vérificateurs et autres, qui n'administrent pas par eux-mêmes, mais dont les fonctions se bornent à surveiller l'administration d'autrui.

Il faut également se fixer sur la vraie signification du mot *établissement public*. On donne ordinairement ce nom à tout établissement fondé par l'État ou les communes pour l'utilité publique. De cette nature sont tous les établissemens de charité, les corps enseignans, etc. Mais ceux qui seroient érigés par des particuliers, encore qu'ils tournassent à l'avantage de la société, ne sauroient être compris sous cette dénomination, et ne jouissent, pour le recouvrement de ce qui leur est dû, d'aucune hypothèque légale.

L'hypothèque dont nous parlons s'exerce, comme les deux précédentes, sur tous les biens présens et à venir, et elle est même plus étendue que celles-là, en ce qu'elle ne peut guère être restreinte à une partie des biens du comptable. *Voyez* ce que nous dirons sur l'article 2161.

Il ne sera pas non plus inutile de remarquer que par un avis du Conseil-d'État, en date du 25 février 1808, et approuvé par l'Empereur, le trésor de la couronne a été appelé à jouir de la même hypothèque légale que celle qu'accorde notre article à l'État et aux établissemens publics; que par conséquent les biens de ses receveurs et administrateurs comptables se trouvent indéfiniment affectés, pour sûreté de leur administration.

XVI. Nous avons dit, en commençant d'expliquer l'article 2121, qu'après avoir parlé des trois hypothèques légales qu'il établissoit, nous verrions si, dans le Code Napoléon, on ne trouvoit pas d'autres créances auxquelles fût aussi attachée l'hypothèque légale ; c'est donc ici le lieu de nous livrer à cet examen.

D'abord se présente l'article 2113, qui convertit en hypothèque tous les priviléges à l'égard desquels on n'a pas accompli les formalités prescrites pour leur conservation. Cette hypothèque ne peut trouver son origine que dans la loi, puisqu'il n'y a ni convention ni jugement qui l'établisse. Ainsi, les co-héritiers, les créanciers d'une succession, les légataires qui n'ont pas fait faire inscription dans les délais fixés, ont tous une hypothèque légale, car ils n'ont jamais fait de convention, ni obtenu de jugement pour se la faire attribuer. Cependant entrons dans quelques détails relativement aux légataires.

XVII. Les légataires avoient anciennement une hypothèque sur tous les biens de l'hérédité (1) ; et outre les dispositions des articles 2111 et 2113 ci-dessus cités, on trouve ce principe renouvelé dans le n°. 1er. de l'article 1017, ainsi conçu : « Les héritiers seront tenus » à l'égard des légataires *hypothécairement* pour le » tout, jusqu'à concurrence de la valeur des immeubles » de la succession dont ils seront détenteurs. » Cette hypothèque naît, ainsi qu'on le voit, immédiatement de la loi, et ne dépend nullement de la volonté des parties. Elle existe, encore que l'acte qui constitue le legs n'ait pas une forme authentique, et qu'il résulte d'un testament olographe ; c'est ce qui a été plusieurs fois jugé, et notamment par un arrêt du 27 mai 1710, rapporté par Augeard.

---

(1) *Voyez* L. 1, au Cod. *Communia de Legat.*; BRODEAU sur Louet; FURGOLE ; le *Répertoire de Jurisprudence*, v°. *Legat.*

Cette hypothèque ne s'étend que sur les biens de l'hérédité; l'article 1017 en a une disposition expresse: ceux de l'héritier ne sauroient donc en être affectés; et la raison en est, que du fait seul de l'acceptation, soit tacite, soit expresse, il ne peut en naître d'hypothèque, puisque, suivant l'article 2129, elle ne résulte que d'une convention expresse. Cependant, si le légataire avoit obtenu jugement contre l'héritier, il auroit une hypothèque tant sur les biens personnels, que sur ceux de l'hérédité; mais dans ce cas ce ne seroit plus l'hypothèque légale dont nous parlons.

XVIII. L'hypothèque des légataires, quoique légale, ne se conserve et ne prend rang que par l'inscription: nous avons déjà vu que relativement à leur privilége ils devoient inscrire dans les six mois de l'ouverture de la succession; mais pour la conservation de leur hypothèque, ils sont toujours à temps d'accomplir cette formalité; à la vérité, leur hypothèque ne date dans ce dernier cas que du jour de l'inscription, tandis que dans le premier le privilége remonte à l'ouverture de la succession.

Voyez ce que nous avons dit sur l'article 2111.

XIX. Enfin, ajoutons que l'effet de cette hypothèque consiste à pouvoir agir contre les tiers détenteurs des immeubles de la succession, si elle est inscrite dans la quinzaine de l'aliénation, et à donner rang aux légataires parmi les créanciers de l'héritier; mais que, relativement à ceux de l'hérédité, elle ne donne aucun droit, et est elle-même primée par de simples créanciers chirographaires. La raison en est, que le testateur n'a pu exercer de libéralité au préjudice de ses créanciers personnels, et que par conséquent les légataires ne peuvent être colloqués qu'après ceux-ci : *nam non sunt bona, nisi deducto ære alieno* (1).

XX. L'article 64 du Livre III du Code de Commerce nous fournit aussi l'exemple d'une hypothèque établie par le seul fait de la loi : il porte que les agens et syndics de la faillite « seront tenus de prendre » inscription, au nom de la masse des créanciers, sur » les immeubles du failli dont ils connoîtroient l'exis- » tence. » Par-là se trouve donc tacitement créée une nouvelle hypothèque légale en faveur de la masse des créanciers ; son effet, à la vérité, ne change pas le sort des créanciers du failli entr'eux, mais est d'une grande influence par rapport aux tiers. Nous en parlerons sur l'article 2148.

XXI. L'article 7 du même titre du Code de Commerce crée encore une hypothèque, qui ne tient sa force ni de la convention, ni d'un jugement ; c'est celle qu'ont les créanciers du vendeur sur le navire ou bâtiment vendu en voyage : on peut voir ce que nous en avons dit sur l'article 2120.

Art. 2122. *Le créancier qui a une hypothèque légale peut exercer son droit sur tous les immeubles appartenant à son débiteur, et sur*

---

(1) C'est la décision de la L. 1, Cod. *Comm. de Leg.* ; en voici le texte : *Et hypothecam esse non ipsius hæredis vel alterius personæ quæ gravata est fideicommisso rerum, sed tantùm modò earum quæ a testatore ad eum pervenerint.* — *Voyez* également la L. 29, ff. *de Pign.* — Dans l'ancien Droit Français, on jugeoit, au contraire, que si l'acceptation étoit faite par acte authentique, les légataires avoient hypothèque sur les biens personnels de l'héritier. *Voyez* Bacquet, Bouguier, et les Arrêts par eux cités.

ceux qui pourront lui appartenir dans la suite, sous les modifications qui seront ci-après exprimées.

Voyez ce que nous venons de dire sur l'article précédent.

Les modifications dont parle cet article consistent en ce qu'il est des cas où l'hypothèque de la femme, celle des mineurs et interdits, peuvent être restreintes à certains biens. *Voyez* ce que nous disons sur les articles 2140, 2141, 2144 et 2161.

Section II.

Des Hypothèques judiciaires.

Art. 2123. *L'hypothèque judiciaire résulte des jugemens, soit contradictoires, soit par défaut, définitifs ou provisoires, en faveur de celui qui les a obtenus. Elle résulte aussi des reconnoissances ou vérifications faites en jugement, des signatures apposées à un acte obligatoire sous seing privé. Elle peut s'exercer sur les immeubles actuels du débiteur et sur ceux qu'il pourra acquérir, sauf aussi les modifications qui seront ci-après exprimées.*

Les décisions arbitrales n'emportent hypothèque qu'autant qu'elles sont revêtues de l'ordonnance judiciaire d'exécution.

L'hypothèque ne peut pareillement résulter des jugemens rendus en pays étranger, qu'autant qu'ils ont été déclarés exécutoires par un tri-

bunal français, sans préjudice des dispositions contraires qui peuvent être dans les lois politiques ou dans les traités.

I. Les jugemens ou actes judiciaires qui portent condamnation, donnent toujours, pour leur exécution, une hypothèque sur les biens du condamné, peu importe qu'ils soient contradictoires, ou par défaut, définitifs ou provisoires. S'ils sont contradictoires et définitifs, l'hypothèque est assurée, et ne peut être renversée ou éteinte que par l'exécution ou par une voie extraordinaire, telle que celles de cassation, requêtes civiles, etc. Si au contraire ils sont par défaut ou provisoires, l'hypothèque est toujours subordonnée à leur sort, et est bonne ou inutile, suivant qu'ils sont confirmés ou annullés sur l'opposition ou l'appel.

Quelques auteurs, au rang desquels sont Auzanet, Ferrière, *sur la question 6,* de Guy. Pap., et Rousseau, v°. *Hypoth.*, ont pensé que lorsque le jugement n'avoit été réformé qu'en partie, l'hypothèque étoit annullée pour la totalité ; mais, comme l'observe fort bien M. de Maleville, cette opinion n'est pas juste, et l'hypothèque, pour la partie du jugement qui a été confirmée, doit subsister du jour de la prononciation. Si donc à cette époque on avoit pris inscription pour toutes les condamnations, l'hypothèque seroit seulement restreinte à la partie du jugement qui a été confirmée.

II. Pour que l'hypothèque existe, il suffit qu'il y ait jugement, et l'incapacité même des juges qui auroient prononcé ne suffiroit pas pour supprimer cet effet (1) : si donc un juge-de-paix avoit prononcé une

---

(1) C'est le sentiment de la plupart des auteurs, et notamment de

condamnation qui excédât sa compétence, si un tribunal civil avoit empiété sur les attributions du tribunal de commerce, l'hypothèque résulteroit également de tous ces jugemens, et ne pourroit être détruite que par leur réformation.

Mais si, siégeant en bureau de conciliation, un juge-de-paix donnoit acte aux parties de leurs conventions ou obligations réciproques, ce procès-verbal ne seroit pas un jugement, et ne pourroit attribuer d'hypothèque. « Les conventions des parties, dit le n°. 1er. de l'art. 54 » du Code de Procédure, inscrites au procès-verbal, » ont force d'obligations privées. »

III. Les jugemens interlocutoires et préparatoires, les ordonnances d'instruction, etc., ne produisent pas ordinairement d'hypothèque; et la raison en est, qu'ils ne prononcent pas de condamnation, mais qu'ils tendent seulement à mettre le procès en état d'être jugé, ou à rechercher une instruction qui préjuge le fond de la cause. Néanmoins, il faut faire une exception pour les jugemens d'aveu et reconnoissances d'écritures, qui, suivant notre article, produisent aussi une hypothèque.

Ces reconnoissances, pour obtenir cet effet, doivent être faites devant les tribunaux; et celles qui auroient lieu en bureau de conciliation, par exemple, ne sauroient créer l'hypothèque; c'est ce qui résulte de la discussion du Conseil-d'Etat sur notre article. On y lit: « M. Jolivet observe que l'on a souvent agité la ques- » tion de savoir si les reconnoissances faites devant

---

d'Héricourt, *Traité de la Vente des immeubles*, ch. 2, sect. 2; de Soulace, *Traité des Hypothèques*, ch. 2.

» les bureaux de conciliation donnoient hypothèque :
» la section s'est refusée avec raison à décider l'affir-
» mative ; c'eût été un moyen de frauder le droit d'en-
» registrement : mais il peut être utile que l'intention
» de la loi fût connue, et que le procès-verbal s'en ex-
» plique. — Le consul Cambacérès dit que l'observa-
» tion de M. Jolivet, qui est juste et conforme aux
» intentions du Conseil, se trouve nécessairement au
» procès-verbal. — L'article est adopté. » D'après cela,
il ne peut pas y avoir d'incertitude sur l'effet de reconnoissance faite en bureau de conciliation : l'intention
du législateur est trop marquée pour qu'on puisse s'en
écarter.

Mais *quid* des reconnoissances faites devant un juge-
de-paix siégeant, non comme conciliateur, mais comme
juge des parties ? Il n'y a pas de doute qu'elles emportent hypothèque lorsque le juge-de-paix n'excède pas
sa compétence ; et la question n'est véritablement difficile, que lorsque ce magistrat prononce sur des affaires
qui, à cause de leur importance, ne lui étoient pas légalement dévolues. Dans ce cas, on pourroit sans doute
argumenter de la L. 28, ff. *Ad Municip.*, qui décide expressément que les juges dont les attributions se bornent
à décider les contestations qui ne s'élèvent qu'à une
petite somme, peuvent, du consentement des parties,
connoître des actions qui s'élèvent à de plus fortes. C'est,
d'ailleurs, ce que paroît avoir préjugé la cour de cassation dans son arrêt du 22 décembre 1806. — Il s'agissoit
d'une reconnoissance faite, hors la présence des parties,
devant un juge-de-paix qui n'avoit pas énoncé s'il
jugeoit, ou s'il agissoit comme conciliateur ; et la Cour
décida « qu'on ne pourroit envisager comme jugement

» le procès-verbal d'un juge-de-paix qui ne pouvoit
» être autorisé que *par la présence et le consentement*
» *formel du créancier et des débiteurs*, à se constituer juge,
» et prononcer comme tel dans une matière qui sortoit
» de ses attributions et de sa compétence ordinaire et
» légale. »

On ne peut pas dire, en termes plus exprès, que si les parties avoient été présentes, et qu'elles eussent requis acte de leurs obligations respectives, la décision du juge-de-paix n'eût été un véritable jugement capable d'emporter hypothèque. Voyez, au surplus, le savant Plaidoyer de M. Merlin, sur cette question, rapporté dans le *Répertoire de Jurisprudence*, v°. *Hypoth.*, sect. 2, §. 2, art. 4.

IV. Les reconnoissances faites devant notaires seroient aussi regardées comme insuffisantes pour produire hypothèque; notre article n'accorde cet effet qu'aux reconnoissances *faites en jugement*. Cependant, si, en reconnoissant ainsi l'écriture, les parties convenoient de l'hypothèque, et spécialisoient les biens sur lesquels elle devroit porter, il n'y a pas de doute qu'elle ne fût légalement contractée; à la vérité, ce ne seroit pas alors une hypothèque judiciaire, mais une hypothèque conventionnelle.

V. Autrefois on donnoit à la dénégation des écriture et signature le même effet qu'à la reconnoissance (1), lorsque par l'événement il étoit démontré que la pièce étoit véritablement l'ouvrage de celui à qui on l'avoit

---

(1) *Voyez* l'article 107 de la *Coutume de Paris*; RODIER, p. 239; le *Répertoire de Jurisprudence*, v°. *Hypothéq.*, sect. 1re, §. 6, n°. 2.

imputée. Je ne pense pas que dans notre nouvelle législation on puisse adopter cette opinion, et un conservateur devroit sans doute toujours se refuser d'inscrire en vertu d'un jugement qui donneroit acte du désaveu.

VI. Les parlemens avoient aussi décidé que les demandes en reconnoissances d'écritures pouvoient être formées avant l'échéance des obligations. Ils se fondoient sur ce que l'hypothèque qui résultoit de ces jugemens étant secrète, il n'en résultoit aucun inconvénient pour le crédit du débiteur (1). D'après la loi du 11 brumaire, cette considération a disparu, et voilà pourquoi les cours d'appel de Paris et de Lyon avoient décidé que le changement opéré dans le régime hypothécaire devoit en produire un dans la manière de résoudre la question. Cependant la cour de cassation en jugea autrement, et par son arrêt du 3 février 1806 adopta la décision de l'ancienne jurisprudence (2).

Tel étoit l'état des choses, lorsque fut promulgué le Code de Procédure civile et la loi du 5 août 1807. Par le n°. 1er. de l'article 193 de ce Code il est implicitement décidé que les demandes en reconnoissances d'écritures pourront être formées avant l'échéance de l'obligation; car ce ne peut être que dans ce cas que les frais relatifs à la reconnoissance sont à la charge du créancier. D'un autre côté, la loi du 5 août confirme cette opinion par son article 1er, ainsi conçu : « Lorsqu'il aura été rendu un jugement sur une demande » en reconnoissance d'obligation sous seing privé,

---

(1) Cette jurisprudence avoit pris son fondement dans la L. 14, ff. de *Pign. et Hypoth.*

(2) L'arrêt est rapporté au *Journal du Palais*, art. 105, n°. 380.

« *formée avant l'échéance* ou l'exigibilité de ladite
» obligation, il ne pourra être pris aucune inscription
» hypothécaire en vertu de ce jugement, qu'à défaut
» du paiement de l'obligation, après son échéance ou
» son exigibilité, à moins qu'il n'y ait eu stipulation
» contraire. » Ainsi, il demeure constant que le créancier qui a une obligation sous seing-privé, peut en faire reconnoître la signature avant l'échéance; mais aussi, qu'avant cette échéance le jugement de reconnoissance n'a pas l'effet de donner hypothèque. La raison en est claire. Le terme de paiement accordé par une obligation, est toujours en faveur du débiteur, et le créancier est censé s'en être rapporté à sa bonne foi; il ne peut, sans violer la loi du contrat, priver le débiteur, par une inscription prématurée, du bénéfice de ce terme.

VII. Cependant cette règle, que le jugement de reconnoissance n'emporte hypothèque que du jour de l'échéance de l'obligation, souffre deux exceptions : La première est établie par l'article 1er. de la loi du 5 août déjà cité; la seconde, par l'article 1188 du Code Napoléon. On a vu en effet, par l'article 1er, que le créancier pouvoit inscrire en vertu du jugement de reconnoissance, avant l'échéance de l'obligation, si cela avoit été ainsi convenu; et on voit, dans l'article 1188, que le débiteur ne peut plus réclamer le bénéfice du terme, lorsque par son fait il a diminué les sûretés qu'il avoit données par le contrat. Si donc le débiteur retiroit le gage qu'il avoit donné, ou vendoit l'immeuble laissé à titre d'antichrèse, le créancier qui auroit obtenu un jugement d'aveu, seroit autorisé à faire faire inscription avant l'échéance; mais dans ce dernier cas il nous semble que, pour agir régulièrement, il devroit s'y faire autoriser par le tribunal, autrement le conservateur, qui ne seroit pas juge de la diminution des sûretés, pourroit se dispenser de faire l'inscription.

VIII. Les actes des corps administratifs peuvent être mis au rang des jugemens, et emportent comme eux hypothèque; cela résulte du moins de l'article 14 de la loi du 23 octobre 1790, ainsi conçu : « Le ministère » des notaires ne sera nullement nécessaire pour la pas- » sation des baux, ni pour tous les autres actes d'admi- » nistration ; ces actes, ainsi que les baux, seront sujets » au contrôle, et ils *emporteront hypothèque* et exécution » parée... » Si donc des actes de corps administratifs créoient des obligations ou imposoient des charges, nul doute qu'ils n'emportassent hypothèque; c'est aussi ce qu'a décidé le ministre des finances, et après lui la Cour d'appel de Paris par son arrêt du 4 messidor an 10.

IX. Les jugemens passés d'accord, et qu'on appelle communément, dans la pratique, jugemens *d'expédient*, produisent hypothèque comme ceux qui sont rendus sur les contestations des parties; mais on a élevé des difficultés sur les jugemens d'adjudication intervenus sur publications volontaires, et on a demandé si, lorsque dans le cahier des charges on avoit mis cette clause, *qu'outre le privilège que la loi donne au vendeur celui-ci auroit encore une hypothèque générale sur tous les biens de l'acquéreur,* le vendeur a, en vertu du jugement d'adjudication, une hypothèque judiciaire ? Les rédacteurs du *journal de l'Enregistrement* tiennent la négative, et c'est avec raison ; un jugement d'adjudication, loin de créer des hypothèques, a presque toujours pour but unique d'éteindre celles qui existent : la circonstance qu'il est rendu sur publications volontaires n'ajoute rien à son objet premier, et ne doit au contraire faire regarder le juge que comme remplaçant l'officier public qui ordinairement passe le contrat de vente. Or, si un notaire eût passé un tel acte, la clause que le vendeur auroit hypothèque générale sur les biens de l'acquéreur, seroit illusoire et ne pourroit jamais engendrer hypothèque. On sait que pour produire cet effet un acte doit spécialiser les biens que l'hypothèque doit frapper.

Mais nous allons encore plus loin; nous soutenons que lors même que le cahier des charges spécialiseroit l'hypothèque que se réserve le vendeur sur les biens personnels de l'acquéreur, cette clause seroit encore illusoire. Ce ne seroit en effet que comme hypothèque conventionnelle qu'on pourroit regarder la réserve du vendeur; et l'article 2127 nous dit que cette espèce d'hypothèque ne peut résulter que d'actes passés en formes authentiques *devant deux notaires* ou *devant un notaire et deux témoins*; or, attacher le même effet à un jugement d'adjudication sur publications volontaires, ce seroit se mettre en opposition directe avec cet article 2127, et décider que l'hypothèque conventionnelle peut résulter de certains actes autres que ceux passés devant notaires.

X. L'hypothèque judiciaire naît de tout jugement qui porte condamnation ou présuppose l'existence d'une dette, mais ne prend de rang que du jour de l'inscription. Cette inscription peut être faite immédiatement après la prononciation du jugement, et dès qu'on en a obtenu une expédition; car quoiqu'on puisse la regarder comme un commencement d'exécution, et que, suivant l'article 450 du Cod. de Procéd., l'exécution des jugemens non exécutoires par provision soit suspendue pendant la huitaine, néanmoins les expressions générales de notre article autorisent le créancier à prendre inscription avant que le jugement soit exécutoire; et la raison est prise de ce que, s'il en étoit autrement, le débiteur de mauvaise foi pourroit, dans la huitaine du jugement, aliéner ses biens ou les grever d'hypothèques qui, par leur inscription, rendroient illusoire celle du créancier qui a obtenu le jugement (1).

Il en seroit de même si le jugement étoit par défaut, et le créancier seroit toujours autorisé à prendre inscription, même avant l'ouverture des délais pour former opposition; et s'il pouvoit s'élever quelques doutes, ce ne pourroit être que dans le cas où on voudroit former inscription avant la signification à avoué; encore disparoît-il bientôt devant la considération déjà invoquée; qu'en retardant le moment où le créancier peut prendre inscription, on court risque de sacrifier ses droits et de le priver de ses sûretés.

XI. L'hypothèque dont nous parlons s'exerce sur tous les biens présens et à venir du débiteur, sauf les modifications annoncées par notre article, qui consistent dans la réduction autorisée par l'article 2161 ; mais on doit remarquer que, relativement aux biens à venir,

---

(1) Si en matière d'inscription il falloit appliquer l'article 450 du Code de Procédure, et suspendre cette mesure conservatoire jusqu'à l'expiration de la huitaine, il n'y auroit pas de raison pour ne pas appliquer également l'article 457 qui arrête l'exécution du jugement durant l'appel, et certes personne n'oseroit le prétendre. — Le rapprochement de ces deux articles prouve donc qu'ils ne sont applicables ni l'un ni l'autre à l'inscription, mais qu'on doit regarder cet acte plutôt comme une mesure conservatoire, que comme un acte d'exécution du jugement.

cette hypothèque s'exerce dans le même ordre que sur les biens présens, et que par conséquent le créancier qui est inscrit le premier grève celui qui n'a rendu son hypothèque publique que postérieurement. Ce qui nous fait faire cette réflexion, c'est la décision des lois romaines, qui malgré la priorité de date décidoient que, lorsque les biens étoient advenus au débiteur après avoir successivement consenti hypothèque à deux créanciers, ceux-ci devoient venir en concurrence, parce que leurs hypothèques sur cet immeuble étoient nées en même temps, c'est-à-dire dès que les biens meubles avoient appartenu au débiteur (1). On sent aisément que cette décision ne sauroit être admise en France, où, pour fixer le rang entre les créanciers, on n'examine pas l'époque où les biens sont advenus au débiteur, mais celle où l'inscription a été prise.

XII. Les décisions arbitrales emportent aussi hypothèque, mais seulement lorsqu'elles sont revêtues de l'ordonnance du président du tribunal de première instance ou de celui de la cour d'appel, lorsqu'on a compromis sur l'appel d'un jugement; sans cette formalité les décisions arbitrales ne sont pas exécutoires, et n'ont pas ce caractère d'authenticité qui distingue ordinairement les actes qui emportent hypothèque.

Suivant l'article 1022 du Code de Procédure, les jugemens arbitraux ne peuvent pas être opposés à des tiers; mais il faut bien entendre cette règle, elle ne signifie pas que ces décisions ne puissent indirectement nuire

---

(1) *Si tibi quæ habiturus sum, obligaverim, et Titio specialiter fundum, si in dominium meum pervenerit, mox dominium ejus adquisiero; putat Marcellus concurrere utrumque creditorem et in pignore.* §. 1 de la L. 7, ff. *Qui Pot. in Pig.*

à des tiers comme elles le font par l'hypothèque, mais seulement qu'il ne peut en résulter contr'eux des condamnations onéreuses; un exemple développera entièrement notre idée. Un locataire est poursuivi en délaissement de la maison louée : il défend à cette action comme s'il étoit propriétaire ; puis les parties se rapprochent et nomment des arbitres qui jugent en faveur du locataire, et le déclarent propriétaire de la maison. Se présente ensuite le véritable propriétaire ; il demande et le paiement des loyers, et le délaissement de la maison ; pourra-t-on lui opposer la décision arbitrale ? Non : c'est véritablement pour lui qu'elle est *res inter alios acta*, elle ne sauroit donc lui nuire ni lui être en aucune manière opposée, et c'est là le cas de notre article 1022.

XIII. Les jugemens rendus en pays étrangers ne sauroient seuls produire hypothèque, et la raison en est, que l'autorité des jugemens ne s'étend jamais au-delà du territoire sur lequel ils sont prononcés. Cependant avouons qu'on paroît en quelque sorte s'être départi de la rigueur de cette règle, en reconnoissant que les jugemens originairement insuffisans pour engendrer hypothèque, peuvent acquérir cet effet dès qu'ils sont déclarés exécutoires par un tribunal français.

XIV. Le mode pour parvenir à rendre exécutoires ces jugemens, paroît présenter des difficultés. On a demandé si c'étoit en connoissance de cause que les tribunaux français devoient les déclarer exécutoires, ou s'ils devoient se borner à rendre une ordonnance d'exécution, sans examiner si les condamnations qu'ils portoient étoient bien ou mal fondées ?

L'article 121 de l'ordonnance de 1629 porte : « Les

» jugemens rendus, contrats ou obligations, reçus
» ès-royaumes, souverainetés étrangères, pour quel-
» que cause que ce soit, *n'auront aucune hypothèque
» ni exécution en notre royaume*; mais tiendront, les
» contrats, lieu de simples promesses; et nonobstant
» les jugemens, nos sujets contre lesquels ils ont été
» rendus, *pourront de nouveau débattre les droits comme
» entiers* pardevant nos officiers. »

D'après cet article, qu'on peut naturellement regarder comme le commentaire de celui du Code Napoléon que nous expliquons, il est facile de juger de la force d'un jugement rendu en pays étrangers, entre Français et étrangers; il est évident qu'ils n'emportent hypothèque que lorsqu'ils ont été de nouveau discutés en France; les mots de l'article 121, *pourront de nouveau débattre les droits comme entiers*, ne laissent aucun doute à ce sujet. Aussi la cour d'appel de Poitiers et la cour de cassation l'ont-elles ainsi décidé. Leurs arrêts sont rapportés dans la *Collection des Arrêts et jugemens*, an 14, art. 27.

L'arrêt de la cour de cassation est sur-tout remarquable par le rejet d'une distinction qu'on cherchoit à établir. On avoit prétendu que si l'article 121, déjà cité, établissoit la nécessité d'une nouvelle discussion, ce n'étoit que pour les affaires purement civiles, et non pour les affaires de commerce.

Mais voici comment la Cour détruisit cette nouvelle prétention : « Vu l'article 121, etc., considérant que
» les expressions générales de cet article ne souffrent
» aucune exception, soit relativement à la nature de
» l'affaire qui a été portée devant un tribunal étranger,
» soit relativement à la qualité en laquelle un Français

» a été partie ; qu'ainsi on ne peut, pour l'application
» dudit article, admettre de distinction, soit entre le
» cas où l'affaire sur laquelle est intervenu un juge-
» ment étranger, est commerciale ou purement civile,
» soit que le Français y ait été demandeur, défendeur
» ou partie intervenante ; mais que la loi refuse indis-
» tinctement toute force exécutoire en France aux ju-
» gemens étrangers..... »

Ces raisons, puisées dans l'article 121 de l'ordonnance de 1629, sont absolument applicables dans la nouvelle législation ; et le Code Napoléon ne distingue pas non plus entre les jugemens de commerce et ceux purement civils ; on doit donc tenir que dans l'un et l'autre cas ils n'ont de force en France qu'après vérification.

XV. Quant aux jugemens rendus entre étrangers, par des tribunaux également étrangers, il y a plus de difficulté pour les soumettre à une révision. Comme les parties ne sont pas justiciables des tribunaux français, il semble qu'on doive se borner, pour les rendre exécutoires en France, à une simple ordonnance obtenue sans nouvelle discussion. C'est ce que pensoit M. Séguier, avocat-général : « On distingue, disoit-il, dans les ju-
» gemens étrangers, entre ceux qui sont rendus contre
» un Français en faveur d'un étranger, et ceux
» qui sont rendus entre deux étrangers. — Les pre-
» miers n'ont pas d'exécution en France, le Français
» peut de nouveau discuter l'affaire, et la soumettre à
» ses juges nationaux ; mais les jugemens rendus en
» pays étrangers, entre deux étrangers, peuvent être
» mis à exécution en France, avec la simple permission
» du juge, parce que l'ordonnance qui défend l'exécu-
» tion des jugemens étrangers en France, n'a eu

» tendu établir le privilége qu'en faveur des Français. »

Henrion, dans son *Recueil de Jurisprudence française*, après avoir rapporté plusieurs arrêts, dit : « Les » jugemens des cours étrangères rendus contre des » étrangers, s'exécutent en France sans nouvel exa- » men, et sur simples *pareatis*. Mais veut-on se préva- » loir d'un pareil jugement contre un naturel Fran- » çais? A l'instant son autorité s'évanouit; il n'y a » plus de jugement, et le Français peut demander » que la question soit de nouveau discutée devant ses » juges naturels. »

Ainsi il nous semble qu'on peut adopter sans difficulté la distinction que faisoient les auteurs que nous venons de citer, et que s'il s'agit d'un jugement rendu entre Français et étrangers, il ne produira hypothèque en France qu'après une nouvelle discussion; tandis que s'il ne concerne que des étrangers, il sera exécutoire, et pourra faire la base d'une inscription dès qu'il sera revêtu d'une simple ordonnance obtenue sans révision.

XVI. De plus, nous observons que ce que nous venons de dire sur les jugemens rendus entre étrangers doit s'entendre même des jugemens révocables et qui ne seroient pas encore passés en force de chose jugée. Car, quoique M. l'avocat-général Séguier pense que cette sorte de jugement ne pouvoit être exécutée en France que lorsque les délais de l'opposition, de l'appel, etc., étoient échus, il nous semble que cette règle, en supposant qu'elle soit exacte, ne doit pas s'appliquer à l'hypothèque, parce qu'autrement ce seroit nuire sans nul motif à l'étranger qui auroit obtenu la condamnation. D'ailleurs, il y auroit une grande raison pour adopter notre opinion. L'hypothèque n'existe plus du jour de la prononciation du jugement; et l'arrêt confirmatif qu'une Cour étrangère auroit rendu, ne sauroit faire remonter l'hypothèque à cette époque s'il n'y avoit eu inscription : donc, par suite du nouveau système, et pour donner à celui qui a obtenu le jugement le même droit que ceux qu'on lui accordoit autrefois, il faudroit lui permettre de prendre inscription, quoique ce jugement ne fût pas encore passé en force de chose jugée.

XVII. La dernière partie de notre article 2123 établit néanmoins deux cas où les jugemens rendus en pays étrangers produisent en France hypothèque, sans avoir été préalablement rendus exécutoires ; c'est, 1°. lorsque, par les traités entre les deux nations, on leur a réciproquement donné cette force ; 2°. que, par un motif politique, le gouvernement français a jugé avantageux de leur faire produire cet effet ; c'est ce que signifient ces mots de notre article, *dans les Lois politiques*, etc.

XVIII. Mais en supposant que la France fût, à l'égard d'un autre royaume, dans les termes du droit commun ; qu'il n'y eût eu, entre les deux puissances, aucune espèce de convention relative à l'hypothèque ; que seulement le gouvernement étranger regardât chez lui, comme ayant l'autorité de la chose jugée, les jugemens rendus en France, penseroit-on que par une réciprocité légale nous dussions accorder la même force aux jugemens rendus dans ce royaume ? Nous ne le croyons pas, et en cela nous nous conformons à la décision que rendit le Parlement de Paris dans l'affaire de la princesse *Carignan*. Dhéricourt plaidoit contre elle, et voici comment il s'expliquoit sur la question :

« Quels que puissent être les usages du Piémont, ils ne peuvent point influer sur la contestation ; il suffit que nos lois rejettent l'hypothèque des contrats passés en pays étrangers. Personne n'ignore que l'hypothèque est un droit réel qui se règle par la loi du lieu où l'on veut l'exercer.

» Mais, dit-on, que deviendra le droit de réciprocité qui doit avoir lieu entre deux Etats voisins, si l'on rejette en France l'hypothèque des contrats passés en Piémont, pendant qu'en Piémont on donne hypothèque aux contrats passés en France ?

» Pour faire tomber cette remarque, il suffit d'expliquer ce qui doit être entendu par la réciprocité, et quelles sont ses bornes.

» La règle de la réciprocité prend sa source dans la convention des souverains, et cette convention en fait la base ; mais on n'en peut tirer des conséquences qui attaquent l'indépendance des différens souverains.

» Son effet se borne à ce qu'on appelle le droit de représaille, c'est-à-dire à refuser aux Piémontais en France, ce que la loi de Piémont refuse aux Français.

» Mais la règle de la réciprocité qui s'observe entre les nations, ne peut obliger les magistrats français à accorder aux Piémontais, contre les lois de l'Etat, tous les droits qu'on accorde aux étrangers en Piémont, à moins que les deux souverains ne soient convenus de la réciprocité par un traité conclu entr'eux, comme on a fait pour les hypothèques entre la France et la Lorraine.

» S'il en étoit autrement, le souverain cesseroit de l'être dans ses Etats, dès qu'il seroit obligé d'accorder

» aux sujets d'un autre Etat, dans son territoire, tout
» ce que le souverain de cet autre Etat y accorde aux
» étrangers.

» Mais il y a beaucoup de nations qui ne connoissent
» point le droit d'aubaine : les sujets de ces Etats peu-
» vent-ils s'en prétendre affranchis en France où ce
» droit est en vigueur, parce qu'on ne le pratique point
» chez eux à l'égard des étrangers ? Ainsi un commerce
» est interdit en France, mais il est permis dans un
» autre Etat : est-ce une raison pour que les sujets de
» cet autre Etat viennent le faire en France malgré
» nos lois ?

» Comme ces interdictions subsistent en France,
» c'est bien une raison pour que dans tous les autres
» pays on distingue les Français des étrangers, et qu'on
» leur refuse les faveurs que nous refusons aux étran-
» gers. C'est ce qu'on appelle le droit de représaille,
» qui dérive de la règle de la réciprocité; ce qui n'a rien
» de contraire à la souveraineté de la France.

» C'est une matière de négociation entre les deux
» souverains; ils doivent balancer les avantages qui
» peuvent leur revenir de la réciprocité. Quand ils la
» trouvent égale aux deux peuples, ils l'établissent
» entre les deux Etats, comme on a fait dans le traité
» d'Utrecht pour établir la réciprocité de l'exception du
» droit d'aubaine entre la France et l'Angleterre; mais
» quand un Etat est plus grand que l'autre, ils l'éta-
» blissent communément entre l'un des deux et une
» partie de l'autre Etat proportionnée pour la grandeur.
» (C'est ainsi que par le traité du 21 janvier 1718,
» entre la France et la Lorraine, la réciprocité d'hy-
» pothèque et d'exécution des contrats et des jugemens

» avoit été stipulée, d'une part pour tous les Etats du
» duc de Lorraine, et de l'autre pour la généralité de
» Metz seulement.) La représaille est de droit, et cha-
» que souverain peut l'exercer dans ses Etats comme
» il lui plaît; mais la réciprocité, dont l'effet s'étend
» aux droits de la police d'un autre Etat, est de con-
» vention, et elle ne peut s'établir que par un traité
» entre les deux souverains.

» Sans cela un petit Etat seroit le maître de se pro-
» curer tels avantages qu'il lui plairoit dans un grand
» Etat; il n'auroit qu'à accorder aux sujets de ce grand
» Etat les droits et les priviléges qu'il voudroit procu-
» rer aux siens dans un grand Etat. »

Ces moyens, que le parlement, par son arrêt, convertit en principe, doivent d'autant plus avoir la même
force de nos jours, qu'ils semblent n'être qu'un développement de l'article 2123, et l'application des règles
définitivement établies par l'article 11 du Code Napoléon.

XIX. Enfin, nous terminerons nos réflexions sur
la dernière partie de l'article 2123, en observant que
sa disposition n'est applicable qu'aux jugemens rendus
en pays étrangers; que ceux qui auroient été prononcés
dans des colonies françaises n'auroient pas besoin, pour
produire hypothèque, d'être rendus exécutoires par un
tribunal français, mais que leur enregistrement en
France leur donneroit seul ce caractère. *Voyez*, du
reste, l'arrêt de la Cour de cassation que nous rappor-
tons sur l'article 2128.

Section III.

Des Hypothèques conventionnelles.

Art. 2124. *Les hypothèques conventionnelles ne peuvent être consenties, que par ceux qui ont la capacité d'aliéner les immeubles qu'ils y soumettent.*

I. L'hypothèque constituant un droit réel sur la chose, et pouvant être considérée comme l'aliénation d'une partie de la propriété, il est clair que pour l'établir on doit réunir deux qualités ; il faut être propriétaire, il faut avoir la libre disposition de ses biens. — Il faut être propriétaire : de-là, la conséquence qu'on ne peut engager la chose d'autrui ; que ceux qui ne sont que simples administrateurs n'ont pas qualité pour consentir l'hypothèque. Néanmoins, entrons dans quelques détails sur cette dernière règle.

II. Le mari peut, dans certains cas, être considéré comme l'administrateur légal des biens personnels de sa femme, et alors il ne peut jamais les hypothéquer. Supposons en effet que, mariée sous le régime dotal, la femme ait apporté des biens en dot ; son mari ne peut pas les engager, ou ne peut le faire que dans des circonstances extrêmement favorables : c'est, 1°. lorsque ce droit lui a été accordé par le contrat de mariage ; 2°. que cette affectation paroît nécessaire pour le retirer lui ou sa femme de prison ; encore, dans ce dernier cas, faudroit-il l'autorité de justice. *Voyez* les articles 1554, 1557, 1558 du Code Napoléon.

Lorsqu'il y a entre les époux exclusion de communauté ou séparation de biens, ou enfin qu'il s'agit des paraphernaux de la femme, le mari n'a pas plus de droits; simple administrateur, il ne peut pas hypothéquer.

Mais si les époux n'ont pas fait de contrat de mariage, ou en ont fait un qui les soumette au régime de la communauté, le mari pourra hypothéquer les immeubles que la femme aura apportés; maître absolu des biens qui composent la communauté, il peut à son gré en disposer durant le mariage, et par conséquent les hypothéquer.

III. Le tuteur n'est également que l'administrateur des biens de son mineur, et ne peut donc seul les hypothéquer; mais s'il étoit autorisé par une délibération du conseil de famille, homologuée par le tribunal, il est clair qu'il en auroit le droit. *Voyez* l'article 457 du Code Napoléon (1).

IV. Un mandataire ne pourroit pas non plus hypothéquer les biens de son commettant, à moins qu'il n'eût un mandat exprès et formel. Les pouvoirs qu'il auroit reçus de donner des cautions, d'engager son consti-

---

(1) Il est ainsi conçu : « Le tuteur, même le père ou la mère, ne
» peut emprunter pour le mineur, ni aliéner ou *hypothéquer* ses
» biens immeubles, sans y être autorisé par un conseil de famille.
» Cette autorisation ne devra être accordée que pour cause d'une
» nécessité absolue ou d'un avantage évident.
» Dans le premier cas, le conseil de famille n'accordera son autori-
» sation qu'après qu'il aura été constaté, par un compte sommaire
» présenté par le tuteur, que les deniers, effets mobiliers et revenus
» du mineur sont insuffisans.
« Le conseil de famille indiquera, dans tous les cas, les immeubles
» qui devront être vendus de préférence, et toutes les conditions qu'il
» jugera utiles. »

tnant à ce titre, ne lui donneroient pas le droit de consentir une hypothèque sur ses biens. La raison en est que *fines mandati diligenter custodiendi sunt.*

V. Les mêmes principes s'appliquent à celui qui se seroit immiscé dans la gestion des biens d'un absent, encore qu'après avoir consenti l'hypothèque elle auroit été ratifiée par l'absent lui-même. Cette ratification, en effet, ne sauroit valider les inscriptions prises en vertu de l'acte consenti par le gérant, parce que cet acte étant nul dès son principe, il ne peut être opposé aux tiers, qui dans les temps intermédiaires auroient contracté avec l'absent. C'est le sentiment de BARTOLE, qui s'explique ainsi sur la loi *Si indebitum*, §. Procurator. ff. RAT. REM. HAB. *Actus medius interveniens, impedit ratihabitionem trahi retro, in prejudicium tertii, cui jus intermedio tempore quæsitum fuit.* BASNAGE, *Traité des Hyp.*, chap. 3, partage également cette opinion, et le Code Napoléon l'a convertie en règle, par son article 1338, n°. 2, ainsi conçu : « La confirmation, ratification ou exé- » cution volontaire, dans les formes, et à l'époque dé- » terminée par la loi, emporte la renonciation aux » moyens et exceptions que l'on pourroit opposer contre » cet acte, *sans préjudice néanmoins du droit des tiers.* »

VI. Nous avons déjà dit que, outre la qualité de propriétaire, celui qui vouloit consentir une hypothèque devoit avoir la libre disposition de ses biens ; c'est ce que signifient ces expressions de notre article, *par ceux qui ont la capacité d'aliéner les immeubles qu'ils y soumettent.*

D'après cela, il seroit inutile de chercher à prouver quelles sont les personnes qui, pour cause d'incapacité personnelle, ne peuvent pas hypothéquer leurs biens.

C'est en général toutes celles qui ne peuvent pas aliéner. Ainsi, le mineur, l'interdit, le prodigue, le foible d'esprit sont compris dans cette prohibition; mais il ne faut pas l'étendre à la femme mariée, si ce n'est pour les biens dotaux : car, ceux-là exceptés, elle peut hypothéquer tous ses immeubles, lorsqu'elle y est autorisée par son mari ou par justice. — Cette autorisation n'est pas même requise lorsqu'elle est marchande publique. *Voyez* l'art. 220 du Code Napoléon, et l'art. 5 du Code de Commerce.

VII. Le mineur émancipé ne peut pas non plus consentir d'hypothèque. C'est la décision implicite de l'article 484 du Code Napoléon. Car en lui défendant toute aliénation de ses biens, on lui interdit l'hypothèque, ou du moins on l'assujettit à l'observation des formes imposées au mineur non émancipé, pour lequel on voudroit hypothéquer ou vendre. — Cependant il faut excepter de cette règle le mineur commerçant, banquier ou artisan, lequel, aux termes des articles 6 du Code de Commerce, et 1308 du Code Napoléon, peut, pour le fait de son commerce, engager et hypothéquer ses biens sans espoir d'être restitué.

VIII. Nous avons dit que le mineur émancipé ou non ne pouvoit consentir hypothèque; mais il faut entendre cette règle de manière que s'il en a consenti quelqu'une, elle ne soit pas nulle de droit, mais seulement susceptible d'être annullée sur sa réclamation ou celle des autres personnes intéressées ; cela résulte des articles 1125 et 1304 du Code Napoléon, qui établissent que les actes faits par le mineur sont valables en eux-mêmes, et qu'ils reçoivent toute leur exécution s'ils ne sont attaqués dans les dix ans de la majorité. Ainsi, celui qui aura contracté avec un mineur pourra prendre inscription sur ses biens ; et le sort de cette inscription dépendra de l'exercice de l'action en nullité dans les délais utiles. Si le mineur, ou, pour lui, ses créanciers n'en demandent pas la nullité dans les dix ans, l'hypothèque existera du jour de son inscription ; et il en sera sans doute de même lorsque le mineur devenu majeur, loin d'attaquer le contrat passé en minorité, le ratifiera expressément par un acte formel (1). Autrefois, à la vérité, ce dernier principe avoit été fortement controversé ; mais la jurisprudence des arrêts l'avoit érigé en loi. *Voyez* BASNAGE, *Trait. des Hyp.*, chap. 3, art. 3; SOULAGES, *des Hyp.* chap. 4; D'HÉRICOURT, chap. 2, sect. 2, nomb. 7, *in fin*.

IX. Mais il en seroit, je crois, autrement, si c'étoit un ex-interdit qui eût ratifié l'hypothèque consentie durant l'interdiction. Comme l'obligation originaire est nulle de droit ; que suivant cet adage, *causâ nullitatis, nulla est ratihabitio*, on ne peut pas ratifier ce qui est nul dès son principe, il nous semble qu'on pourroit tout au plus regarder la ratification comme un nouvel acte, et le seul qui pût faire la base d'une inscription hypothécaire : celle qui auroit été prise en vertu du premier seroit donc radicalement nulle.

Cependant nous sommes forcés de convenir qu'il y a un cas où l'inscription prise en vertu de la première obligation, peut avoir toute son utilité ; c'est lorsqu'on n'a pas formé l'action en nullité dans les dix ans qui ont suivi la main-levée de l'interdiction ; mais alors c'est aux autres créanciers légitimes à s'imputer de n'avoir

---

(1) Cette ratification ne pourra, à la vérité, être opposée aux créanciers qui demanderont la nullité de l'hypothèque dans les délais utiles. *Voyez* ce que nous avons dit ci-dessus, n°. V.

pas demandé la nullité dans le délai prescrit. (Art. 1304.)

X. Autrefois on décidoit également que la ratification que faisoit la femme, de l'hypothèque consentie par elle durant son mariage, et sans autorisation de son mari, étoit inutile, parce que, disoit-on, l'obligation de la femme étoit nulle dès son principe (1) : aujourd'hui le même motif de décision n'existant pas, et le défaut d'autorisation pouvant être couvert par la femme, il nous semble que cette ratification auroit l'effet de valider les inscriptions qui auroient été prises durant le mariage, sauf aux autres créanciers à la quereller.

XI. Le prodigue, le foible d'esprit auxquels on nomme un conseil judiciaire, ne peuvent pas non plus seuls consentir d'hypothèque, alors même qu'ils auroient des intervalles lucides (art. 513); mais assistés de leur conseil, il n'est pas d'actes d'aliénation qu'ils ne puissent faire.

XII. C'étoit autrefois une grande question, que celle de savoir si la prohibition de vendre un immeuble comprenoit aussi celle de l'hypothéquer. Quelques auteurs, au rang desquels il faut mettre BASNAGE, *Trait. des Hyp.* ch. 3, *in fin.*, avoient pensé qu'on devoit distinguer parmi les actes qui contenoient cette prohibition, ceux qui étoient susceptibles d'une *large* interprétation, d'avec ceux qui s'expliquent rigoureusement et dans un *sens étroit*. Lorsqu'elle résultoit des premiers, ils ne balançoient pas à l'étendre à l'hypothèque; tandis que, lorsqu'elle se trouvoit dans un contrat de droit strict, on bornoit la défense à la faculté de vendre.

Cette distinction est plus subtile que solide, et il nous semble que le meilleur moyen de parvenir à une juste

---

(1) *Voyez* BASNAGE, *loc. cit.*; SOULAGE, *loc. cit.*; POTHIER, *Traité des Obligat.*, n°. 50.

solution, c'est de rechercher l'intention de celui qui a fait la prohibition. Or, il seroit difficile d'en voir d'autre que celle d'obliger le possesseur à conserver l'immeuble qu'on lui transmet; et vouloir, au mépris de cette condition, lui permettre l'hypothèque, c'est lui accorder, sous un autre nom, ce qu'on a d'abord voulu lui défendre, ce qu'on lui a réellement défendu.

Nous disons, *ce qu'on lui a réellement défendu*, car qu'est-ce que c'est que l'hypothèque, si ce n'est une espèce d'aliénation, un retranchement de la propriété? Par elle l'immeuble se trouve, quant au possesseur, diminué de valeur comme s'il en avoit aliéné une partie, et exposé, à défaut de paiement, à être vendu aux enchères. Ainsi l'hypothèque conduiroit au même résultat que l'aliénation; et voilà pourquoi, en en prohibant une, on est censé interdire l'autre.

Ajoutons que les expressions de notre article 2124 ne peuvent plus laisser d'équivoque sur ce point. L'hypothèque conventionnelle ne peut en effet être consentie *que par ceux qui ont la capacité d'aliéner les immeubles qu'ils y soumettent* (1).

XIII. D'après ces mêmes principes, il est évident que l'héritier grevé de substitutions ne peut pas hypothéquer les biens qu'il est obligé de rendre. Cependant s'il le faisoit, il ne faut pas croire que l'hypothèque fût absolument nulle. Propriétaire des biens substitués, le grevé peut transmettre les droits qu'il a lui-même, et donner par conséquent une hypothèque sujette aux

---

(1) La Glose, sur la L. ult. *de Reb. alien. non alien.*, tenoit aussi cette opinion. *Sive lex, sive testator, sive contractus prohibeat alienationem, non solum censetur prohibere dominii translationem, sed etiam hypothecam.*

mêmes conditions ; et , si par l'événement la substitution devenoit caduque, l'hypothèque auroit été légalement contractée, et remonteroit au jour de l'inscription qu'on en auroit faite ; mais si, au contraire, la restitution s'effectuoit, elle seroit censée n'avoir jamais existé (1).

Art. 2125. *Ceux qui n'ont sur l'immeuble qu'un droit suspendu par une condition, ou résoluble dans certains cas, ou sujet à rescision, ne peuvent consentir qu'une hypothèque soumise aux mêmes conditions ou à la même rescision.*

I. Cet article est en parfaite harmonie avec plusieurs autres dispositions du Code Napoléon, et notamment avec celles consacrées par les articles 963 et 1673, n°. 1. Nous allons sommairement les rapporter, parce qu'elles montrent de suite l'application de notre principe. — Par l'article 963 on établit que la donation révoquée de plein droit par la survenance d'enfant, fait rentrer les biens donnés entre les mains du donateur, libres de toute hypothèque consentie par le donataire ; dans le n°. 1 de l'article 1673, on décide que le vendeur qui, par l'exercice du réméré, rentre dans les biens vendus, les prend exempts de toutes les charges et hypothèques : la raison de ces deux décisions se trouve dans notre article. Le donataire, ainsi que l'acquéreur sous faculté de rachat, n'avoient qu'un droit résoluble dans certains cas,

---

(1) *Voy.* l'excellent ouvrage de M. DELVINCOURT, *Institutes de Droit civil français, conformément aux dispositions du Code Napoléon,* etc., liv. III, tit. 4, chap. 4, sect. 2 ; il définit parfaitement le caractère de la propriété du grevé.

ils ne pouvoient donc consentir qu'une hypothèque soumise à la même condition ; suivant la maxime : *Nemo plus juris in alium transferre potest, quàm ipse habet.*

II. Cependant l'exemple que nous avons tiré de l'article 1673 présente une difficulté qu'il est essentiel de résoudre. Nous avons dit que les hypothèques consenties par l'acquéreur sous faculté de rachat étoient éteintes par le seul exercice du réméré; et cela est vrai : mais nous n'avons rien ajouté sur les droits que les créanciers hypothécaires pouvoient avoir sur l'argent provenant du rachat, et voilà pourquoi il faut examiner s'ils doivent se le distribuer par concurrence, ou se le faire adjuger suivant l'ordre de leurs hypothèques? — Lorsque le rachat est consommé, que l'acquéreur a reçu le prix qu'il avoit originairement donné, les droits des créanciers ne sont pas équivoques, ils ne peuvent suivre l'argent, qui est le premier des objets fongibles ; et s'ils le font saisir entre les mains de leur débiteur, ils ne sauroient exercer leur hypothèque. Mais il en est sans doute autrement, lorsqu'avant l'exercice du réméré ils prennent la précaution de faire un arrêt de fonds entre les mains du vendeur : comme alors celui-ci ne peut se libérer qu'en leur présence, il dépend d'eux de conserver leurs hypothèques, en exigeant que les deniers provenant du rachat soient employés à l'acquisition d'un autre immeuble sur lequel ils auront le même droit d'hypothèque. C'étoit le sentiment de Pothier, et nous ne connoissons pas d'auteur qui l'ait combattu (1).

---

(1) Voici comment s'explique POTHIER, *Traité des Hypothèques* :
« Le créancier qui a une hypothèque sur une rente, a néanmoins
» un moyen pour empêcher que le rachat qui pourroit en être fait

III. Le contrat de vente nous fournit encore l'occasion de nous expliquer sur une difficulté, peu importante à la vérité, mais qu'on élève quelquefois; c'est celle de savoir si l'acquéreur, avant qu'il n'ait payé le prix, peut légitimement hypothéquer la chose acquise? Nous n'hésitons pas de répondre qu'il en a le droit: dès qu'il est convenu avec le vendeur de la chose et du prix, il est propriétaire (art. 1583); il peut donc hypothéquer, et la circonstance du défaut de paiement ne change rien à son droit; seulement l'hypothèque peut, dans ce cas, être résolue par suite de la résolution du contrat de vente que feroit prononcer le vendeur; mais jusques-là il a pu transmettre un droit assujetti à la même condition.

Art. 2126. *Les biens des mineurs, des interdits, et ceux des absens, tant que la possession n'en est déférée que provisoirement, ne peuvent être hypothéqués que pour les causes et dans les formes établies par la loi, ou en vertu de jugemens.*

I. Nous avons vu, sur l'article 2124, que les mineurs, etc. ne pouvoient seuls hypothéquer leurs biens, mais que leurs tuteurs en avoient le droit lorsqu'ils étoient autorisés par une délibération du conseil de fa-

---

» n'éteigne son droit d'hypothèque; ce moyen consiste à faire un
» arrêt des fonds de cette rente, et l'effet de cet arrêt sera que le
» débiteur ne pourra la rembourser à celui à qui elle est due, sans
» y appeler le créancier arrêtant, et à la charge qu'il seroit fait
» emploi des deniers du rachat en l'acquisition d'un autre immeuble,
» sur lequel le créancier aura le même droit d'hypothèque qu'il
» avoit sur la rente qui a été rachetée. »

mille, homologuée par le Tribunal ; c'est ce que confirme notre article par ces mots : *que pour les causes et dans les formes*, etc. Il ne nous reste donc qu'à ajouter que leurs biens peuvent également être frappés d'hypothèques légales et judiciaires. Ils peuvent être frappés d'hypothèque légale, lorsqu'ils ont contracté mariage en minorité, et d'hypothèque judiciaire lorsqu'ils sont condamnés par jugement au paiement de quelque somme.

II. Les biens des absens sont également insusceptibles d'hypothèque conventionnelle, tant que l'envoi en possession provisoire dure (Art. 128 du Code Napoléon); et ceux qui les détiennent à ce titre, ne sauroient valablement les hypothéquer, même pour des créances ou obligations consenties par l'absent lui-même avant sa disparition. Mais dès que l'envoi en possession est déclaré définitif, les héritiers peuvent légalement hypothéquer les biens de l'absent; et celui-ci, lorsqu'il se représente, doit les prendre dans l'état où ils se trouvent, c'est-à-dire avec les hypothèques déjà établies. (Art. 131.) — Toutefois, ces mêmes biens peuvent, comme ceux des mineurs, être assujettis, durant l'absence, à l'hypothèque légale et judiciaire. C'est ce que signifient également ces expressions de notre article : *ne peuvent être hypothéqués que pour les causes et dans les formes établies par la loi ou en vertu de jugemens*. Si donc, durant son absence, l'absent s'étoit légalement marié, ses biens seroient assujettis à l'hypothèque légale; de même que, s'il avoit été condamné au paiement de quelque somme, ils seroient frappés d'hypothèque judiciaire.

Art. 2127. *L'hypothèque conventionnelle ne peut être consentie que par acte passé en forme authentique devant deux notaires, ou devant un notaire et deux témoins.*

I. Nous avons déjà vu que pour être apte à donner une hypothèque, il falloit : 1°. être propriétaire; 2°. avoir la libre disposition des biens qu'on veut y soumettre. A ces deux premières conditions il faut en joindre une troisième : l'acte constitutif de l'hypothèque doit être authentique et passé devant notaires.—On appelle acte authentique « celui qui est reçu par officiers publics » ayant droit d'instrumenter dans le lieu où il est rédigé » et avec les solennités requises. » (Art. 1317 du Code Napoléon.)

D'après cette définition, on pourroit croire que tout officier public qui reçoit des actes placés dans ses attributions, en leur donnant l'authenticité, peut, du consentement des parties, leur faire produire hypothèque ; que par conséquent un juge-de-paix, en donnant acte des obligations respectives des parties, et de leur consentement à en assurer la garantie par une hypothèque, fait résulter cette affectation de son procès-verbal. Mais ce n'est pas là le sens de notre article; il accorde bien l'hypothèque aux actes authentiques, mais aux actes authentiques passés devant notaires. Outre l'authenticité, il veut donc que l'acte soit reçu par les officiers qu'il désigne.

II. Cet article exige que l'acte constitutif de l'hypothèque soit reçu par deux notaires, ou un notaire et deux témoins; et on doit en savoir la raison. Il y a des villes, comme Paris, par exemple, où les notaires n'emploient jamais de témoins dans les actes ordinaires, mais se réunissent à l'un de leurs confrères, qui, par sa présence, supplée celle des témoins. Il y en a d'autres, au contraire (et cela se pratique ainsi dans toutes les petites villes), où le notaire s'entoure du nombre de témoins fixé par la loi ; c'est à ceux-là que s'applique la dernière partie de l'article.

III. Quant aux actes faits par les juges-de-paix, ils ne peuvent pas, même du consentement des parties, constituer l'hypothèque ; cela résulte de ce que nous avons déjà dit (1). Mais s'il restoit encore quelque incertitude, elle disparaîtroit devant l'article 54 du Code de Procédure, que nous avons déjà cité ; il est ainsi conçu : «Les » conventions des parties, insérées au procès-verbal, » ont force d'obligation privée.» Or, les obligations privées n'emportent pas hypothèque. *Voyez*, du reste, ce que nous avons dit sur l'article 2123....

IV. Ce que nous venons de dire prouve suffisamment que les actes sous seing privé n'emportent pas hypothèque ; mais il n'en est pas de même lorsque ces actes sont déposés et reconnus chez un notaire : dans ce cas, l'obligation devient authentique et engendre l'hypothèque, pourvu cependant que les parties l'aient ainsi stipulé. (Art. 2129.) Mais on peut se demander si, pour produire cet effet, le dépôt de l'acte sous seing privé doit être fait en présence des deux parties, ou s'il suffiroit qu'il fût effectué par le débiteur hors la présence du créancier? Il semble que, considéré comme acte uni-latéral, et liant seulement le débiteur, c

---

(1) La Cour d'appel de Bruxelles l'a ainsi jugé par arrêt du 28 janvier 1806. Voyez *Recueil des Jugemens et Arrêts*, art. 76.

dépôt n'exige pas la présence du créancier. A la vérité il faudroit que l'acceptation du créancier intervînt ensuite ; mais il n'est pas nécessaire qu'elle soit exprimée par un acte formel, comme la loi l'exige pour les donations entre-vifs : il suffit, en effet, que cette acceptation résulte et s'induise du fait, soit de la remise d'une expédition de l'acte, soit de l'inscription prise par le créancier en vertu de cet acte, soit enfin des poursuites faites pour obtenir le paiement. C'est ainsi que l'a jugé la Cour d'Appel de Paris, par son arrêt du 4 ventôse an 13, rapporté dans le *Recueil d'Arrêts et Jugemens*, an 13, art. 44.

Nous n'avons pas besoin d'ajouter qu'on devroit se décider autrement, si c'étoit le créancier qui eût seul fait le dépôt. Comme il ne peut pas se faire un titre à lui-même, ni se donner une hypothèque qu'on ne lui a pas consentie, il est visible qu'il n'en résulteroit aucun droit en sa faveur, et que par conséquent un tel acte ne pourroit pas faire la base d'une inscription.

V. Au surplus, notre article n'exigeant l'authenticité que dans l'acte constitutif de l'hypothèque, il suit qu'elle peut exister, quoique le titre constatant la créance soit sous seing-privé. Cela résulte aussi de l'article 2129, où on voit que l'hypothèque peut être établie par un acte postérieur, lorsqu'elle ne l'a pas été utilement dans l'acte constitutif de la créance. Ainsi il doit suffire, pour donner hypothèque, que le dernier acte soit en forme authentique et passé devant notaires ; mais dans ce cas l'inscription ne devra être prise qu'en vertu du second acte, qui est évidemment le seul qui donne l'hypothèque.

VI. Comme l'espèce d'hypothèque dont nous parlons ne peut résulter que d'un acte authentique passé devant notaires, on doit également tenir que le moindre vice de forme de l'acte, l'absence d'un témoin, par exemple, ou le défaut de caractère de l'officier, feroit crouler l'hypothèque. On sait que dans ce cas l'acte ne pourroit tout au plus valoir que comme écriture privée, et que par conséquent il ne sauroit engendrer l'hypothèque. *Voy.* l'article 1318 du Code Napoléon.

Art. 2128. *Les contrats passés en pays étranger ne peuvent donner d'hypothèque sur les biens de France, s'il n'y a des dispositions contraires à ce principe dans les lois politiques ou dans les traités.*

I. Les actes retenus par des officiers étrangers ne produisent pas hypothèque en France, parce que leurs attributions ne s'étendent pas au-delà de leur territoire, et qu'il seroit sans doute impolitique de laisser à des étrangers le droit d'affecter à leur gré nos immeubles. Mais il faut se garder de mettre sur le même rang les actes passés dans les colonies françaises; comme elles font partie de l'empire, on ajoute la même foi aux actes que font leurs fonctionnaires, qu'à ceux retenus sur le Continent, pourvu cependant qu'on ait pris la précaution de les faire enregistrer en France. C'est ce qu'a décidé la cour de cassation par son arrêt du 7 décembre 1807.

II. Autrefois les contrats de mariage passés en pays étrangers présentoient de grandes difficultés quant à l'hypothèque. Certains auteurs soutenoient qu'ils donnoient hypothèque en France, parce que, disoient-ils, ce n'est pas là des contrats ordinaires bornés à la France, à l'Europe, mais des contrats des quatre parties du Monde, pour lesquels tous les souverains semblent intéressés à renoncer à leurs propres droits (1). Dans le nouvel état de choses, je ne pense pas qu'il puisse s'élever de grandes difficultés : ou l'hypothèque se trouve stipulée dans le contrat, ou il n'en est pas fait mention; lorsqu'elle est stipulée, il est évident, d'après la généralité de notre article, qu'elle ne peut résulter de cette stipulation qu'autant qu'il y a à ce sujet des lois politiques ou que la réciprocité est établie par les traités; car, hors ces cas, les actes passés en pays étrangers ne produisent pas hypothèque; et quelle que soit la faveur dont jouissent les contrats de mariage, elle ne peut jamais être assez forte pour faire établir une exception que la loi elle-même paroît réprouver. Lorsqu'elle n'a pas été stipulée, il y a encore moins de difficulté, puisqu'en supposant qu'un pareil acte fût passé en France, l'hypothèque n'en résulteroit pas ; car nous verrons, sur l'article suivant, qu'elle n'existe qu'autant qu'on l'a stipulé formellement. Or, un acte passé en pays étranger ne doit pas être vu plus favorablement que celui qui est retenu en France, et le premier ne doit sans doute engendrer l'hypothèque qu'autant que cette affectation est attachée au dernier. Ainsi, dans ces deux cas, il est sensible que l'hypothèque conventionnelle ne résulte pas des contrats de mariage passés dans l'étranger, et que ces actes, d'ailleurs si favorables, sont assimilés, pour cette affectation, aux contrats ordi-

---

(1) BOULLENOIS, *Traité de la Personnalité et de la Réalité des Lois*, tom. 1, pag. 631; *Répertoire de Jurisprudence*, v°. *Hypothèq.*, sect. 1re., §. 5.

naires. Il ne nous resteroit donc qu'à examiner si la célébration du mariage, faite en pays étrangers, engendre l'hypothèque légale, et c'est ce que nous avons fait sur l'article 2121, n°. 3.

III. Notre article dit, *s'il n'y a des dispositions contraires à ce principe dans les lois politiques*, ce qui veut dire que lorsque le gouvernement croira convenable ou avantageux de faire cesser la règle pour certains pays, il pourra, par une loi particulière, accorder l'hypothèque aux contrats qui y seront passés. Mais, dans ce cas, il peut y avoir des difficultés relativement à la forme substantielle des contrats ; devront-ils, comme en France, exprimer l'hypothèque et la spécialiser ? ou, en supposant qu'il ne faille dans le pays qu'un acte authentique, l'authenticité seule suffira-t-elle pour leur faire produire hypothèque ? Je crois que pour résoudre cette question il faut recourir à la loi politique ou aux traités, et voir s'ils ont des dispositions à ce sujet. Dans le cas de l'affirmative, il faudra les suivre ponctuellement et exiger ou non la déclaration de l'hypothèque et la spécialité, suivant que paroîtra le desirer le gouvernement. Mais lorsqu'il ne s'en sera point expliqué, et qu'il se sera borné à reconnoître d'une manière générale que les actes passés dans tel pays produisent hypothèque en France, il faudra donner à ces actes la même autorité que dans leur pays, c'est-à-dire leur faire produire hypothèque, encore que les parties n'en aient rien dit, et que par conséquent elles n'aient pas déclaré les biens qu'elles vouloient y assujettir, parce que nous ne pouvons, sans ajouter à la loi, exiger d'autres conditions que celles prescrites dans le pays où ces actes sont passés, et que notre loi politique, en reconnoissant une semblable hypothèque, n'a fait que donner une extension à l'autorité des actes retenus en pays étrangers.

IV. Les traités faits entre les deux nations devroient aussi faire cesser la règle, que les actes passés en pays étrangers ne produisent pas hypothèque en France: notre article le dit expressément; mais il faut observer que ce principe doit être consacré par les traités, soit en l'accordant spécialement, soit en établissant une réciprocité absolue de droits; il ne suffiroit pas que, sans convention entre les deux nations, l'une d'elles accordât aux actes passés chez l'autre le droit de produire hypothèque. La raison en est, comme nous l'avons observé sur l'article 2123, qu'il ne doit pas dépendre d'un peuple de neutraliser la législation d'un autre, en lui donnant des droits que celui-ci lui refuse; et que, s'il en étoit autrement, on cesseroit d'être maître chez soi, dès qu'il plairoit à un souverain étranger de sanctionner des principes contraires aux nôtres. — *Voyez* au surplus le *Fragment du Plaidoyer de d'Héricourt* que nous avons rapporté sur l'article 2123, n°. 18.

Art. 2129. *Il n'y a d'hypothèque conventionnelle valable que celle qui, soit dans le titre authentique constitutif de la créance, soit dans un acte authentique postérieur, déclare spécialement la nature et la situation de chacun des immeubles actuellement appartenant au débiteur, sur lesquels il consent l'hypothèque de la créance. Chacun de tous ses biens présens peut être nominativement soumis à l'hypothèque.*

Les biens à venir ne peuvent pas être hypothéqués.

I. Cet article est un de ceux qui caractérisent le mieux le nouveau système hypothécaire. Autrefois tout acte authentique passé devant notaires emportoit hypothèque générale sur tous les biens du débiteur, quoique les parties ne s'en fussent pas expliquées. Aujourd'hui on ne conçoit d'hypothèque générale que celle qui résulte de la loi ou des jugemens : la volonté des contractans fût-elle même en faveur de l'hypothèque générale, elle ne pourroit résulter de leurs conventions. Ainsi, loin de présenter une plus ample sûreté, la stipulation de l'hypothèque générale ne seroit d'aucun secours ; et le créancier qui auroit contracté sous cette réserve, seroit au rang des créanciers chirographaires. Cependant nous croyons que celui qui auroit prêté sous cette hypothèque, seroit toujours fondé à en réclamer une spéciale ; car, comme le disent tous les auteurs, et notamment Pothier, *dans son Traité des Obligations*, on doit interpréter les contrats *pro ut sonant*. Or, il est évident que l'intention du prêteur a été d'avoir une hypothèque qui lui assurât la restitution des deniers prêtés ; et le débiteur ne doit pas se prévaloir d'une erreur où il aura souvent induit lui-même son créancier. — D'un autre côté on peut assimiler ce cas à celui où les immeubles originairement donnés en hypothèques seroient devenus insuffisans, et permettre au créancier, comme le fait l'article 2131, de demander une hypothèque spéciale pour supplément.

II. Si, avec l'hypothèque générale, on en avoit stipulé une spéciale, il faudroit décider que la nullité ne porteroit que sur l'hypothèque générale, mais que l'hypothèque spéciale auroit tout son effet; cela résulte de l'ensemble des dispositions de notre article.

III. Notre article, en prohibant l'hypothèque générale, laisse cependant la faculté d'affecter tous les biens présens; mais, dans ce cas, *chacun des biens doit être nominativement désigné.* Si donc, voulant engager tous les biens qu'on possède dans une commune, on se bornoit à dire qu'on hypothéquoit les immeubles situés dans cette commune, cette désignation ne suffiroit pas; il faudroit en outre indiquer nominativement chacun des immeubles. C'est ainsi que l'a décidé la Cour d'Appel de Paris par son arrêt du 28 nivose an 13, rapporté dans la *Collection des Arrêts*, an 13, art. 61.

IV. Toutefois, il faut aussi se garder de prendre à la lettre la disposition de notre article; ce n'est pas une désignation de chaque partie de l'immeuble affecté, de chaque pièce de terre, qu'il exige, mais une énonciation sommaire du corps de l'immeuble, de son espèce et de sa situation. Ainsi, par exemple, si l'on vouloit hypothéquer une ferme, il faudroit la désigner par son nom connu, celui de la commune dans laquelle elle est située, et l'arrondissement dont dépend cette commune. Mais il ne suffiroit pas de donner la situation sans une désignation de la nature, ou la désignation de la nature sans l'énonciation de sa situation; notre article exige l'un et l'autre.

V. Pour que l'hypothèque conventionnelle soit légalement contractée, il faut en outre que celui qui la donne soit propriétaire du fonds assujetti : c'est ce que notre article veut dire par ces mots, *actuellement appartenant*; et en cela il ne fait que consacrer la règle que nous avons déjà établie d'après l'article 2124. Mais, comme l'observe fort bien M. TARRIBLE, *Répert. de Jurispr.* V°. *Hyp.*, sect. 2, §. 3, art. 6, n°. 6, il ne faut pas en conclure qu'un tiers ne puisse hypothéquer son bien pour la dette d'un autre : comme il en est propriétaire, et qu'il peut à son gré se porter caution, il doit aussi pouvoir consentir une hypothèque qui n'est qu'une autre espèce de cautionnement.

VI. Lorsque la spécialité de l'hypothèque n'a pas été consentie par le titre constitutif de la créance, notre article permet de le faire par un acte postérieur et *authentique*; mais on doit observer que, dans ce cas, ce n'est qu'en vertu du dernier acte qu'on peut prendre inscription, parce que c'est le seul qui engendre l'hypothèque; celle donc qui auroit été prise en vertu du premier contenant l'hypothèque générale, seroit absolument nulle, et ne pourroit faire remonter à sa date l'effet de la seconde inscription.

Un commentateur de la loi du 11 brumaire, parlant de l'acte postérieur dans lequel on supplée le défaut de spécialité de l'acte constitutif de la créance, dit que cette dernière stipulation doit être arrêtée par le débiteur et par le créancier *conjointement*; mais cette opinion nous paroît en opposition, et avec la loi de brumaire, et avec notre article du Code Napoléon. Ces lois, en effet, exigent seulement un nouvel acte, mais n'exigent pas qu'il soit synallagmatique. Il seroit donc ridicule d'aller plus loin, et de rendre ce second acte plus difficile que l'obligation principale. Comme il ne lie que le débiteur, son consentement doit suffire; et peu importe l'époque où le créancier donne son adhésion, pourvu qu'elle soit ensuite manifestée par des poursuites ou par une inscription hypothécaire. Voyez d'ailleurs ce que nous avons dit sur l'article 2127, n°. 4.

VII. Enfin nous voyons par la dernière partie de cet article 2129, qu'on ne peut plus hypothéquer les biens à venir; mais cette innovation étoit la suite nécessaire du système de spécialité. Comment, en effet, désigner ou spécialiser des biens qu'on n'a pas encore? Voyez l'article suivant.

Nous ne dirons pas ce qu'on entend par biens à venir. Tout le monde sait que ce sont ceux sur lesquels on n'a actuellement aucun droit, mais qui peuvent advenir par la suite.

Art. 2130. *Néanmoins, si les biens présens et libres du débiteur sont insuffisans pour la sûreté de la créance, il peut, en exprimant cette insuffisance, consentir que chacun des biens qu'il acquerra par la suite y demeure affecté à mesure des acquisitions.*

I. Cet article fait sans doute une exception à la règle que nous venons d'établir; mais il faut la restreindre au cas dont il parle. Le débiteur peut hypothéquer ses biens à venir, mais seulement pour cause d'insuffisance des biens présens; hors ce cas, il ne dépend pas de lui d'engager des biens qu'il ne possède pas; et s'il l'avoit fait, le créancier se trouveroit sans garantie. (Art. 2129.) Néanmoins, si, avec l'hypothèque des biens à venir, il avoit donné une hypothèque spéciale sur tous ou une partie de ses biens présens, la nullité ne porteroit que sur les biens à venir, et le créancier pourroit exercer son hypothèque sur les biens présens légalement affectés.

II. La preuve de l'insuffisance des biens présens et

libres du débiteur résulte de sa seule déclaration ; il doit *exprimer cette insuffisance*, dit notre article ; ce qui ne signifie autre chose, si ce n'est que le débiteur qui voudra engager ses biens à venir, ne sera pas astreint à faire faire des vérifications toujours embarrassantes et trop dispendieuses ; il se bornera à faire sa déclaration, et elle sera une loi pour tous, même pour lui. Si donc par la suite il étoit fâché d'avoir engagé des biens qu'il n'avoit pas encore, mais qu'il a acquis depuis, il ne sera pas recevable à dire que ceux qu'il possédoit lors de l'établissement de l'hypothèque étoient suffisans, et que par conséquent il n'avoit pas pu hypothéquer ceux qu'il acquerroit par la suite ; il en seroit de même, si, après avoir dégagé ses biens des hypothèques qui les rendoient d'abord insuffisans, il vouloit rendre libres ceux qu'il avoit hypothéqués pour ce motif, avant d'en avoir la propriété ; et la raison en est, 1°. que, suivant l'article 2161, on ne peut pas demander la réduction des hypothèques conventionnelles ; 2°. que le créancier ne doit jamais être forcé de faire porter son hypothèque sur d'autres immeubles que ceux sur lesquels on avoit d'abord affecté la créance.

III. Notre article ne s'expliquant pas d'une manière bien précise sur la réunion de l'hypothèque des biens présens avec celle des biens à venir, on pourroit se demander si, en reconnoissant l'insuffisance des biens présens, le débiteur pourroit hypothéquer en même temps et ces biens, et ceux qu'il acquerroit par la suite ? L'affirmative ne nous paroît pas équivoque ; le débiteur a le droit incontestable d'hypothéquer ses biens présens, il peut également engager ses biens à venir, pourvu qu'il déclare insuffisans ceux qu'il possède déjà : c'est tout ce que la loi exige de lui. Or, la réunion de ces deux sortes d'hypothèques ne peut pas nuire aux créanciers ; et l'affectation des biens présens ne sauroit détruire celle des biens à venir. En permettant d'hypothéquer les biens à venir, on a voulu laisser à ceux qui n'avoient presque que des espérances, la facilité de trouver du crédit en les engageant ; et il seroit absurde de les empêcher de joindre à ce gage spéctatif celui de leurs minces et trop insuffisantes possessions. D'un autre côté, il seroit à craindre, si on ne leur donnoit pas ce droit, que ceux qui auroient contracté avec eux sous la garantie de leur petit patrimoine et de leurs biens à venir, ne voulussent pas se contenter de l'hypothèque de l'un ou l'autre de ces biens, et que par-là le droit d'hypothéquer les biens à venir devînt absolument nul (1).

IV. L'examen de cette première difficulté nous conduit naturellement à une observation qu'il est essentiel de ne pas omettre ; c'est que, pour hypothéquer valablement les biens présens et à venir, dans le cas dont nous venons de parler, il faut que le débiteur s'explique positivement sur l'insuffisance des biens présens ; car, s'il ne consentoit l'hypothèque des biens à venir que conditionnellement, c'est-à-dire, dans le cas où ses biens présens seroient insuffisans, cette affectation seroit nulle, et ne donneroit aucun droit au créancier sur les

---

(1) Telle est l'opinion que l'orateur du Tribunat a émise dans son discours au Corps-Législatif ; après avoir dit qu'on pourroit, dans le cas d'insuffisance des biens présens, hypothéquer ses biens à venir, il ajoute : *On ne verra pas moins là une facilité en faveur du débiteur, qui pourra réunir la confiance que fait naître sa fortune actuelle à celle qui résulte d'une fortune à venir.*

biens à venir. C'est ainsi qu'il faut entendre ces mots de notre article : *si les biens présens.... sont insuffisans, il peut, en exprimant cette insuffisance..., etc.*

V. L'hypothèque des biens à venir peut donc être l'objet d'une stipulation dans le cas d'insuffisance des biens présens, mais ne frappe néanmoins les biens qu'à mesure des acquisitions, et seulement du jour où le créancier a fait prendre inscription ; ce qui fait qu'on aura toujours une hypothèque de date différente sur les biens présens et sur ceux à venir, et que même, le créancier qu'on primera sur les biens présens, pourra, à son tour, être préféré sur les biens à venir, parce qu'il aura inscrit sur ceux-ci avant tout autre. Mais c'est la conséquence du système que nous développerons ci-après, que l'hypothèque ne prend de rang que du jour où elle est rendue publique.

VI. La spécialité de l'hypothèque dont nous avons établi la nécessité sur l'article précédent, ne s'applique nullement à l'hypothèque des biens à venir ; elle seroit même tout aussi impossible à exécuter que la désignation des biens qu'on acquerra par la suite ; et voilà pourquoi il faut en cette matière regarder comme constant que, si d'un côté on n'admet pas l'hypothèque générale des biens présens, de l'autre on reconnoît celle qui porte de droit, et dans le cas d'insuffisance, comme nous l'avons déjà observé, sur la généralité des biens à venir. — Cependant, si par l'acte constitutif de cette dernière hypothèque, on avoit dit qu'elle ne porteroit que sur le premier immeuble qu'on acquerroit, la stipulation seroit valable, et le créancier ne pourroit requérir inscription que sur ce seul bien.

Art. 2131. *Pareillement, en cas que l'immeuble ou les immeubles présens, assujettis à l'hypothèque, eussent péri ou éprouvé des dégradations, de manière qu'ils fussent devenus insuffisans pour la sûreté du créancier, celui-ci pourra ou poursuivre dès à présent son remboursement, ou obtenir un supplément d'hypothèque.*

I. D'après l'article 1188 du Code Napoléon, il sembloit que ce n'étoit que lorsque, par son fait, le débiteur avoit diminué les sûretés données à son créancier, qu'il ne pouvoit plus jouir du bénéfice du terme qui lui avoit d'abord été accordé; mais nous voyons par notre article, qu'il peut encore en être de même, lorsque, sans sa faute, et par des événemens accidentels, l'immeuble ou les immeubles hypothéqués ont péri ou sont considérablement dégradés. Dans ce cas, le créancier a la faculté, ou de poursuivre dès-à-présent son remboursement, quoique le terme du paiement ne soit pas encore échu, ou d'obtenir un supplément d'hypothèque; ce sont les expressions de notre article.

II. Mais nous y ferons remarquer cette phrase essentielle : *celui-ci* (le créancier) *pourra ou poursuivre*, etc. Sa construction grammaticale semble donner au créancier le choix du remboursement ou d'une nouvelle hypothèque, et obliger par conséquent le débiteur à payer ou à donner hypothèque suivant que le desirera le créancier. Cependant il nous paroît que tel n'est point l'esprit de la loi. Elle laisse sans doute au créancier le droit de demander ce qu'il voudra ; mais elle permet aussi au débiteur de refuser d'exécuter une obligation non encore échue, en offrant de donner au créancier les mêmes garanties et de rétablir son hypothèque. C'est là véritablement qu'il faut appliquer l'article 1188 dont nous parlions il n'y a qu'un instant, et dire que le débiteur ne peut être privé du bénéfice du terme que lorsqu'il a fait faillite, ou que *par son fait* il a diminué les sûretés données par le contrat. Or, on ne peut pas, dans notre hypothèse, faire supporter à un malheureux débiteur ce qui n'est que l'effet d'une force majeure, d'un accident imprévu.

III. En outre, le créancier ne peut demander le paiement de la dette, ou un supplément d'hypothèque, que lorsque ce sont les *biens présens* qui sont péris ou ont été dégradés. Si donc l'hypothèque avoit été originairement donnée sur les biens à venir (dans les cas où cette stipulation est permise), que les biens, après être parvenus au débiteur, fussent péris en totalité, ou considérablement dégradés, le créancier ne pourroit rien demander, parce qu'il ne peut pas dire que son sort soit changé, et qu'il ait perdu des garanties qui lui avoient été données lors du contrat. Car, ce n'étoit pas une hypothèque sur tel ou tel bien qu'on lui avoit donnée, mais sur des choses fugitives dont l'existence n'étoit pas connue. C'étoit, pour ainsi dire, un contrat aléatoire qui s'étoit formé entre les parties, puisque l'hypothèque devoit être plus ou moins étendue, suivant les divers immeubles qui parviendroient ensuite au débiteur.

IV. Pour que le créancier jouisse du droit de demander le paiement ou un supplément d'hypothèque, il faut également que les dégradations aient rendu les immeubles insuffisans pour la sûreté de ses droits. Or, l'insuffisance se calcule, en égard à la valeur des biens au moment de la demande, comparée au capital de la créance, auquel on réunit trois années d'intérêts que l'art. 2151 permet de conserver lorsque la créance inscrite en produit. D'après ces bases, les parties déterminent à l'amiable l'insuffisance des biens; ou, lorsqu'elles ne sont pas d'accord, la font déterminer par le tribunal, qui nomme des experts, et qui refuse ou adjuge au créancier ses demandes, suivant que ces experts ont reconnu ou non l'insuffisance des biens hypothéqués. — Mais lorsqu'il condamne le débiteur à fournir un autre immeuble en remplacement de celui qui est péri ou dégradé, ou bien que les parties conviennent de l'affectation d'un nouvel objet, l'hypothèque du créancier ne prend pas le rang qu'elle avoit sur les premiers biens, mais seulement celui que va lui donner l'inscription qu'il est obligé de prendre sur cet immeuble nouvellement affecté; autrement les autres créanciers du débiteur seroient victimes de cette translation d'hypothèque, ce que la loi ne devoit et ne pouvoit vouloir. Cependant si le créancier avoit demandé et obtenu la condamnation au paiement de la somme due, l'hypothèque ne prendroit, à la vérité, de rang sur les autres immeubles du débiteur que du jour de l'inscription qui en seroit faite; mais elle changeroit de nature; et de conventionnelle qu'elle étoit, devenant judiciaire, elle embrasseroit tous les biens présens et à venir du débiteur.

Art. 2132. *L'hypothèque conventionnelle n'est valable qu'autant que la somme pour laquelle elle est consentie est certaine et déterminée par l'acte : si la créance résultant de l'obliga-*

tion est conditionnelle pour son existence, ou indéterminée dans sa valeur, le créancier ne pourra requérir l'inscription dont il sera parlé ci-après que jusqu'à concurrence d'une valeur estimative par lui déclarée expressément, et que le débiteur aura droit de faire réduire, s'il y a lieu.

I. La disposition de cet article est la conséquence nécessaire du système de spécialité développé ci-dessus et de celui de la publicité dont nous aurons occasion de parler. Il eût été, en effet, inutile de chercher à mettre à découvert la situation des débiteurs, si à la publicité des hypothèques qui grèvent leurs biens on n'eût ajouté la condition essentielle de la détermination des sommes pour lesquelles elles étoient établies.

II. Cependant il faut prendre garde de trop généraliser le principe que nous annonçons. D'après le texte de notre article, il sembleroit qu'on exigeât que la dette pour laquelle est établie l'hypothèque, fût par elle-même, et dès son principe, liquide, certaine et déterminée. Mais en comparant la première disposition avec le développement donné par la seconde phrase, on s'apperçoit aisément que l'intention de la loi est seulement de proscrire l'hypothèque de dettes qui ne pourroient en aucune manière devenir certaines, mais de la laisser subsister pour celles qui, devant par la suite devenir liquides, certaines et déterminées, peuvent facilement être inscrites; et en cela notre article est conforme à celui 1129, ainsi conçu : « Il faut » que l'obligation ait pour objet une chose au moins » déterminée quant à son objet. — La quotité de la

» chose peut être incertaine, pourvu qu'elle puisse
» être déterminée. »

Ainsi, par exemple, un administrateur, un mandataire, qui n'auroient pas encore rendu leur compte, pourroient consentir une hypothèque pour tout ce dont ils peuvent être reliquataires; et cette affectation, d'abord incertaine quant à la somme due, seroit valable, parce qu'on pourroit, par apperçu, en déterminer la quotité. Mais si, ne vous devant encore rien, je consens en votre faveur une hypothèque pour tout ce que je pourrois vous devoir par la suite, cette convention sera nulle, parce que la somme, loin d'être déterminée, ne peut jamais devenir certaine.

III. Pour que l'hypothèque conventionnelle soit légalement contractée, il faut donc que la somme due soit déterminée, ou qu'elle puisse le devenir; et notre article ajoute que cette détermination doit avoir lieu *par l'acte* même qui constitue l'hypothèque. On ne pourroit donc pas, après avoir donné une hypothèque pour une somme incertaine, réparer cette omission par un acte postérieur; et la raison en est, que, suivant l'article 1129 déjà cité, l'obligation principale étant nulle, l'hypothèque, qui n'en est que l'accessoire, doit avoir le même sort. D'après cela, il n'y auroit pas d'autres moyens de réparer le vice de la première obligation, que d'en contracter une nouvelle, en déterminant la somme due.

IV. Comme on n'exige pour la constitution de l'hypothèque que la fixation de la somme due, il est clair que cette affectation peut être donnée pour assurer l'exécution d'une obligation suspendue par une condition même potestative, c'est là le sens de ces mots : *condi-*

tionnelle pour son existence; et dans ce cas, l'effet de l'hypothèque est subordonné au sort de l'obligation principale et à l'arrivée de la condition; mais le créancier peut toujours, avant même que la condition s'effectue, requérir inscription, et conserver ainsi d'avance les droits qu'il pourra avoir.

Néanmoins on doit observer, quant à la condition potestative, qu'elle ne peut donner des droits au créancier, qu'autant que c'est à lui qu'elle est imposée. Si elle l'avoit été au débiteur, l'hypothèque ne pourroit jamais résulter d'un tel contrat, qui seroit nul par défaut de lien. « Toute obligation, dit l'article 1174, est nulle, » lorsqu'elle a été contractée sous une condition po- » testative de la part de celui qui s'oblige. »

V. Nous avons dit que lorsque la dette étoit d'abord indéterminée, mais qu'elle pouvoit par la suite devenir certaine, l'hypothèque étoit valablement contractée; nous devons ajouter, avec notre article, que dans ce cas le créancier doit, pour conserver son droit, prendre inscription, et déterminer par aperçu, mais d'une manière expresse et formelle, la somme qu'il croit lui être due : si vaguement il se bornoit à requérir inscription pour tout ce qu'on pourroit lui devoir, son inscription seroit absolument nulle.

Mais il n'en seroit pas de même si l'évaluation étoit excessive ou insuffisante. Dans le premier cas, le débiteur pourroit en demander la réduction suivant les formes prescrites au chapitre V. Dans le second, c'est-à-dire lorsque le créancier auroit porté la dette à une somme trop modique, il nous semble, quoique notre article n'en parle pas, qu'il pourroit, par une nouvelle inscription, suppléer à l'insuffisance de la première;

mais alors l'hypothèque remonteroit à deux époques différentes, et le créancier prendroit le rang de la première inscription pour la somme y comprise, et celui de la seconde, pour le supplément dont elle a été l'objet.

Art. 2133. *L'hypothèque acquise s'étend à toutes les améliorations survenues à l'immeuble hypothéqué.*

I. Comme les améliorations survenues à un immeuble sont ses véritables accessoires, il n'est pas extraordinaire de voir le législateur les déclarer également affectées à l'hypothèque. Mais il est essentiel de se fixer sur ce qu'on entend par améliorations.

II. On appelle améliorations tout ce qui augmente la valeur du fonds, soit en y ajoutant des objets qui n'en dépendoient pas originairement, soit en rendant plus précieux ceux qui existent déjà. Entrons dans quelques détails.

III. Au Conseil-d'Etat, on s'est demandé, lors de la discussion, si l'hypothèque devoit s'étendre à l'augmentation survenue au fonds par alluvion ou par le changement de lit d'une rivière ? et on est tombé d'accord que les accroissemens produits par l'effet de l'alluvion étant insensibles, et devenant une partie du fonds, il n'y avoit pas de doute qu'ils ne supportassent aussi l'hypothèque. Mais un membre a ajouté qu'il ne devroit pas en être de même, lorsque l'augmentation produite par un événement extraordinaire ajoutoit à-la-fois à l'héritage une étendue assez considérable de terre pour qu'on dût la regarder comme un fonds nouveau et distinct du premier. Cette réflexion mérite d'être développée.

L'augmentation survenue au fonds est tellement étendue, qu'on ne peut pas la regarder comme un accessoire, ou, au contraire, est de la nature de celles que la loi regarde comme toujours attachées à un objet principal. Dans le premier cas, l'hypothèque ne pourroit s'étendre à cet accroissement, parce que, comme le disoit M. Treilhard, il forme un fonds nouveau; dans le second, elle grève l'augmentation, parce qu'il est impossible de la séparer du fonds hypothéqué.

D'après cela, si une rivière, en se retirant de l'une de ses rives, et se portant sur l'autre, formoit des relais du côté du fonds hypothéqué, l'augmentation survenue par cette espèce d'alluvion se trouveroit frappée d'hypothèque, parce qu'elle est l'accessoire du fonds hypothéqué (art. 557 du Code Napoléon); mais si, au contraire, c'étoit une isle qui se fût formée du côté du fonds hypothéqué, et qu'elle fût tellement étendue, qu'on pût la regarder comme faisant à elle seule un domaine particulier, il est évident qu'on ne devroit pas la regarder comme l'accessoire du fonds hypothéqué, et qu'elle ne seroit pas, par cela seul, assujettie à l'hypothèque.

IV. Quant au changement de lit d'une rivière, le Conseil ne s'en est pas expliqué, et ne le devoit même pas. Dans le nouvel état de notre législation, ce n'est plus là un sujet d'amélioration ou une manière d'acquérir, puisqu'en fournissant le nouveau lit le propriétaire du terrain prend en indemnité celui que la rivière a abandonné, et qu'il ne se fait par conséquent qu'un échange (art. 563); seulement on pourroit demander si l'hypothèque qu'on avoit sur le fonds dans lequel coule maintenant la rivière, se trouve transportée sur l'ancien lit dont on est devenu propriétaire? L'affirmative ne nous paroît pas devoir souffrir de difficulté ; car, quoiqu'en règle générale il soit vrai que l'immeuble reçu en échange n'est pas grevé de l'hypothèque dont étoit affecté celui qu'on a donné, néanmoins on doit admettre dans ce cas que l'ancien lit se trouve grevé des charges imposées sur le premier, et qu'en le donnant en propriété à celui qui fournit le nouveau, la loi n'avoit d'autre vue que celle de l'indemniser, lui et tous ceux qui y avoient des droits ; c'est dans ce sens que paroît avoir été conçu l'article 563 du Code Napoléon.

De plus, on peut ajouter que si, dans l'échange, l'immeuble reçu n'est pas affecté à l'hypothèque dont étoit grevé celui qu'on a donné, c'est parce que l'hypothèque continue de frapper l'objet sur lequel elle a d'abord été établie ; tandis que, dans l'hypothèse du changement du lit d'un fleuve, cela est impossible, puisque le fonds originairement hypothéqué se trouve anéanti, et, par la seule force des choses, remplacé par l'ancien terrain sur lequel couloit le fleuve. Ainsi, il faut conclure de ces réflexions, que l'ancien lit que la loi accorde à celui qui fournit le nouveau, demeure assujetti aux mêmes charges, et que l'hypothèque des créanciers peut s'exercer à la même date et de la même manière que sur le premier immeuble.

V. Cependant nous observerons, quant au rang de l'hypothèque, qu'il faudroit se décider autrement si le nouveau lit étoit situé dans un arrondissement différent de celui dans lequel se trouvoit le premier, et où on avoit pris les inscriptions hypothécaires. La publicité semble exiger de nouvelles inscriptions au bureau de la situation, et il seroit difficile de soutenir que l'hypothèque des créanciers doit avoir d'autre rang que celui que donnent les nouvelles inscriptions.

VI. Notre article étendant généralement l'effet de l'hypothèque à toute espèce d'améliorations, il faut appliquer sa disposition tant à celles qui sont l'effet du hasard; qu'à celles qui sont déterminées par les dépenses du débiteur. Si donc, par des constructions ou autres travaux utiles, le fonds hypothéqué se trouvoit augmenté de valeur, comme aussi si on y avoit ajouté des ornemens, tels que glaces, tableaux et autres objets placés à perpétuelle demeure, l'hypothèque s'étendroit sur ces accessoires de même que sur le fonds principal (1). Mais on doit observer qu'il n'en seroit pas de même si l'on avoit réuni à l'immeuble hypothéqué des choses qui pussent facilement en être séparées, et qu'on pourroit regarder comme des fonds nouveaux distincts du premier; alors il n'y auroit que celui-ci d'engagé, et ceux qu'on y auroit réunis resteroient libres. Si donc à un domaine déjà hypothéqué le débiteur ajoutoit des pièces de terre nouvellement acquises, ou qui dépendoient anciennement d'une autre exploitation, l'hypothèque ne s'étendroit pas jusques-là, et ne greveroit l'immeuble que dans l'état où il étoit lors de la constitution du droit.

---

(1) L'article 525 du Code Napoléon détermine les objets qu'on est censé avoir attachés au fonds à perpétuelle demeure.

Section IV.

Du Rang que les Hypothèques ont entr'elles.

Art. 2134. *Entre les créanciers, l'hypothèque, soit légale, soit judiciaire, soit conventionnelle, n'a de rang que du jour de l'inscription prise par le créancier sur les registres du conservateur, dans la forme et de la manière prescrites par la loi, sauf les exceptions portées en l'article suivant.*

I. Ce n'est pas assez d'avoir en sa faveur un acte qui établisse l'hypothèque; il faut en outre que cette affectation soit rendue publique par inscription, et c'est en cela que consiste le système de publicité que nous avons dit être un des caractères essentiels du nouveau régime. — L'hypothèque sans inscription ne produit donc aucune garantie; le créancier qui a négligé cette formalité, et qui se trouve dans l'impossibilité de l'effectuer, ne sauroit prendre rang parmi les hypothécaires; cela résulte de ces mots de notre article, *n'a de rang*, etc. Mais il est plus embarrassant de savoir s'il en est de même relativement aux créanciers chirographaires; en d'autres termes, si la stipulation d'hypothèque, ou les autres causes qui lui donnent naissance, telles que la loi et les jugemens, peuvent seules, et sans le secours de l'inscription, donner une préférence sur les créanciers chirographaires? La négative ne nous semble pas souffrir de difficulté; on ne reconnoît actuellement que trois espèces de créanciers, les privilégiés, les hypothécaires et les chirographaires. Admettre que les créanciers ayant une hypothèque non inscrite priment les créanciers chirographaires, c'est en reconnoître une quatrième espèce, c'est donner une préférence que la loi n'accorde nulle part.

En second lieu, il résulte de la première partie de l'article 2135 que l'hypothèque consentie, comme nous l'avons vu sur les articles 2121, 2123, 2124, n'existe, ainsi que le disoit la loi de brumaire, qu'*à charge d'inscription;* car en disant dans cet article, pour les mineurs, les interdits, etc., que l'hypothèque *existe indépendamment de toute inscription*, on suppose que pour les autres créanciers elle n'a véritablement d'existence quelconque que du jour où elle est rendue publique par inscription.

Et on se sent d'autant plus porté à adopter cette opinion, qu'en remontant à l'article 2106, relatif aux priviléges, on y voit qu'entre créanciers *les priviléges ne produisent d'effet* qu'autant qu'ils soient rendus publics par inscription; que par conséquent le privilége ne reçoit son complément, son efficacité, que de cette inscription. Or, il y a plus de raison d'appliquer ces principes à l'hypothèque, puisqu'elle a toujours une cause moins favorable que le privilége. D'un autre côté, si on consulte la jurisprudence, on s'apperçoit qu'en annullant des inscriptions, ou en les déclarant inutiles comme prises dans les dix jours qui précèdent celui de la faillite du débiteur, les tribunaux n'ont jamais admis ces créanciers à figurer parmi les hypothécaires, ni à exclure les chirographaires; mais qu'au contraire ils les ont appelés en concurrence avec ceux-ci, et leur ont distribué les biens du débiteur au prorata de ce qui leur étoit dû.

Ainsi tout concourt à démontrer que l'inscription est une formalité tellement essentielle à l'hypothèque, que sans elle elle n'existe pas, puisqu'elle ne donne aucune préférence ni aucun droit de suite à celui qui en est nanti (1).

II. L'effet de l'inscription est donc, d'après ce que nous venons de dire, de mettre en activité l'hypothèque; de fixer le rang qu'elle doit occuper parmi les créanciers hypothécaires; et ce rang n'est jamais autre que celui de la date de l'inscription : ainsi, le créancier qui aura fait inscrire sera colloqué et exercera son hypothèque à compter du jour où il aura accompli cette formalité. *Voyez* ce que nous disons sur l'article 2147.

III. Notre article, après avoir fixé comment l'hypothèque prenoit toute son activité, ajoute, *sauf les exceptions portées en l'article suivant*. Ces exceptions sont celles introduites en faveur des mineurs, des interdits et des femmes, lesquels conservent leur hypothèque légale sans le secours de l'inscription. Nous en parlerons sur cet article ; seulement nous remarquerons d'avance que l'hypothèque légale de l'État n'étant pas comprise dans l'exception, elle se trouve, comme toute créance ordinaire, assujettie à la formalité de l'inscription. (*Voy.* l'article 2153.) Il en est de même de toutes les autres hypothèques légales dont nous avons parlé sur l'article 2121, n°. XVI et suivans.

IV. Quant aux formalités de l'inscription prescrite par notre article, il faut voir ce que nous dirons au chap. IV.

---

(1) On peut voir, sur cette difficulté, la profonde dissertation de M. Tarrible, insérée dans le *Répertoire de Jurisprudence*, v. *Inscription*, §. 2.

V. La cour d'appel de Toulouse, dans ses observations sur le projet du Code Napoléon, avoit élevé une difficulté très-importante, quant à ses résultats, mais fort simple pour sa solution : elle avoit demandé quel seroit le sort de l'inscription prise par un tiers durant le pourvoi en cassation d'un arrêt qui avoit annullé une inscription antérieure, lorsque cet arrêt venoit ensuite à être cassé ? Il nous semble, comme l'a fort bien observé M. le sénateur de Maleville, qu'il ne peut pas s'élever de doute sur les prétentions du premier créancier inscrit, dont les droits ont été rétablis au moins en partie par l'arrêt de cassation. Et, quoique à l'instant où le second a inscrit, la première inscription parût définitivement radiée, il devoit cependant savoir que cette radiation pouvoit n'être que conditionnelle, puisqu'elle pouvoit être renversée par le recours en cassation. Ainsi, il ne peut pas se plaindre de l'effet qu'on doit naturellement donner à l'arrêt de cassation, parce que, s'il a contracté depuis la prononciation de l'arrêt attaqué avec le débiteur, il doit s'imputer de n'avoir pas attendu le jugement de la question qui divisoit les parties.

Art. 2135. *L'hypothèque existe, indépendamment de toute inscription,*

1°. *Au profit des mineurs et interdits, sur les immeubles appartenant à leur tuteur, à raison de sa gestion, du jour de l'acceptation de la tutelle;*

I. On peut voir, relativement à l'hypothèque des mineurs et des interdits, ce que nous avons dit sur l'article 2121, n°. VI et suivans.

II. Il ne nous reste donc qu'à nous expliquer sur l'époque à laquelle doit remonter leur hypothèque légale. — Suivant notre article, c'est au jour de l'acceptation de la tutelle; mais, suivant l'article 2194, on ne la fait remonter *qu'au jour de l'entrée en gestion du tuteur;* ce qui paroît d'abord contradictoire.

Mais ces deux articles se concilient aisément par l'examen de quelques principes sur la tutelle. — Lorsque le tuteur est nommé par le conseil de famille, il doit administrer du jour de sa nomination, s'il est présent, sinon du jour qu'elle lui aura été notifiée (art. 418 du Code Napoléon). Pour celui-là, l'acceptation de la tutelle n'est donc autre chose que son entrée en gestion. Mais il y a plus de difficulté pour les tuteurs légitimes et testamentaires; la loi ne s'explique nulle part d'une manière positive sur leur acceptation ou leur entrée en gestion de la tutelle; cependant on peut, par induction de cet article 418, supposer qu'il doit en être de même pour les tuteurs testamentaires. Rien n'empêche, en effet, qu'on les assimile aux tuteurs datifs, et qu'on ne les regarde comme saisis de la tutelle du jour où ils ont connoissance de leur nomination. Pour les tuteurs légitimes il y a encore moins de difficulté, puisque l'article 402 les déclare saisis de *plein droit* de la tutelle. D'après cela, on ne peut fixer leur acceptation et leur entrée en gestion à une autre époque que l'ouverture de la tutelle.

Ainsi, en résumant, il nous semble que l'acceptation de la tutelle n'est jamais autre chose que l'entrée en gestion; que par conséquent l'hypothèque légale des mineurs et des interdits remonte toujours à l'époque de la nomination, ou à celle où le tuteur en a connoissance, lorsqu'il s'agit de tutelle testamentaire et dative, et à celle de l'ouverture de la tutelle, lorsque c'est un tuteur légitime.

III. L'hypothèque des mineurs remonte toujours à l'acceptation de la tutelle, quelle que soit l'époque où le tuteur soit devenu débiteur. Comme dès cet instant le tuteur est obligé à rendre compte, il ne doit pas paroître étonnant que son obligation soit garantie par l'hypothèque légale. Si donc depuis la tutelle, même dès les dernières années, il échéoit quelques droits mobiliers au mineur, les biens du tuteur seroient grevés, et le mineur auroit également hypothèque légale pour la restitution, à compter de l'acceptation de la tutelle.

IV. Nous avons dit, sur l'article 2121, n°. XII, que les immeubles du père qui étoit administrateur des biens de ses enfans, étoient également grevés d'hypothèque légale, et il ne nous resteroit qu'à parler ici de l'époque à laquelle remonte cette hypothèque ; mais on peut voir, à ce sujet, ce que nous avons établi sur le n°. XII de l'article 2121.

V. Notre article donne au mineur une hypothèque légale sur les biens de son tuteur, mais seulement *à raison de sa gestion*, c'est-à-dire, pour tout ce dont il peut être reliquataire à la fin de la tutelle, même pour les dettes personnelles du tuteur *exigibles* durant la tutelle. Nous ajoutons *exigibles*, parce que nous croyons que si leur échéance étoit fixée à une époque plus reculée que la fin de la tutelle, tout resteroit dans les termes du droit commun, et que le mineur n'auroit d'autre hypothèque que celle que lui donneroit son titre. La raison en est, que, lorsque la dette est exigible, le tuteur est censé se l'être payée à lui-même, et se trouver par conséquent dans la même situation que si c'étoit un tiers qui la lui eût payée; tandis que lorsqu'elle n'est pas exigible, la qualité de tuteur ne peut pas aggraver sa condition; seulement elle peut l'obliger à prendre inscription sur lui-même, si la créance du pupille résulte d'un acte authentique, constitutif d'hypothèque.

VI. Nous avons établi, d'après les articles 2121 et 2135, que l'hypothèque des mineurs et interdits portoit sur les biens présens et à venir du tuteur, et que, durant la tutelle, elle se conservoit sans inscription. Il nous reste à examiner s'il en est de même lorsque la tutelle est finie, ou si l'hypothèque prend dès-lors un nouveau caractère.

Quant à son étendue, il nous semble qu'elle ne peut jamais changer : elle a frappé tous les biens du tuteur, ceux qu'il possédoit lors de l'acceptation de la tutelle, comme ceux qu'il a acquis depuis; et vouloir ensuite la restreindre à une partie de ses possessions, ce seroit prétendre que le mineur et l'interdit perdroient leur garantie précisément au moment où ils pourroient l'exercer. Ce ne peut donc être qu'en se conformant aux dispositions des articles 2141 et 2143 que le tuteur peut obtenir la réduction de l'hypothèque.

Mais il y a plus de difficulté relativement à la conservation de l'hypothèque : le mineur, tant qu'il est en tutelle, l'interdit tant qu'il n'a pas obtenu la mainlevée du jugement d'interdiction, présentent un degré de faveur qu'on ne sauroit leur donner après la cessation de la tutelle. Et c'est cette faveur seule qui a porté le législateur à dispenser l'hypothèque légale dont nous parlons, de la formalité de l'inscription. Or, les mêmes raisons n'existant pas lorsque le mineur est parvenu à sa majorité, et lorsque l'interdit s'est fait réhabiliter, on pourroit peut-être en conclure que, dans l'intention de la loi, ce n'est que jusqu'à cette époque que l'hypothèque se conserve sans inscription.

Cependant ce n'est pas là l'opinion que nous croyons devoir embrasser. L'hypothèque des mineurs une fois établie continue de subsister avec ses mêmes prérogatives. Indépendante de toute inscription, elle reçoit son complément de l'acceptation de la tutelle ; aucune autre formalité n'est requise par la loi, puisque nulle part on ne voit de modification à notre article.

En outre, la cessation de la tutelle ne change rien à l'obligation du tuteur, l'hypothèque qui grève ses biens ne perd pas son caractère primitif, et le mineur devenu majeur, ainsi que ses héritiers, dans le cas où il meurt, ont, pour tout ce qui est le résultat de la tutelle, un droit indépendant de toute formalité, et dont le rang remonte toujours à l'acceptation de la tutelle.

Cette vérité se trouve tacitement confirmée par un léger coup-d'œil sur la législation existante avant le Code Napoléon. Par l'article 23 de la loi du 11 brumaire, on exigeoit tous les dix ans le renouvellement des inscriptions, mais on en exceptoit celles prises dans l'intérêt des mineurs, lesquelles, y étoit-il dit, devoient avoir leur effet *jusqu'à l'apurement définitif des comptes, et six mois au-delà*. L'article 2154 du Code Napoléon a été rédigé conformément, et sur la première partie de celui de la loi de brumaire ; mais on n'y trouve pas les mêmes exceptions ; d'où on doit nécessairement conclure que l'on a voulu faire une innovation, et prolonger par conséquent l'existence d'une hypothèque qui n'avoit besoin d'aucune inscription pour son éta-

blissement ; c'est d'ailleurs ce qui résulte de l'avis du Conseil-d'État, que nous rapporterons sur l'article 2164, puisqu'il y est dit : « Que si les exceptions (celles con-
» sacrées par l'article 27 de la loi de brumaire) ne sont
» pas retracées dans le Code Napoléon, ce n'est pas
» par oubli, mais avec réflexion, et par une suite des
» principes qui font la base des nouvelles dispositions
» concernant les hypothèques. »

On retrouve encore les mêmes idées dans un autre avis du Conseil-d'État, du 9 mai 1807, approuvé par S. M. le 1er. juin suivant, dans lequel, voulant prévenir les difficultés qui s'élevoient sur la manière de purger les hypothèques légales, on décide que lorsque le subrogé-tuteur, la femme, *ou ceux qui la représentent*, ne sont pas connus, il suffit que l'acquéreur déclare, dans la signification à faire au Procureur Impérial, que ceux qui ont des hypothèques légales n'étant pas connus, il fera publier la signification, etc. ; ce qui prouve qu'on met sur le même rang la femme et ses représentans, le mineur et ses ayants-cause (car on peut dire du mineur ce qu'on dit de la femme); que, même après la dissolution du mariage et la fin de la tutelle, on doit suivre, pour purger les hypothèques légales des femmes et des mineurs, les formalités prescrites par le chap. IX; que la femme, le mineur, ainsi que leurs représentans, jouissent encore, après cette époque, des prérogatives dont ils jouissoient précédemment, et que par conséquent, avant comme après la dissolution et la fin de la tutelle, leur hypothèque est indépendante de toute inscription.

Nous ajouterons, pour mettre le comble à notre démonstration, que s'il eût été dans l'intention du législateur de soumettre le mineur devenu majeur à faire inscrire son hypothèque, il n'eût pas manqué de fixer un délai durant lequel il auroit été tenu de le faire, à peine de déchéance. Le silence qu'il garde à cet égard, nous semble donc une preuve irréfragable de l'indépendance de l'hypothèque.

2°. *Au profit des femmes, pour raison de leurs dot et conventions matrimoniales, sur les immeubles de leurs maris, et à compter du jour du mariage.*

La femme n'a hypothèque pour les sommes dotales qui proviennent de successions à elle échues ou de donations à elle faites pendant le mariage, qu'à compter de l'ouverture des successions, ou du jour que les donations ont eu leur effet.

Elle n'a hypothèque pour l'indemnité des dettes qu'elle a contractées avec son mari, et pour le remploi de ses propres aliénés, qu'à compter du jour de l'obligation ou de la vente.

Dans aucun cas, la disposition du présent article ne pourra préjudicier aux droits acquis à des tiers avant la publication du présent titre.

I. *Voyez* ce que nous avons dit sur l'article 2121, n°. II et suivans.

II. Cet article, comparé avec la disposition de celui 2194, laisse aussi du doute sur l'époque à laquelle doit remonter l'hypothèque de la femme pour la restitution de sa dot et l'exécution des conventions matrimoniales. L'un la fait partir du jour *du contrat de mariage*, l'autre de celui *du mariage*. — M. Tarrible, *Répertoire de Jurisprudence*, v°. *Inscription*, §. 3, n°. 8, a dit, pour concilier ces deux articles, que s'il n'y avoit pas de contrat de mariage l'hypothèque avoit lieu du jour de la célébration, attendu que c'étoit à ce jour même que les époux s'étoient tacitement soumis au règlement de leurs droits respectifs, tel qu'il étoit tracé dans la loi ; mais s'il y avoit un contrat écrit, l'hypothèque devoit dater de ce contrat, parce qu'il contient la convention expresse et réciproque des parties.

Mais ce ne peut pas être là l'intention de la loi. Quelque respect que nous ayons pour les opinions de ce savant magistrat, celle-ci nous paroît trop opposée au nouveau régime hypothécaire pour que nous puissions l'adopter. Qu'arriveroit-il, en effet, si, comme le prétend M. Tarrible, l'hypothèque de la femme pouvoit remonter au contrat de mariage ? Les droits des tiers ne seroient jamais en sûreté, parce qu'il leur seroit impossible de savoir si celui avec qui ils contractent a passé un contrat de mariage. La mauvaise foi pourroit rendre illusoires les sages dispositions de la loi, et un débiteur surchargé de dettes trouveroit toujours le moyen de frustrer ses légitimes créanciers, en réalisant l'union pour laquelle il avoit, il y a plusieurs années, passé d'avance un contrat de mariage.

En second lieu, l'hypothèque légale de la femme, qui n'est qu'un des effets de la célébration du mariage, ne peut pas remonter plus loin que le mariage lui-même, puisqu'aux termes de l'article 1399, *la communauté soit légale, soit conventionnelle*, qu'on peut regarder comme l'obligation principale à laquelle se rattache l'hypothèque, n'existe que du jour du mariage contracté devant l'officier de l'état civil : or, il seroit contradictoire, et même inconséquent, de marquer l'existence de l'hypothèque à une époque où il n'y a pas encore d'obligation principale.

Et ce sentiment prend un haut degré de consistance, quand on considère que c'est précisément lorsque, voulant marquer le rang de l'hypothèque légale de la femme, on dit dans notre article qu'elle existe *à compter du mariage*; au lieu que ce n'est qu'au milieu des principes qui sont étrangers à la date de l'hypothèque, et qui n'ont trait qu'à la manière de la purger, que, dans l'article 2194, il échappe au législateur l'expression *contrat de mariage*, qui marque plutôt un oubli des dispositions précédemment établies, que l'intention de les abroger ou de les modifier. — D'une autre part, on pourroit ajouter que par ces mots, *contrat de mariage*, il est possible d'entendre le contrat civil du mariage, qui ne seroit alors autre chose que la célébration faite par l'officier de l'état civil. De cette manière se trouveroient conciliés l'article 2135 et l'article 2194.

Ainsi, en nous résumant, il nous paroît qu'on ne peut pas distinguer le cas où il y a eu un contrat de mariage, d'avec celui où on n'en a écrit aucun; mais que toujours l'hypothèque légale de la femme, pour raison de sa dot et des conventions matrimoniales, n'existe qu'à compter du jour du mariage.

III. Notre article accordant l'hypothèque légale pour la restitution de la dot et pour l'exécution des conventions matrimoniales, il y a nécessité d'examiner ce qu'on entend par dot et par convention matrimoniale.

L'article 1540 nous dit ce que c'est que la dot. C'est

le bien que la femme apporte au mari pour supporter les charges du mariage. — D'après cela, c'est pour la restitution de ces biens que la femme a une hypothèque légale ; mais il faut distinguer ici les diverses situations dans lesquelles elle peut se trouver.

Sa dot consistoit en argent ou effets mobiliers estimés, ou en immeubles. Dans le premier cas, elle a hypothèque légale pour la restitution des sommes données ou de l'estimation des meubles apportés en dot, du jour de la célébration du mariage. Mais si son apport consistoit en immeubles qui ont été aliénés sans que le mari en ait fait le remploi, l'hypothèque n'existe que du jour de la vente, parce que c'est seulement de cette époque que le mari est devenu débiteur de la femme.

Il en seroit de même, s'il s'agissoit de successions échues à la femme durant le mariage : car, suivant notre article, elle n'auroit d'hypothèque, pour la restitution des sommes y comprises, que du jour de leur ouverture ; on a voulu éviter par-là les fraudes qu'auroient pu commettre les maris qui, en grossissant les successions échues à leurs femmes, auroient pu, par la rétroactivité de l'hypothèque, ravir le gage des créanciers légitimes. — Mais si la succession comprenoit des immeubles qui auroient été ensuite aliénés par le mari, il ne faut pas croire que l'hypothèque remonteroit aussi à l'ouverture des successions. Notre article ne l'établit que pour *les sommes dotales provenant des successions.* D'après cela, ce ne pourroit être qu'au jour de la vente qu'on pourroit fixer le rang de l'hypothèque ; c'est d'ailleurs ce que dit le quatrième alinéa de l'article 2135.

IV. Notre article place encore sur le même rang que les successions, les donations de sommes d'argent ou objets mobiliers qui pourroient être faites à la femme durant le mariage. Mais il ne fait remonter l'hypothèque qu'au *jour que les donations ont eu leur effet*, c'est-à-dire au jour de l'acceptation, si la donation est pure et simple, et à celui de l'événement de la condition, si elle avoit été faite sous une condition suspensive. — Quant aux immeubles, on doit toujours suivre la même règle, et ne donner l'hypothèque à la femme que du jour des aliénations, puisque c'est seulement de cette époque que le mari a été nanti des deniers provenant de la vente des biens de son épouse.

V. On appelle ici conventions matrimoniales, celles qui ont pour objet de procurer quelque avantage aux époux, et particulièrement à la femme ; de cette nature sont les donations qui lui seroient faites par son conjoint, par le contrat de mariage, les gains de survie, le préciput, et toutes autres stipulations permises et usitées en cette matière ; et c'est pour toutes ces conventions, pour tous les droits qui peuvent en résulter en faveur de la femme, que notre article lui donne une hypothèque légale à compter du jour du mariage. Quoique, à la rigueur, on pût dire que ces droits n'étant ouverts qu'à la dissolution du mariage, ce ne devroit être qu'à cette époque que l'hypothèque devoit exister, néanmoins on a pensé avec raison qu'il ne falloit pas que, par des actes postérieurs, la femme pût être privée des avantages qui l'auront souvent déterminée à consentir au mariage.

Cependant l'article 549 du Code de Commerce fait une exception au principe ; prévoyant le cas où le mari seroit tombé en déconfiture, il ne veut pas qu'il puisse être libéral aux dépens de ses créanciers. Voilà pourquoi

il décide que « la femme ne pourra exercer, dans la fail-
» lite, aucune action à raison des avantages portés
» au contrat de mariage. » Ainsi, dans ce cas, loin
d'avoir une hypothèque pour les libéralités faites en sa
faveur par contrat de mariage, la femme ne peut même
pas les exiger *au préjudice des créanciers.*

VI. La femme a également une hypothèque légale
pour l'indemnité qu'elle a à exercer contre son mari
pour les dettes contractées avec lui ; mais cette hypothèque ne prend de rang que du *jour de l'obligation ;*
ce sont les expressions de notre article ; il faut bien les
entendre. Sans doute que cette hypothèque de la femme
remontera à la date de l'obligation, si elle résulte d'un
acte authentique ; mais on ne sauroit donner le même
effet à l'acte sous seing privé dont rien n'attestera la
véracité, et qui ne portera aucune date certaine. Il faut
donc, pour être conséquent dans ce dernier cas, ne
fixer le rang de l'hypothèque qu'au jour où la date de
l'obligation sera devenue certaine, soit par l'enregistrement, soit par le décès d'une des parties signataires;
autrement on laisseroit au mari la faculté de priver
ses créanciers légitimes en faisant contracter des obligations à sa femme, dont rien ne l'empêcheroit de fixer
la date à une époque antérieure.

VII. Il ne faut pas confondre avec l'indemnité dont
nous venons de parler, celle que la femme pourroit
exercer sur les biens de la communauté ; telles, par
exemple, que celles dont il est parlé au contrat de mariage (art. 1424) ; car celles-ci ne jouissent d'aucune
hypothèque, et ne peuvent être exercées qu'après avoir
payé tous les créanciers de la communauté.

VIII. Tout ce que nous avons dit jusqu'à présent,

relativement à l'hypothèque de la femme, ne doit s'entendre que des cas ordinaires et purement civils, mais non de la distribution des biens d'un négociant en faillite. Pour ce dernier cas, le Code de Commerce contient des dispositions que nous avons déjà analysées, et qu'on peut voir sur l'article 2121, n°. IV.

IX. Cette matière présente encore une difficulté bien essentielle, puisqu'elle a pour objet un des caractères principaux de cette espèce d'hypothèque. Elle consiste à savoir si, après la dissolution du mariage, elle affecte encore tous les biens du mari, et si elle se conserve également sans inscription de la part de la femme et de ses représentans, ou si dès-lors elle devient spéciale sur les biens existans, et exige une inscription? Nous ne pouvons pas nous persuader que la dissolution du mariage change en rien le caractère de l'hypothèque légale; toujours générale et indépendante de toute formalité, elle ne peut s'éteindre ni se modifier que par le paiement de ce qui est dû à la femme, ou un jugement qui en ordonne la réduction; sans cela elle frappe tous les biens, comme elle se conserve indépendamment de toute inscription. Au reste, il seroit superflu de répéter ici les raisonnemens que nous avons déjà faits sur la même question, et nous pensons qu'il suffit de renvoyer le lecteur à nos observations sur le §. 1er. de l'article 2135, n°. VI.

X. Nous terminerons nos réflexions sur cet article, par l'examen du dernier alinéa. On se rappelle que, sous la loi de brumaire, l'hypothèque légale n'avoit son efficacité que du jour de l'inscription, en sorte qu'il pouvoit arriver qu'un créancier postérieur au mariage eût une hypothèque antérieure à la femme. La nouvelle loi ne pouvoit rien changer à ce qui étoit déjà consommé, et voilà pourquoi elle dit que sa disposition ne pourra préjudicier aux droits *acquis* à des tiers avant sa publication. — Ainsi tout gît, dans cette matière, à savoir ce qu'on doit entendre par droits acquis.

Un tiers avoit des droits acquis sur les biens du mari, lorsqu'avant la promulgation du Code Napoléon il avoit une hypothèque inscrite avant celle de la femme. Comme l'inscription constituoit alors la partie essentielle de l'hypothèque légale, le tiers ne pouvoit acquérir de droits que par l'accomplissement de cette formalité. Si donc il n'avoit pas encore pris d'inscription lors de la publication de la loi actuelle, quoiqu'il eût à cette époque le titre constitutif de l'hypothèque, il seroit primé par la femme, parce que celle-ci auroit, par le bénéfice de la loi, une hypothèque définitivement acquise avant la sienne.

Art. 2136. *Sont toutefois les maris et les tuteurs tenus de rendre publiques les hypothèques dont leurs biens sont grevés, et, à cet effet, de requérir eux-mêmes, sans aucun délai, inscription aux bureaux à ce établis, sur les immeubles à eux appartenant, et sur ceux qui pourront leur appartenir par la suite.*

Les maris et les tuteurs qui, ayant manqué de requérir et de faire faire les inscriptions ordonnées par le présent article, auroient consenti ou laissé prendre des priviléges ou des hypothèques sur leurs immeubles, sans déclarer expressément que lesdits immeubles étoient affectés à l'hypothèque légale des femmes et des mineurs, seront réputés stellionataires, et comme tels contraignables par corps.

I. S'il étoit juste, ainsi que l'observe l'orateur du gouvernement, de protéger la foiblesse des mineurs et des femmes en leur donnant une hypothèque *indépendante* de toute inscription, il n'étoit pas moins convenable, moins nécessaire, de pourvoir à ce que des tiers ne fussent pas trompés; or, on ne pouvoit guères parvenir à ce but qu'en rétablissant, autant que cela se pouvoit, le système de publicité, en prescrivant aux maris et tuteurs de faire faire une inscription sur eux-mêmes.

Mais le législateur devoit bien sentir que cette injonction deviendroit inutile, si, à côté du principe qui ne permet pas d'opposer aux femmes et aux mineurs le défaut d'inscription, il n'eût placé des mesures coërcitives contre les maris et les tuteurs, pour les forcer à prendre les inscriptions que la loi ordonne. Ces mesures sont celles rappelées dans notre article. — Elles tendent à faire regarder comme coupables de stellionat les maris et tuteurs qui, au mépris de l'hypothèque légale, et *sans en faire la déclaration, auroient consenti ou laissé prendre des priviléges et hypothèques sur leurs immeubles.*

II. Ces dernières expressions, qui sont celles de l'article que nous examinons, laissent, il faut en convenir, beaucoup de doute sur les cas où les maris et tuteurs doivent être réputés stellionataires. Si, d'une part, on remarque que ce n'est pas à la seule omission de l'inscription que la loi attache la peine du stellionat, de l'autre, il semble que la disposition de notre article doive s'appliquer à tous les cas où, pour quelque cause que ce soit, les biens du mari ou du tuteur se trouvent grevés d'une nouvelle hypothèque, soit légale, soit conventionnelle, soit même privilégiée. Cependant, en y réfléchissant, en comparant sur-tout la dernière partie de l'article 2194 avec la disposition de l'article 2136, on se sent porté à n'appliquer la peine du stellionat qu'au cas où il a été consenti des hypothèques conventionnelles, et non à ceux où, sans convention particulière de la part des maris et tuteurs, leurs biens se sont trouvés hypothéqués par la seule force de la loi ou des jugemens.

L'article 2194 porte, en effet, que les maris, tuteurs, etc., pourront prendre l'inscription dont il s'agit, dans les deux mois de l'affiche qu'aura fait faire le tiers acquéreur, *sans* « préjudice, y est-il dit, des poursuites
» qui pourroient avoir lieu contre les maris et tu-
» teurs, ainsi qu'il a été dit ci-dessus, pour hypo-
» thèques *par eux consenties* au profit de tierces per-
» sonnes. »

Ce qui, réuni à la circonstance que le stellionat est une peine qui, suivant les principes, ne doit être infligée que lorsqu'elle est clairement établie par la loi, et à l'impossibilité où les maris et tuteurs se trouvent lors de l'établissement des priviléges et hypothèques légales et judiciaires, de déclarer que leurs biens sont déjà grevés d'une hypothèque légale, prouve jusqu'à l'évidence qu'on ne doit regarder comme stellionataires que ceux qui, en consentant de nouvelles hypothèques, n'ont pas fait la déclaration de celles déjà existantes. On se sent d'autant plus disposé à expliquer ainsi la disposition de notre article, que de cette manière elle se trouve en harmonie avec les principes de l'article 2059, relatifs au stellionat.

III. En outre, nous observerons que la déclaration dont nous parlons ne doit être faite par les maris et tuteurs, lors de l'établissement de nouvelles hypothèques, qu'autant qu'ils ont négligé de faire faire l'inscription de l'hypothèque légale; c'est, en effet, à ce seul cas que l'on doit attacher la peine du stellionat. Si donc ils avoient d'abord fait faire l'inscription prescrite, et qu'ils eussent ensuite consenti de nouvelles hypothèques, sans déclarer celles existantes par la seule force de la loi, on ne pourroit rien leur reprocher, puisque le but de la loi auroit été rempli, et que les inscriptions seules auroient fait connoître aux tiers l'existence de l'hypothèque légale. Mais aussi, dans le cas où les inscriptions n'ont pas été requises, la déclaration à faire par les maris et tuteurs doit être *expresse* et résulter de l'acte. Il ne suffiroit pas qu'on pût l'induire de termes vagues et insignifians, ni de la prétendue connoissance que pourroient en donner au créancier les rapports qui existoient entre lui et le débiteur, celui-ci chercheroit donc en vain à se soustraire aux suites du stellionat, si on ne trouvoit dans l'acte constitutif de l'hypothèque ou dans tout autre acte postérieur fait entre lui et le créancier, la preuve évidente de sa déclaration.

IV. D'après tout ce que nous avons dit, il seroit inutile d'ajouter que le défaut d'inscription de la part des maris et tuteurs, ainsi que l'omission de la déclaration prescrite, ne faisant aucun tort aux femmes ni aux mineurs, ils ne pourroient, en aucun cas, se prévaloir de la peine du stellionat que la loi prononce. Les tiers, qui ont contracté avec les maris et les tuteurs, sont en effet les seuls qui puissent en faire usage, puisque seuls ils ont été trompés. Ainsi, c'est seulement à eux que la loi donne la contrainte par corps contre les maris et tuteurs, et encore sous la condition qu'ils la feront prononcer par jugement. (Art. 2067.)

Art. 2137. *Les subrogés-tuteurs seront tenus, sur leur responsabilité personnelle, et sous peine de tous dommages et intérêts, de veiller à ce que les inscriptions soient prises sans délai sur les biens du tuteur, pour raison de sa gestion, même de faire faire lesdites inscriptions.*

Les fonctions du subrogé-tuteur consistent ordinairement à surveiller l'administration du tuteur, à tenir la main à ce qu'il accomplisse les obligations qui lui sont imposées par la loi, mais toujours dans l'intérêt des mineurs, en faveur desquels le subrogé-tuteur est personnellement responsable. Ici la loi lui impose de nouveaux devoirs ; ce n'est plus pour les mineurs qu'il doit veiller à ce que le tuteur fasse faire l'inscription ; leurs droits sont indépendans de toute inscription ; mais dans l'intérêt des tiers, qui ne peuvent connoître l'hypothèque légale qui grève les biens du tuteur que par l'inscription au bureau des hypothèques. Ainsi, indépendamment du droit qu'ont ceux qui ont contracté postérieurement avec le tuteur, de le faire déclarer stellionataire, et par conséquent contraignable par corps, ils peuvent recourir contre le subrogé, qui est à leur égard personnellement responsable du défaut d'inscription, et qui doit s'imputer de ne l'avoir pas lui-même requise ; mais il faut observer que ce recours, cette action personnelle que la loi donne aux créanciers, ne peut s'exercer contre le subrogé-tuteur que subsidiairement et après discussion des biens du tuteur ; qu'elle ne peut jamais appartenir aux mineurs, dont les droits sont conservés par la seule force de la loi.

Art. 2138. *A défaut par les maris, tuteurs, subrogés-tuteurs, de faire faire les inscriptions ordonnées par les articles précédens, elles seront requises par le procureur-impérial au tribunal de première instance du domicile des maris et tuteurs, ou du lieu de la situation des biens.*

I. Les procureurs-impériaux sont les défenseurs nés des mineurs et des femmes, et voilà pourquoi ils portent la parole dans toutes les affaires qui les intéressent. En outre, ils veillent au maintien de l'ordre, et tâchent, par leurs soins, de faire échouer les projets de ceux qui spéculent sur l'aveugle confiance de leurs créanciers. Ainsi, en leur confiant les soins de faire inscrire l'hypothèque légale des femmes et des mineurs, la loi s'est par-là assurée qu'à défaut par les maris, tuteurs, etc., d'y faire procéder, les registres des conservateurs n'en présenteroient pas moins la véritable situation de leurs biens.

II. Cet article, en imposant cette nouvelle obligation au ministère public, n'a donc eu autre chose en vue que d'assurer l'existence de l'inscription ; et c'est aussi ce qui avoit porté quelques conservateurs à penser qu'ils devoient, dans l'intérêt des femmes et des mineurs, et pour la conservation de leurs droits, faire procéder eux-mêmes à l'inscription, lorsque les maris et les tuteurs avoient négligé de la faire faire; mais S. Exc. le Grand-Juge, ministre de la justice, par une circulaire du 15 septembre 1808, a rappelé à MM. les procureurs-impériaux près les tribunaux de première instance, que les conservateurs ne pouvoient, aux termes de l'article 2138 du Code Napoléon, faire ces inscriptions qu'après en avoir été requis par le procureur-impérial.

Art. 2139. *Pourront les parens, soit du mari, soit de la femme, et les parens du mineur, ou, à défaut de parens, ses amis, requérir lesdites inscriptions; elles pourront aussi être requises par la femme et par les mineurs.*

Il suffit d'observer sur cet article, que ce n'est pas tant une obligation que la loi impose aux parens et amis, qu'un service qu'elle paroît désirer; aussi ne leur inflige-t-on aucune peine dans le cas d'omission; et si l'on parle d'eux, ce n'est que pour écarter les doutes qu'on auroit pu élever sur leur capacité à requérir l'inscription. — En outre, sa construction grammaticale n'exigeant aucune capacité active, il ne doit pas paroître étonnant que la femme et le mineur puissent y faire procéder; la première, sans autorisation de son mari; l'autre, sans l'assistance de son tuteur.

Enfin, il est bon de remarquer que le droit de requérir l'inscription n'est accordé qu'aux amis du mineur et non à ceux de la femme, parce qu'en effet il auroit été inconvenant et contraire à la décence, de supposer à la femme des amis qui puissent s'initier dans la conduite et l'administration de ses affaires.

Art. 2140. *Lorsque, dans le contrat de mariage, les parties majeures seront convenues qu'il ne sera pris d'inscription que sur un ou certains immeubles du mari, les immeubles qui ne seroient pas indiqués pour l'inscription resteront libres et affranchis de l'hypothèque pour la dot de la femme, et pour ses reprises et conventions matrimoniales. Il ne pourra pas être convenu qu'il ne sera pris aucune inscription.*

I. Ordinairement l'hypothèque légale des femmes frappe l'universalité des biens des maris, encore que la valeur de leurs immeubles excède de beaucoup les reprises ; mais ce principe nécessaire pour la conservation des droits des femmes, seroit devenu trop onéreux, si, en combinant le véritable intérêt de la société avec celui des femmes, on n'eût cherché à diminuer le nombre des immeubles qui, en considération des charges qui les grèvent, sont, pour ainsi dire, dans un état de stagnation. C'est donc dans cette vue qu'on a permis de réduire à un certain nombre d'immeubles déterminés ceux qui, sans cette stipulation, auroient été frappés de l'hypothèque légale.

II. Mais pour agir régulièrement, et pour que la réduction soit valablement stipulée, il faut, 1°. qu'elle l'ait été dans le contrat de mariage ; 2°. que ce soient des parties majeures qui l'aient ainsi voulu.

D'où il suit que, si depuis le mariage ou avant, mais hors contrat fait en faveur de mariage, comme par exemple, par acte sous seing privé, les époux convenoient qu'il n'y auroit que certains immeubles du mari qui seroient affectés à la restitution de la dot et des autres conventions matrimoniales, cette stipulation seroit absolument inutile et ne produiroit aucun effet.

En second lieu, que si les parties n'étoient pas majeures lors de la stipulation, l'hypothèque frapperoit toujours l'universalité des biens du mari. Cependant il faut entrer dans quelques détails sur cette dernière conséquence.

III. Suivant l'article 1398, au titre du *Contrat de Mariage*, le mineur habile à contracter mariage, peut consentir toutes les conventions dont ce contrat est susceptible, pourvu qu'il soit assisté des personnes dont le consentement est nécessaire pour la validité du mariage ; d'où on auroit pu conclure qu'il étoit également capable de consentir la réduction de l'hypothèque. Mais notre article, en décidant positivement qu'il n'y avoit que des *parties majeures* qui pouvoient faire cette stipulation, a détruit l'objection, et fait voir que la disposition de l'article 1398 ne devoit s'appliquer qu'aux conventions ordinaires, et non à celles qui avoient pour objet de diminuer les garanties de la femme.

IV. Cependant il faut aussi se garder de prendre à la lettre ces expressions de notre article, *parties majeures*: dans leur sens grammatical elles s'appliquent bien à la femme et au mari ; mais il nous semble qu'elles ne doivent réellement concerner que la femme qui se propose de contracter mariage, et qui veut consentir la réduction de son hypothèque. Supposons, en effet, qu'un jeune homme de vingt ans fasse un contrat de mariage avec une femme de vingt-deux, croira-t-on qu'il ait été dans l'intention de la loi d'empêcher le mineur d'exiger la réduction de l'hypothèque légale de sa future ? Nous ne saurions nous le persuader ; le mineur, dans toute législation, sous l'ancienne comme sous la moderne, a toujours pu faire des stipulations à son avantage ; et ce n'est que lorsqu'il s'agissoit de s'obliger, que la loi lui interdisoit la faculté de contracter. Ici, le législateur n'a donc dû voir que l'époux qui consentoit la réduction, et exiger seulement dans celui-ci une capacité absolue.

V. Enfin, pour que la réduction soit légalement consentie, il faut qu'elle ne porte que sur les immeubles qui ne sont pas nécessaires pour garantir la restitution de la dot et des autres conventions matrimoniales; autrement on pourroit la regarder comme une renonciation à l'hypothèque légale, renonciation que la loi prohibe comme contraire à l'ordre public. *Voyez*, sur cette renonciation, la *Discussion qui a eu lieu au Conseil-d'Etat*, édit. in-12 de Didot, tom. 7, pag. 184 et suiv.

VI. Lorsque la réduction est légalement consentie, il ne doit être pris d'inscription que sur les immeubles désignés par le contrat, et l'hypothèque de la femme ne porte par conséquent que sur ceux-là ; mais il peut y avoir des difficultés relativement au cas où, par un événement quelconque, un des immeubles affectés vient à périr ou est diminué tellement de valeur, que l'hypothèque se trouve insuffisante : sans doute qu'alors la femme pourra exiger un supplément d'hypothèque ; l'article 2131 le décide pour l'hypothèque conventionnelle, et on doit, *à fortiori*, l'établir pour l'hypothèque légale ; mais, dans ce cas, de quel jour l'immeuble donné en supplément sera-t-il affecté à la répétition de la femme ? Il nous semble que ce ne peut pas être du jour du mariage, puisqu'en adoptant le principe de la réduction la loi a déclaré les autres immeubles du mari exempts de l'hypothèque légale, et par conséquent susceptibles d'être nouvellement hypothéqués. Ce ne peut pas être non plus du jour où le mari consentiroit secrètement à fournir à sa femme un supplément d'hypothèque, parce que ce seroit laisser au mari le droit de tromper le tiers avec qui il contracteroit postérieurement, sans lui avoir fait connoître la convention qu'il venoit de faire avec sa femme. Ainsi l'hypothèque ne peut dater, dans ce cas, que du jour où la femme aura obtenu en justice le supplément d'hypothèque, parce que la qualité des parties, les rapports qui existent naturellement entr'elles, doivent faire penser que le supplément, qui par lui-même porte une atteinte au contrat de mariage, ne peut être légalement accordé que par autorisation de justice.

VII. La dernière partie de notre article nous fournit encore l'occasion de répéter ce que nous avons souvent dit, qu'on ne peut, dans aucun cas, s'empêcher de prendre inscription pour l'hypothèque légale de la femme; et le mari en eût-il été dispensé par le contrat de mariage, il n'en seroit pas moins stellionataire, s'il contractoit sans avoir pris inscription ou déclaré l'existence de l'hypothèque légale.

Art. 2141. *Il en sera de même pour les immeubles du tuteur, lorsque les parens, en conseil de famille, auront été d'avis qu'il ne soit pris d'inscription que sur certains immeubles.*

I. Par le fait seul de l'acceptation de la tutelle, tous

les biens du tuteur, ceux présens comme ceux à venir, se trouvent affectés à l'hypothèque légale; et les mêmes motifs qui ont fait admettre la réduction de l'hypothèque de la femme, semblent autoriser le tuteur à réclamer la même faveur.

Mais pour qu'il puisse en jouir et faire par conséquent déclarer libres ceux de ses immeubles dont l'affectation n'est pas nécessaire pour assurer les reprises du mineur, il doit le faire ainsi établir par le conseil de famille assemblé pour sa nomination, afin que l'acte même qui le nomme porte en même temps le principe de la réduction; et si la délibération, ou tout autre acte de nomination du tuteur, ne déclaroit pas les immeubles affranchis de l'inscription, mais laissoit subsister, par son silence, l'hypothèque légale dans toute son étendue, le tuteur n'auroit d'autre moyen pour la faire restreindre que de suivre les formalités prescrites par l'article 2143.

II. Il en seroit de même si le tuteur étoit nommé par testament. Quoique notre article ne parle que de la tutelle dative, les mêmes raisons doivent faire appliquer le principe à la tutelle testamentaire. Le père, en effet, doit jouir de la même faveur que le conseil de famille, et pouvoir, en nommant un tuteur, réduire l'hypothèque qui, sans cette restriction, affecteroit la généralité de ses biens. Mais s'il ne l'a pas fait, nous ne voyons pas de quel droit le conseil de famille voudroit y suppléer; et il nous semble qu'il ne reste au tuteur d'autre ressource que celle indiquée par l'article 2143.

III. Il y a plus de difficulté à l'égard du tuteur légitime. On pourroit dire que, n'étant nommé ni par le père ni par le conseil de famille, il conviendroit de donner à ce dernier, lorsqu'il procède à la nomination du subrogé-tuteur, le droit d'examiner si l'hypothèque du mineur ne pourroit pas être réduite à une partie des immeubles du tuteur. Mais ce droit seroit inconvenant et contraire aux règles les plus usuelles de la jurisprudence. L'hypothèque générale a déjà frappé les immeubles du tuteur, et le conseil de famille ne peut restreindre que des hypothèques auxquelles ses délibérations ont donné naissance. Son autorité se borne donc à donner son avis sur la demande en réduction que pourroit exercer le tuteur, mais jamais à prononcer souverainement sur l'étendue d'une hypothèque que la loi seule a créée. C'est dans ce sens qu'il faut entendre l'article 2143.

IV. En outre, nous ajouterons sur notre article, qu'à ne considérer que sa construction grammaticale, il faudroit dire que sa disposition n'a trait qu'à la réduction de l'hypothèque légale, et non à la renonciation à toute hypothèque, prohibée par l'article précédent. Cependant ce n'est pas là l'intention du législateur; car on peut voir par la discussion au Conseil, que par ces mots, *il en sera de même*, on a voulu rendre commun à la tutelle le principe qu'on venoit de sanctionner pour le mariage, et prohiber dans l'un et l'autre cas la renonciation à l'hypothèque légale. Si donc un conseil de famille, comptant sur la moralité, la bonne conduite et l'intelligence du tuteur, déclaroit affranchir ses biens de toute hypothèque, sa délibération seroit, quant à ce, illusoire, et n'empêcheroit pas la totalité des biens du tuteur d'être affectée à l'hypothèque légale.

Art. 2142. *Dans le cas des deux articles précédens, le mari, le tuteur et le subrogé-tuteur ne seront tenus de requérir inscription que sur les immeubles indiqués.*

I. Lorsque la réduction a été légalement consentie, les maris et tuteurs ne doivent prendre inscription que sur les immeubles spécialement affectés à l'hypothèque ; mais quant à ces biens, ils sont forcés de prendre inscription, ou de faire la déclaration des hypothèques qui les grèvent, sous les peines portées par l'article 2136 (1). — On peut voir nos observations sur cet article.

De même, il faut décider qu'à défaut par les maris et tuteurs de prendre inscription, les parens, les amis et le procureur-impérial, dans l'ordre établi par les articles 2138 et 2139, ne peuvent requérir l'inscription que sur ceux des immeubles qui ont été déclarés spécialement hypothéqués par l'acte de réduction.

II. Quelques personnes ont demandé si cet article étoit seulement facultatif, et si les maris et tuteurs, malgré la réduction, avoient le droit de prendre utilement inscription sur tous les biens ? Pour répondre à cette observation, il suffit d'examiner le but de l'inscription. Cette formalité a été introduite seulement pour rendre publique l'hypothèque, et pour la conserver telle qu'elle avoit été consentie. Or, dans l'hypothèse ac-

---

(1) Il seroit surabondant d'ajouter que cette inscription que les maris et tuteurs doivent prendre sur leurs biens spécialement affectés, n'est pas exigée pour fixer le rang des hypothèques légales, mais seulement pour l'intérêt des tiers. On se rappelle que dans tous les cas l'hypothèque de la femme et des mineurs est indépendante de toute inscription.

tuelle, l'hypothèque, par l'effet de la réduction, a cessé de frapper tous les biens des maris et tuteurs, et n'a définitivement affecté que les biens spécialement désignés dans l'acte de réduction; l'inscription, qui n'en est que l'accessoire, ou plutôt le complément, n'a donc pu s'étendre au-delà de l'acte qui lui donnoit naissance, et constituer à elle seule une nouvelle hypothèque. — D'après cela, si des maris, pour favoriser leur femme, avoient pris inscription sur ceux de leurs immeubles qui avoient été déclarés libres, nous ne doutons pas que les inscriptions ne fussent nulles et ne pussent être opposées à des tiers.

Art. 2143. *Lorsque l'hypothèque n'aura pas été restreinte par l'acte de nomination du tuteur, celui-ci pourra, dans le cas où l'hypothèque générale sur ses immeubles excéderoit notoirement les sûretés suffisantes pour sa gestion, demander que cette hypothèque soit restreinte aux immeubles suffisans pour opérer une pleine garantie en faveur du mineur.*

La demande sera formée contre le subrogé-tuteur, et elle devra être précédée d'un avis de famille.

I. Trois conditions sont essentiellement requises pour que le tuteur puisse, après sa nomination, obtenir la réduction de l'hypothèque légale : 1°. il faut qu'elle n'ait pas été restreinte lors de la nomination du tuteur; 2°. que l'hypothèque générale excède notoirement les sûretés suffisantes pour sa gestion; 3°. que la demande soit précédée d'un avis de famille, et dirigée contre le subrogé-tuteur.

II. Lorsque l'hypothèque a déjà été restreinte par la nomination du tuteur, on doit présumer qu'elle a été à-peu-près établie sur une masse de biens dont la valeur égaloit celle des reprises du mineur; que par conséquent on ne pourroit, sans aventurer ses droits, la réduire de nouveau. En second lieu, la restriction de l'hypothèque acceptée par le tuteur, semble ajouter à l'affectation dont ses biens sont grevés, puisque, devenant spéciale, l'hypothèque conventionnelle paroît se réunir à l'hypothèque légale, pour mieux lier le tuteur, et l'empêcher, aux termes du n°. Ier. de l'art. 2161, de demander la réduction d'une hypothèque qu'il a lui-même consentie.

III. Mais aussi, lorsque par l'acte de nomination l'hypothèque générale n'a pas été restreinte, le tuteur peut en demander la réduction, pourvu qu'*elle excède notoirement les sûretés suffisantes pour sa gestion*. Et c'est à la famille assemblée (1) à juger de l'excédent des sûretés que présente le tuteur, le tribunal ne faisant ordinairement que confirmer ses décisions. Cependant si la délibération, en faveur ou contraire à la réduction, présentoit une injustice évidente, je ne pense pas, comme certaines personnes, que le tribunal fût lié de manière à ne pouvoir, contre l'avis de la famille, accorder ou refuser la réduction. La loi, en effet, ne donne au conseil de famille qu'une voie consultative, que le tribunal est toujours maître d'apprécier.

IV. Enfin, lorsque le tuteur veut obtenir la réduc-

---

(1) C'est-à-dire au conseil de famille composé comme il est dit à l'article 407. — C'est ainsi que le Conseil-d'Etat l'a entendu. *Voy.* la discussion sur l'article 2143.

tion, nous avons dit qu'il devoit former sa demande contre le subrogé-tuteur ; et la raison en est, que celui-ci est toujours le contradicteur né du tuteur, et celui contre lequel il doit diriger toutes les actions qu'il auroit personnellement à exercer contre son pupille. En outre, sa demande doit être portée devant le tribunal de son domicile, et jugée contradictoirement avec le procureur-impérial. (Art. 2145.)

Art. 2144. *Pourra pareillement le mari, du consentement de sa femme, et après avoir pris l'avis des quatre plus proches parens d'icelle, réunis en assemblée de famille, demander que l'hypothèque générale sur tous ses immeubles, pour raison de la dot, des reprises et conventions matrimoniales, soit restreinte aux immeubles suffisans pour la conservation entière des droits de la femme.*

I. Pour que le mari puisse obtenir la réduction, il faut également que l'hypothèque générale n'ait pas été restreinte par le contrat de mariage. C'est ce que signifient ces mots qui commencent notre article, *pourra pareillement le mari*. En se référant, en effet, à l'article précédent, ils équivalent à cette phrase, *lorsque l'hypothèque n'aura pas été restreinte*, et prohibent une nouvelle réduction lorsqu'il y en aura déjà une d'opérée (1).

II. En second lieu, il faut que la femme consente à la réduction ; sans cela le mari ne peut jamais l'obtenir,

---

(1) C'est l'avis de l'orateur du Gouvernement, dans son discours au Corps-Législatif. Voyez *Motifs*, édit. in-12 de Didot, tom. 7, page 77.

quelles que soient les justes raisons sur lesquelles il appuie sa demande. Fût-il même prouvé que la totalité de ses immeubles excédât de plus des quatre-vingt-dix-neuf centièmes la valeur des reprises de la femme, que le tribunal ne pourroit se permettre d'accueillir ses prétentions.

III. Notre article ne dit pas comment doit être prouvé le consentement de la femme ; mais il nous semble que c'est parce qu'on a voulu laisser aux époux la faculté de choisir parmi toutes les manières qui peuvent attester leur adhésion à la réduction, et ce sera aux tribunaux à juger si celle qu'on aura adoptée prouve suffisamment le consentement.

La loi n'examine pas non plus l'état de la femme, elle la regarde toujours comme capable de consentir ; et voilà pourquoi, si elle étoit mineure, le mari pourroit également demander la réduction, après avoir obtenu son adhésion. A la vérité, quelques personnes combattent cette opinion, mais la leur nous paroît erronée. Il n'est pas exact, en effet, d'appliquer à la femme mariée ce que la disposition de l'article 2140 établit pour elle qui va se marier : celle-ci accorde seule la réduction, autre ne fait que donner un consentement que les parens ensuite le tribunal peuvent apprécier. — D'un autre té on doit, ce semble, tirer de cet article 2140 e conséquence absolument opposée à celle qu'on en e. La femme, dit-on, ne doit pas pouvoir, après le ariage, ce qu'elle ne pouvoit pas auparavant. Sans ute, seule et encore mineure, elle ne doit pas avoir capacité pour consentir la réduction ; mais lorsque consentement se trouve entouré de toutes les précautions que l'article 2144 indique, elle doit avoir les mêmes droits que si elle étoit majeure ; autrement il arriveroit que le mari qui n'a pas pu obtenir la réduction lors de la célébration du mariage, ne pourroit pas l'obtenir après, et que la femme, qui avec toutes ces formalités pourroit aliéner ses propres immeubles, ne pourroit pas dégager une partie de ceux de son mari. — Il est vrai qu'on pourra dire que cela arrive lorsque la femme mineure se marie, puisqu'elle peut aliéner ses propres biens, et non consentir la réduction ; mais je réponds : que si le législateur a *absolument* défendu à la femme mineure de consentir la réduction lorsqu'elle se marie, c'est peut-être parce qu'il a pensé qu'il resteroit toujours au mari le droit de l'obtenir durant mariage, lorsque l'hypothèque générale excéderoit notoirement les sûretés suffisantes.

Enfin, on peut ajouter pour notre opinion, qu'elle est conforme à l'intérêt public, puisqu'elle tend à dégager et à mettre dans la circulation des immeubles nullement nécessaires pour les sûretés de la femme.

IV. Quand le mari demande la réduction, outre le consentement de sa femme, il doit prendre l'avis des quatre plus proches parens d'icelle ; mais, nous le répétons, cet avis ne lie nullement le tribunal ; et c'est en cela qu'il diffère du consentement de la femme que nous avons dit être absolument nécessaire pour accorder la réduction de l'hypothèque.

Nous ne voyons pas non plus dans notre article quels sont les parens qu'on doit consulter ; si c'est ceux de la ligne paternelle les plus proches, ou ceux de la ligne maternelle. Mais la discussion au Conseil supplée cette omission. On y voit, en effet, que, dans l'intention de la majorité des membres, on entendoit par « plus proches parens, les plus proches parmi ceux qui se trouvent dans un rayon donné. » D'après cela, on doit suivre les règles fixées au titre *des Tutelles.*

V. Il seroit inutile d'observer, en terminant nos réflexions sur cet article, que les quatre parens convoqués ne peuvent autoriser la réduction, ni le tribunal l'ordonner, qu'autant que l'hypothèque générale sur les immeubles du mari excéderoit notoirement les sûretés suffisantes pour l'exercice des reprises de la femme.

VI. Quelquefois il arrive que le mari qui veut tacitement restreindre l'hypothèque légale, vend un de ses immeubles, et fait intervenir la femme dans le contrat. Cette intervention, la déclaration même que la femme fait, qu'elle vend conjointement avec son mari, a-t-elle l'effet de restreindre l'hypothèque aux biens que le mari possède encore, et fait-elle passer l'immeuble aliéné franc et quitte de l'hypothèque légale? Non : le mari peut bien faire restreindre l'hypothèque légale durant le mariage ; mais ce n'est qu'en suivant les formalités exigées par l'article 2144. A la vérité, plusieurs coutumes reconnoissoient cette manière de libérer les immeubles du mari de l'hypothèque légale ; mais d'autres principes doivent prévaloir, alors qu'on a donné des règles sans lesquelles on ne peut obtenir la réduction de cette hypothèque. Du reste, c'est l'opinion qui paroît avoir prévalu au Conseil d'Etat, ainsi qu'on peut s'en convaincre par les procès-verbaux des discussions.

Art. 2145. *Les jugemens sur les demandes des maris et des tuteurs ne seront rendus qu'après avoir entendu le procureur-impérial, et contradictoirement avec lui.*

Dans le cas où le tribunal prononcera la réduc-

tion de l'hypothèque à certains immeubles, les inscriptions prises sur tous les autres seront rayées.

Ceux qui ont déjà écrit sur cette matière, ont parfaitement observé que, lorsque le tuteur demandoit la réduction, il avoit toujours deux contradicteurs, le subrogé-tuteur et le procureur-impérial; mais que le mari n'en avoit qu'un, le procureur-impérial.

Notre article ne s'explique point sur le tribunal devant lequel devront être portées les demandes en réduction que formeront les maris et les tuteurs; cependant c'est un point bien essentiel à connoître, et que pour cela nous devons examiner.

D'un côté il sembleroit que la demande en réduction formée par les maris et tuteurs, étant une demande ordinaire, devroit être portée devant le tribunal dans le ressort duquel l'inscription a été faite.

Néanmoins, en y réfléchissant, on s'apperçoit que cette décision seroit trop onéreuse aux maris et tuteurs, puisqu'elle les obligeroit à former autant de demandes qu'ils auroient d'immeubles situés dans divers arrondissemens; que, d'un autre côté, il pourroit arriver que les demandes des maris et tuteurs admises devant un tribunal fussent rejetées devant un autre, ce qui ne laisseroit pas de produire un fort mauvais effet.

Aussi l'article 2159 paroît-il établir que lorsque la réduction des inscriptions a pour objet des créances éventuelles ou indéterminées, elle doit être portée ou renvoyée devant le tribunal devant lequel le créancier et le débiteur *doivent être jugés* pour les contestations principales. Or, les juges naturels des contestations qui surviennent entre le mari et la femme, le tuteur et son pupille, sur la liquidation des droits de la femme et des mineurs, sont ceux composant le tribunal dans l'arrondissement duquel est le domicile du mari ou du tuteur. Ainsi, il nous paroît que, quoique les demandes des maris et tuteurs aient pour objet de faire réduire l'hypothèque qui grève des immeubles situés dans divers arrondissemens, elles doivent être portées devant le tribunal du domicile du mari ou du tuteur.

CHAPITRE IV.

Du Mode de l'Inscription des Priviléges et Hypothèques.

Art. 2146. *Les inscriptions se font au bureau de conservation des hypothèques dans l'arrondissement duquel sont situés les biens soumis au privilége ou à l'hypothèque. Elles ne produisent aucun effet, si elles sont prises dans le délai pendant lequel les actes faits avant l'ouverture des faillites sont déclarés nuls.*

Il en est de même entre les créanciers d'une succession, si l'inscription n'a été faite par l'un d'eux que depuis l'ouverture, et dans le cas où la succession n'est acceptée que par bénéfice d'inventaire.

I. Suivant l'article 2 de la loi du 21 ventose an 7, il y a un bureau de conservation des hypothèques dans chaque arrondissement de tribunal de première instance. Il est placé dans la commune où siége le tribunal.

II. Lorsqu'un débiteur a fait faillite, la masse de ses biens est irrévocablement fixée, et les droits de ses créanciers définitivement arrêtés. Permettre, après cet événement, d'acquérir de nouvelles causes de préférence, ce seroit les faire dépendre du hasard, et donner aux créanciers plus actifs, et qui se trouveroient sur les lieux, un grand avantage sur ceux qui seroient éloignés du domicile de leur débiteur, et qui n'auroient pu connoître la faillite. En renouvelant donc la maxime qu'on *ne peut acquérir de privilége ni hypothèque sur les biens du failli, dans les dix jours qui précèdent l'ouverture de la faillite,* le Code Napoléon, et ensuite le Code de Commerce, n'ont fait que consacrer ce que la raison seule enseignoit.

III. Cependant cette règle paroît susceptible de difficultés relativement aux priviléges; quelques personnes vont même jusqu'à croire qu'elle ne leur est pas applicable. En effet, si nous considérons séparément chacun des priviléges qui peuvent grever les immeubles, nous sommes forcés, sinon de rejeter le principe, du moins de le modifier. Comment, par exemple, supposer que celui qui, dans les dix jours qui précèdent la faillite, a vendu son immeuble au failli, ou qui, en lui prêtant les fonds, s'est légalement fait subroger à ses droits, n'aura pas de privilége? D'abord, il est de règle constante que dans ce cas le vendeur et le bailleur de fonds, qui est toujours sur le même rang, ne sont dépouillés que par le paiement; que ce n'est qu'en acquittant le prix de la vente, soit au vendeur lui-même, soit à celui qui lui est subrogé, que les créanciers personnels peuvent acquérir des droits sur l'immeuble. Jusques-là l'acquéreur n'est propriétaire que sous la condition de payer l'universalité du prix.

Et il en est de même lorsque la vente a été faite long-temps avant la faillite, mais que le vendeur n'a requis la transcription que dans les dix jours qui l'ont précédée. La loi, en imposant au vendeur et au prêteur la nécessité de faire transcrire, n'a fixé aucun délai, et leur a laissé, par conséquent, la faculté d'accomplir cette formalité jusqu'à l'adjudication; en outre, on peut appliquer les principes que nous rappelions tout-à-l'heure, puisque, suivant l'article 1654, le vendeur à qui on n'a pas payé le prix peut demander la résolution du contrat, et rentrer par-là dans la possession de l'objet vendu.

IV. Les mêmes principes s'appliquent aux co-héritiers, aux créanciers et légataires de la succession, ainsi qu'au privilége du trésor public sur les immeubles des comptables. Peu importe, en effet, que le partage soit fait dans les dix jours qui précèdent la faillite, que les co-héritiers et les légataires n'aient fait faire leur inscription que depuis la faillite, que le comptable n'ait été nommé que dans les dix jours qui la précèdent. Dans tous ces cas, les co-héritiers conservent leur privilége sur chaque lot, les créanciers et les légataires sur les biens de la succession, et le trésor sur les biens acquis depuis la nomination du comptable, pourvu que les inscriptions soient faites dans les délais que la loi leur accorde.

V. Mais quant à l'hypothèque que la loi du 5 septembre accorde au trésor sur les immeubles appartenant au comptable lors de sa nomination, il est évident qu'elle ne peut avoir d'efficacité qu'autant qu'elle est inscrite avant les dix jours qui précèdent la faillite. Comme c'est là une simple hypothèque sur les biens propres du comptable, biens que ses autres créanciers ont dû regarder comme leur gage, il est clair qu'elle doit être régie par les principes ordinaires. Il faudroit même en dire autant du privilége que la seconde loi du 5 septembre accorde au trésor pour les frais de justice. Car nous ferons remarquer ci-après, qu'aux termes des ordonnances, les jugemens rendus dans les dix jours qui précèdent la faillite ne produisent ni hypothèque, ni privilége. Mais si le jugement de condamnation étoit antérieur de plus de dix jours à la faillite, je ne fais pas de doute que l'inscription ne pût être utilement prise. Dès l'instant que la loi accorde un délai de deux mois pour rendre public le privilége, qu'elle s'inquiète peu de l'époque où l'inscription a été prise pour régler le rang de son privilége, il est raisonnable de regarder comme indifférente la circonstance que c'est dans les dix jours qui précèdent la faillite du condamné que le privilége a été rendu public.

VI. Mais il en seroit autrement pour le privilége que l'article 2110 accorde aux architectes, entrepreneurs, maçons, etc.; comme il n'a de rang que du jour de l'inscription du premier procès-verbal, il paroît certain qu'il ne pourroit être exercé qu'autant que cette inscription seroit faite plus de dix jours avant la faillite; et la raison en est, que ce droit des architectes est moins un privilége qu'une hypothèque, et que le débiteur ne pouvoit en consentir d'aucune espèce durant les dix jours.

VII. Relativement aux priviléges sur les meubles, la maxime consacrée par l'article 7 du titre Ier. du livre III du Code de Commerce, paroît conserver toute sa vigueur. Il seroit, en effet, inconséquent et ridicule de permettre au débiteur qui, déjà prépare secrètement sa faillite, d'engager ses meubles au préjudice de ses créanciers légitimes. La déclaration du 18 novembre 1702 en avoit une disposition expresse, et pourroit servir au besoin de commentaire à l'article que nous examinons.

VIII. Ce que nous avons dit des priviléges et des hypothèques ordinaires, s'applique également aux hypothèques légales et judiciaires; et aucune d'entr'elles ne sauroit être valablement établie dans les dix jours qui précèdent la faillite. Si donc un homme se marioit dans le délai pendant lequel les actes faits avant l'ouverture de la faillite sont déclarés nuls, sa femme n'auroit pas d'hypothèque légale, et pourroit seulement reprendre en nature les meubles et immeubles qui se trouveroient encore existans. Il en seroit de même du pupille ainsi que de celui qui auroit obtenu un jugement de condamnation dans les dix jours; aux termes de l'ordonnance du 18 novembre 1702, ces jugemens ne peuvent engendrer aucune espèce d'hypothèque.

Mais si le mariage avoit été contracté et la tutelle acceptée avant les dix jours, quoique l'inscription n'eût été faite que dans le délai fatal, nul doute que l'hypothèque ne fût valablement établie, parce que, comme nous l'avons souvent dit, ces deux hypothèques légales sont indépendantes de l'inscription. Il en seroit sans doute autrement pour l'hypothèque légale de la nation, des communes, des établissemens publics, etc., laquelle ne prend de rang et n'a d'efficacité que par l'inscription.

IX. Mais revenant plus particulièrement au texte de l'article 2146, nous devons examiner quelle est l'étendue de la nullité qu'il prononce sur les inscriptions prises dans les dix jours qui précèdent la faillite. A ne consulter que les motifs de sa disposition, il sembleroit qu'elle ne dût atteindre ces inscriptions que dans l'intérêt des autres créanciers, et non dans celui des tiers acquéreurs. Cependant la généralité des expressions de notre article 2146 ne permet guère d'adopter ce sentiment; on y trouve, en effet, que les inscriptions ne *produisent aucun effet*, si elles ont été prises dans le délai pendant lequel les actes faits avant l'ouverture des faillites sont déclarés nuls. Or, ne pas étendre la nullité aux tiers acquéreurs, c'est leur donner *un effet*, et par conséquent se mettre en opposition avec le texte de la loi.

X. De plus, notre article ne déclare les inscriptions nulles, qu'autant qu'elles ont été prises dans les dix jours qui précèdent la faillite, et cependant l'article 5 de la loi du 11 brumaire appliquoit la même règle à celles requises lors *de toute cessation publique de paiement*, et par conséquent immédiatement avant la cession de biens. Dira-t-on que le silence du Code à cet égard ne marque pas l'intention de faire une innovation, mais que, dans son esprit, l'article de la loi de brumaire doit encore être exécuté? Je ne penserois point que cette prétention fût fondée. Le législateur connoissoit toutes les dispositions de la loi de brumaire, et il en a extrait celles qu'il croyoit convenir; toutes celles dont il n'a pas parlé, ont donc, par cela seul, été abrogées. En second lieu, l'article 1269 du Code Napoléon, en déclarant que la cession de biens ne confère pas de propriété aux créanciers; l'article 132 du livre III du Code de Commerce, en établissant qu'elle n'éteint pas leur action sur les biens que le débiteur peut acquérir par la suite; et l'article 900 du Code de Procédure, en décidant que la cession de biens *ne suspend l'effet d'aucune poursuite*, démontrent que cette cession n'est d'aucune influence sur les droits hypothécaires des créanciers, mais qu'elle arrête seulement l'exercice de la contrainte par corps. *Elle n'a d'autre effet*, dit l'article 132, *que de soustraire le débiteur à la contrainte par corps.* — Ainsi, il faut conclure de ces réflexions que si depuis la cession de biens le débiteur ne peut plus consentir d'hypothèque, ses créanciers ont pu, jusqu'au jugement d'admission, faire utilement inscrire celles qu'ils avoient déjà.

XI. Les mêmes motifs qui font annuller les inscriptions prises dans les dix jours qui précèdent la faillite, s'appliquent, suivant la seconde partie de notre article 2146, au cas où on auroit pris inscription sur les biens d'une succession acceptée sous bénéfice d'inventaire; mais on a demandé s'il devoit en être de même lorsque la succession étoit déclarée vacante, c'est-à-dire, si les inscriptions prises dans les dix jours qui ont précédé celui auquel une succession a été déclarée vacante, étoient légalement faites? La question, soumise à la cour de cassation, on y a décidé que la vacance d'une succession la constituoit en état de faillite; que son titre seul l'annonçoit comme étant hors d'état de faire face à tous les engagemens du défunt; que par conséquent les inscriptions requises dans les dix jours qui précédoient la déclaration de vacance devenoient non utiles vis-à-vis des autres créanciers de la succession. (L'arrêt est rapporté au *Journal du Palais*, an 13, tom. 1, art. 24.)

XII. Enfin, cette dernière partie de notre article

présente la même difficulté que celle que nous avons examinée ci-dessus, n°. IX. La nullité qu'elle prononce contre les inscriptions prises sur les immeubles d'une succession acceptée sous bénéfice d'inventaire, a-t-elle son effet seulement à l'égard des autres créanciers de la succession, ou peut-elle être également invoquée par les tiers-acquéreurs? D'abord on croiroit que la question doit se résoudre par les mêmes principes que la précédente; que la nullité de l'inscription étant indivisible, elle ne peut exister pour l'un sans être appliquée à l'autre : cependant le texte de notre article répugne à cette opinion; on y voit que c'est seulement *entre les créanciers* de la succession, c'est-à-dire dans leur seul intérêt, que la loi établit la nullité; d'où on doit conclure que les tiers-acquéreurs ne pourroient s'en prévaloir. C'est l'opinion qu'a embrassée M. DELVINCOURT, *Institutes de Droit civil français*, tom. 3, pag. 264.

Il faudroit en dire autant pour les créanciers personnels de l'héritier. Comme la loi n'établit la nullité de l'inscription qu'en faveur des créanciers de la succession, il suit que les premiers ne pourroient s'en prévaloir, mais que sur les biens de la succession ils seroient toujours primés par les créanciers du défunt, qui, dans ce cas, n'avoient pas besoin d'obtenir la séparation des patrimoines. *Voyez* ce que nous avons dit sur l'article 2111.

Art. 2147. *Tous les créanciers inscrits le même jour exercent en concurrence une hypothèque de la même date, sans distinction entre l'inscription du matin et celle du soir, quand cette différence seroit marquée par le conservateur.*

Autrefois on reconnoissoit une antériorité dans les

hypothèques consenties le même jour ; en sorte que le créancier dont l'hypothèque avoit été consentie le matin, primoit celle établie le soir ; mais on a craint la collusion entre le créancier et le conservateur, et voilà pourquoi on n'a pas laissé à ce dernier les moyens de donner à son gré l'antériorité, lorsque plusieurs créanciers se présenteroient le même jour. On peut voir à ce sujet l'article 2202.

Mais la disposition de l'article 2147 n'est pas applicable aux priviléges qui doivent être inscrits dans un certain délai, ni même à ceux qui ne prennent de rang que du jour de l'inscription ; et la raison en est, que les premiers datent du jour de leur cause, s'ils ont été utilement rendus publics, et que les autres, aux termes de l'article 2094, priment toujours le simple créancier hypothécaire.

D'après cela, si un co-héritier, un légataire, etc., prennent inscription dans les délais utiles, et le même jour qu'un simple créancier hypothécaire, la préférence sera toujours accordée aux privilégiés. Il en seroit de même, si c'étoit un architecte ou autre ouvrier qui eût fait inscrire le premier procès-verbal le même jour qu'un créancier hypothécaire.

Art. 2148. *Pour opérer l'inscription, le créancier représente, soit par lui-même, soit par un tiers, au conservateur des hypothèques, l'original en brevet ou une expédition authentique du jugement ou de l'acte qui donne naissance au privilége ou à l'hypothèque.*

I. Cet article, en permettant au créancier de présenter lui-même l'acte constitutif de l'hypothèque, ou de le faire présenter par un tiers, laisse quelque incertitude sur la capacité de ceux qui peuvent requérir l'inscription.

En supposant, en effet, que le créancier soit mineur, interdit, ou qu'il s'agisse de la créance d'une femme, on pourroit demander si la représentation pourroit s'effectuer par le mineur, l'interdit ou la femme? Pour nous, nous ne faisons pas de difficulté qu'ils ne le puissent; et si nous en parlons, ce n'est que parce que nous l'avons souvent entendu demander. La femme, le mineur, etc., quoique sous la puissance d'autrui, sont toujours aptes à faire des actes qui n'exigent qu'une capacité passive, et que l'article 2139 leur donne nominativement le droit de faire.

En second lieu, notre article, en permettant au créancier de faire requérir l'inscription par un tiers, n'exige pas de procuration; d'où l'on doit conclure que tout individu seroit recevable à se présenter chez le conservateur à l'effet de la faire faire; et certes celui-ci seroit mal fondé à s'y refuser, parce que la représentation du titre constitutif de l'hypothèque prouve suffisamment les pouvoirs qu'a le porteur de requérir l'inscription.

Il est vrai que l'article 780 du Code de Procédure, en permettant aux créanciers de prendre inscription pour conserver les droits de leur débiteur, semble dire que tout autre personne n'en auroit pas le droit; mais ce n'est pas là le sens de cet article, il signifie que les créanciers peuvent, en *leur nom personnel*, prendre inscription sur le débiteur de leur débiteur; mais il ne décide point que ceux qui ne sont pas créanciers ne puissent, au nom du véritable créancier, requérir l'inscription sans en avoir mandat exprès; et la différence qu'il y a dans ces deux cas, c'est que dans l'un ceux qui requièrent l'inscription le font en leur nom personnel, tandis que dans l'autre on agit toujours à la requête du créancier.

Il faut en dire autant de l'article 63 du livre III du Code de Commerce, qui oblige les agens et syndics de la faillite de requérir l'inscription sur les immeubles des débiteurs du failli : en leur imposant cette obligation, la loi veut marquer ce qu'ils ont à faire, mais non désigner les personnes qui seules ont droit de requérir inscription.

En un mot, on ne pourroit, sans violer la lettre et l'esprit de notre article, exiger du tiers qui requiert l'inscription, d'autre mandat que celui que lui donne le titre constitutif de l'hypothèque dont il est porteur.

II. Une autre difficulté, peut-être plus sérieuse, est celle qu'on propose sur la représentation du titre. Le créancier, dit-on, est-il obligé, à peine de nullité de l'inscription, de représenter l'acte en vertu duquel il la requiert? D'une part, il sembleroit que toutes les formalités étant de rigueur en cette matière, celle-ci devroit être exactement suivie; mais en y réfléchissant on demeure convaincu que la représentation du titre n'est pas une formalité substantielle de l'inscription; que ce ne pourroit être que par un excès de rigueur qu'on pourroit la regarder comme un vice radical. En effet, on conçoit aisément qu'un conservateur puisse se refuser à faire l'inscription lorsqu'on ne lui représente pas le titre qui en fait la base; mais ce qu'on ne peut imaginer, c'est qu'on puisse la regarder comme nulle dès qu'elle est faite. L'inscription une fois écrite sur les registres, rien n'atteste la représentation du titre, et cependant tout le monde sait, et la Cour de cassation l'a déjà décidé, qu'on ne juge du mérite de la validité d'une inscription que par ce qui se trouve relaté sur les registres du conservateur. Or, comme nous l'avons déjà indiqué, la loi n'exige pas qu'on fasse mention de la représentation du titre, et l'expérience prouve que les registres n'en contiennent jamais la preuve.

Ainsi nous tenons que, s'il se trouvoit un conservateur assez complaisant pour ne pas exiger la représentation du titre, l'inscription une fois faite, n'en seroit pas moins valable.

III. Il seroit sans doute surabondant de faire remarquer que les formalités de l'inscription dont nous allons parler, ne s'appliquent qu'aux hypothèques conventionnelles et judiciaires, mais jamais aux hypothèques légales. Nous parlerons des formalités propres à celles-ci, sur l'article 2153.

Il y joint deux bordereaux écrits sur papier timbré, dont l'un peut être porté sur l'expédition du titre; ils contiennent:

La représentation des bordereaux est vraiment une formalité essentielle de l'inscription, et un conservateur ne pourroit se permettre de l'extraire de l'acte constitutif de l'hypothèque; s'il l'avoit fait, l'inscription seroit absolument nulle et ne pourroit donner de rang à l'hypothèque.

Ces bordereaux doivent seulement être écrits sur papier timbré, et nulle part on n'exige qu'ils soient signés du requérant. Cependant cette formalité, si elle étoit prescrite, auroit le double avantage d'indiquer *indubitablement* la personne qui requiert l'inscription, et d'empêcher les conservateurs de grever à leur gré les propriétés immobilières.

Quelques personnes ont pensé qu'il y auroit également de l'avantage à exiger que les bordereaux fussent datés ; mais il nous semble que cette formalité seroit surabondante, puisque le registre de remise, sur lequel les conservateurs doivent inscrire jour par jour les bordereaux qu'on leur apporte, assure que la date de l'inscription cadrera toujours avec celle de la remise.

1°. *Les nom, prénom, domicile du créancier, sa profession s'il en a une, et l'élection d'un domicile pour lui dans un lieu quelconque de l'arrondissement du bureau ;*

I. Le nom de celui qui requiert l'inscription est trop essentiel, et sa nécessité trop sentie, pour qu'on puisse se refuser à regarder comme nulle l'inscription dans laquelle il seroit omis. Mais il n'en est pas de même des prénom, domicile et profession. On a dit que l'individu étant suffisamment connu par l'énonciation de son nom de famille, les autres désignations ne pouvoient être de l'essence de l'inscription ; que par conséquent leur omission ne pouvoit en entraîner la nullité. — Continuant ensuite la même supposition, on a fait ce raisonnement : La loi sur l'organisation du notariat prescrit aussi l'énonciation des nom, prénom, profession, etc. ; mais cette disposition n'est pas du nombre de celles dont son article 68 ordonne l'observation à peine de nullité. Ainsi, l'acte qui seroit fait sans énoncer les prénom, qualité et domicile du créancier, ne seroit pas nul ; dès-lors, comment faire supporter à l'inscription ou à tout autre acte accessoire une nullité qu'on ne pourroit appliquer à l'obligation principale ?

Cette manière de raisonner ne nous paroît pas exacte. Dire que le nom de famille, sans autre désignation, fait suffisamment connoître l'individu qui requiert l'inscription, c'est nier ce que l'expérience la plus ordinaire atteste. Tous les jours il arrive que deux ou plusieurs individus portent le même nom, qu'on ne les distingue dans la société que par leur prénom, quelquefois même par leur profession et leur domicile, et cependant la loi a voulu que les autres créanciers, les tiers-acquéreurs, pussent, par la seule forme des bordereaux, reconnoître l'individu qui en avoit requis l'inscription ; se relâcher de la sévérité qui a dirigé les dispositions de la loi, c'est donc renverser son économie et méconnoître son but.

D'un autre côté, il ne faut pas croire qu'il suffise, pour la régularité des bordereaux, que la désignation qu'ils contiennent puisse quelquefois faire connoître le créancier qui requiert l'inscription : si telle eût été la pensée de la loi, elle auroit dit, comme elle l'a fait pour le débiteur, qu'ils devoient contenir le nom, etc. ou *une désignation individuelle et spéciale, telle que le conservateur pût reconnoître et distinguer dans tous les cas l'individu grevé d'hypothèque.* Mais elle ne l'a pas dit, et la raison en est sensible : le créancier sait toujours ses prénom, profession et domicile, et voilà pourquoi on ne devoit pas le dispenser de se faire connoître par-là à ses co-créanciers et aux tiers-acquéreurs. Mais le débiteur pouvoit n'être pas suffisamment connu du créancier, ses prénom et profession pouvoient lui être étrangers, et cependant il falloit lui laisser la faculté de conserver ses droits par l'inscription. Or, on ne le pouvoit qu'en lui permettant de désigner son débiteur d'une tout autre manière.

Le raisonnement qu'on tire de la loi du 25 ventose an 11 n'est pas plus fondé. Le contrat accessoire, la conservation de l'hypothèque sont assujettis à d'autres formes que le contrat principal ; l'un peut être légalement formé, tandis que l'autre est empreint d'un vice radical. Par exemple, un contrat de prêt sera valable, quoiqu'on n'y ait pas énoncé l'époque du paiement ou de l'exigibilité, et cependant l'inscription sera nulle, si on y a fait la même omission.

Concluons de ce que nous venons de dire, que toutes les désignations exigées par notre article sont essentielles à l'inscription, et que la loi les prescrit à peine de nullité. C'est dans ce sens que l'a jugé la Cour de Cassation, par son arrêt du 7 septembre 1807. Nous en rapporterons les motifs, parce qu'ils établissent énergiquement le principe : « Considérant que les forma-
» lités qui tiennent à la substance des actes doivent
» être exécutées à peine de nullité, alors même que la
» loi ne prononce pas cette peine ; — *qu'il est évidem-*
» *ment de l'essence d'une inscription hypothécaire, de*
» *contenir les énonciations prescrites par les articles* 40
» *et* 17 *de la loi de brumaire an* 7 (1) , *relativement*
» *aux personnes qui s'inscrivent, et à la date du titre*
» *dont elles se prévalent* , etc. etc. , la Cour, etc. »

---

(1) Notre article est absolument conforme à ceux de la loi de brumaire que cet arrêt rappelle.

(L'arrêt est rapporté au *Journal des Audiences*, 1807, 11e. cah.) (1) (2)

II. Ce même arrêt a décidé un point de jurisprudence assez controversé. L'article 2149 prévoyant le cas où on voudroit inscrire sur les biens d'une personne décédée, permet de le faire sous la simple désignation du défunt. Par réciprocité, on vouloit en inférer que les héritiers pourroient faire inscrire les créances de la succession sous le titre collectif d'héritiers, et sans indiquer le nom personnel de chacun d'eux. Mais la Cour a rejeté cette prétention, et confirmé le principe que toute inscription devoit énoncer les nom, prénom, etc. des requérans.

III. Outre le domicile réel du créancier qu'il faut énoncer dans le bordereau d'inscription, notre article en exige un d'élection dans l'arrondissement du bureau de la conservation des hypothèques. L'objet de la loi, en prescrivant cette formalité, a été de rendre plus faciles et plus rapides les poursuites que les co-créanciers ou les tiers-acquéreurs auroient à exercer entre eux.

Mais ce domicile peut être élu, soit dans la commune où est situé le bureau, soit dans tout autre, pourvu qu'elle soit dans le même arrondissement. On peut

---

(1) La Cour d'appel de Rouen a jugé, à la vérité, qu'une inscription n'étoit pas nulle, parce que l'inscrivant y étoit désigné sous d'autres prénoms que les siens; mais son arrêt ne doit pas tirer à conséquence, parce qu'il a été rendu dans des circonstances particulières et après que la nullité avoit été couverte par l'approbation de celui qui ensuite la proposoit. (*Voyez* l'arrêt, rapporté au *Journal du Palais*, 1re. sem. 1809, pag. 58.)

(2) La Cour d'appel de Besançon a déclaré nulle une inscription, par le seul motif qu'elle n'indiquoit pas la profession du créancier. (L'arrêt est rapporté au *Journ. du Palais*, 2e. sem. 1808, p. 461.)

également le choisir dans sa maison d'habitation, quand on réside dans le ressort du bureau des hypothèques. — A la vérité, quelques personnes avoient pensé que, dans ce cas, il n'étoit pas besoin d'élection de domicile; mais comme la loi ne distingue pas, il est plus sûr d'en choisir toujours un, soit chez soi, soit ailleurs.

Le domicile une fois élu, peut être à la vérité changé, soit par celui qui a requis l'inscription, soit par ses représentans (art. 2152), mais ne finit pas par le décès du créancier ni des personnes chez lesquelles il a été établi. On peut voir à ce sujet l'article 2156.

2°. *Les nom, prénom, domicile du débiteur, sa profession s'il en a une connue, ou une désignation individuelle et spéciale, telle que le conservateur puisse reconnoître et distinguer dans tous les cas l'individu grevé d'hypothèque;*

I. Tout ce que nous venons de dire sur la nécessité de l'énonciation des nom, prénom, etc., s'applique encore plus particulièrement au débiteur, et la sévérité de la loi ne sauroit, à ce sujet, être portée trop loin. Le système de publicité exige, en effet, que la désignation du débiteur dont les biens sont grevés, soit tellement précise, que personne ne puisse s'y méprendre.

Mais on a demandé ce qu'on pouvoit regarder comme désignation suffisante du débiteur? Un commentateur de la loi de brumaire a dit que le surnom qu'on se donnoit quelquefois, les fonctions qu'on remplissoit, et même la profession qu'on exerçoit, ne mettoient pas le conservateur à même de reconnoître dans tous les cas l'individu grevé. D'abord j'observerai sur la profession, et même sur les fonctions qu'on remplit, que, dans l'esprit de la loi, elles font suffisamment connoître le débiteur, puisque la loi de brumaire, et ensuite le Code Napoléon, n'exigent d'autre désignation qu'à défaut de celles-là. Ensuite, je ferai remarquer que le surnom pourra toujours désigner l'individu, s'il est tellement public, qu'il serve à distinguer le débiteur d'avec ceux qui portent le même nom. — On pourroit sans doute ajouter beaucoup d'autres exemples pour développer le sens de notre article; mais il suffit de savoir que le bordereau sera toujours légalement fait, lorsqu'à défaut de la profession du débiteur on aura donné une désignation *spéciale et particulière*, propre à le faire connoître.

II. L'article que nous examinons dit que les bordereaux doivent énoncer les nom, prénom et profession du *débiteur*; mais on peut se demander ce qu'on entend ici par débiteur, si c'est celui qui a contracté l'obligation, ou bien celui qui possède actuellement l'immeuble hypothéqué?

Généralement, l'expression *débiteur* indique celui qui s'est obligé au paiement de quelque chose; mais en matière d'hypothèque elle doit désigner l'individu *grevé*, c'est-à-dire le propriétaire actuel de l'immeuble, autrement le système de publicité seroit incomplet, et la vérification des hypothèques existantes impossible.

Voilà pourquoi la Cour de Cassation, par son arrêt du 13 thermidor an 12, a décidé que l'inscription faite après l'aliénation de l'immeuble hypothéqué, devoit, à peine de nullité, être faite sur le propriétaire du fonds hypothéqué, parce qu'il étoit, relativement à l'hypothèque, le seul qu'on dût regarder comme débiteur.

Mais, dit-on, il arrivera souvent que le créancier ne connoîtra pas l'aliénation, et dès-lors comment pourra-t-il inscrire sur le nouveau possesseur?

Un second arrêt de la même Cour, en date du 30 floréal an 13, détruit cette objection, en jugeant que le créancier a pu valablement faire inscrire sur le débiteur originaire, lorsqu'il ne connoissoit pas la mutation qui s'étoit opérée.

Ainsi, il paroît désormais constant : 1°. que par le mot *débiteur* employé dans notre article, on doit entendre celui qui possède actuellement l'immeuble; 2°. que l'inscription doit toujours être dirigée contre lui, si on a eu connoissance de son acquisition.

Toutefois il paroîtra peut-être difficile de juger quand le créancier a connu ou est censé avoir connu l'aliénation; mais en y réfléchissant, on s'appercevra aisément que d'après le Code de Procédure cette question est infiniment simple.

En effet, on voit (art. 834) que les créanciers antérieurs à l'aliénation peuvent toujours inscrire jusqu'à l'expiration de la quinzaine de la transcription. De-là deux époques à considérer. Si les créanciers requièrent inscription avant la transcription, leurs bordereaux doivent être faits sur la tête de leur débiteur personnel, parce que jusques-là ils peuvent ignorer la mutation; mais s'ils ne requièrent l'accomplissement de cette formalité qu'après la transcription, ils ne peuvent plus ignorer la mutation, et leurs bordereaux ne sont légalement faits, qu'autant qu'ils les dirigent contre le nouveau possesseur.

3°. *La date et la nature du titre;*

L'énonciation de la date du titre est aussi une formalité substantielle de l'inscription. Car, s'il importe au public de connoître celles qui sont prises sur un immeuble, il n'est pas moins de son intérêt de pouvoir vérifier si elles ont une cause légitime; ce qu'il ne peut faire qu'autant qu'il existe dans un registre public une indication précise, non-seulement du titre et de la nature de la créance, mais de sa date ou de celle de l'hypothèque, à défaut du titre. C'est ainsi que l'a jugé la Cour de Cassation, en cassant un arrêt de la Cour d'appel de Liége, qui avoit déclaré valable une inscription où on n'avoit pas rappelé la date du titre. (L'arrêt est rapporté au *Journal des Audiences*, 1807, 5ᵉ cah.)

II. De même, la Cour de Cassation, par son arrêt du 7 septembre 1807, a jugé que l'inscription étoit frappée de nullité lorsqu'elle donnoit une fausse date du titre constitutif de l'hypothèque; et la raison en est sans doute, que la fausse énonciation de la date ne remplissant pas le but que la loi s'étoit proposé, on devoit assimiler le bordereau qui donnoit une fausse date du titre, à celui qui n'en donnoit aucune.

III. Par analogie, il semble qu'on doit décider que la fausse énonciation de la nature du titre qui crée l'hypothèque entraîne aussi la nullité de l'inscription, car il y a parité de raisons dans l'un et l'autre cas : dans celui où on a énoncé une fausse date, comme dans celui où on n'a pas exactement rappelé la nature du titre, il est impossible aux autres créanciers et aux tiers-acquéreurs de vérifier si l'hypothèque a une cause légitime. — Si donc on a dit dans l'inscription qu'elle résultoit d'un jugement, tandis qu'elle prenoit réellement son origine dans un acte notarié, nous ne faisons pas de difficulté qu'elle ne soit frappée de nullité.

IV. Mais lorsque l'hypothèque ne résulte pas de l'acte qui crée l'obligation, mais d'une convention postérieure, on ne doit énoncer la date et la nature que de celle-ci. C'est tout ce qu'exige notre article.

4°. *Le montant du capital des créances exprimées dans le titre ou évaluées par l'inscrivant, pour les rentes et prestations, ou pour les droits éventuels, conditionnels ou indéterminés, dans les cas où cette évaluation est ordonnée; comme aussi le montant des accessoires de ces capitaux, et l'époque de l'exigibilité;*

I. Les registres des conservateurs doivent présenter au premier coup-d'œil le montant des charges qui grèvent les immeubles; et voilà pourquoi nous avons vu, article 2132, qu'on ne reconnoissoit d'hypothèque valable que celles qui indiquoient réellement, ou par apperçu, les sommes pour lesquelles elles étoient établies; or, c'est dans la même vue qu'on prescrit dans les bordereaux l'énonciation des sommes dues, ainsi que de *leurs accessoires*.

On appelle accessoires les intérêts que l'article 2151 fait conserver par l'inscription des capitaux, ainsi que les dépens ou dommages-intérêts auxquels on pourroit avoir été condamné lors du jugement qui a établi l'hypothèque.

La nécessité d'évaluer, au moins par apperçu, le montant des capitaux pour lesquels on inscrit, s'applique à toute espèce de créances, aux rentes constituées, comme à celles établies en viager. A la vérité, on pourroit dire que la rente viagère n'ayant pas ordinairement de capital fixe et connu, il est fort difficile de le déterminer; mais comme notre texte ne fait pas de distinction sur la nature des diverses rentes qui peuvent faire l'objet d'une inscription, qu'il est désormais de principe qu'aucune hypothèque ne peut exister sans qu'on en connoisse l'étendue, il faut que le créancier énonce le capital auquel il croit que la rente viagère peut être portée.

II. La formalité que prescrit notre article est aussi une des conditions essentielles à la validité de l'inscription. Ainsi l'a jugé la Cour de Cassation, par son arrêt du 5 septembre 1807, rapporté dans le *Journal du Palais*. Si donc un créancier avoit omis d'énoncer la somme pour laquelle il avoit hypothèque, nul doute que son inscription ne fût absolument nulle. Mais il en seroit autrement, si, en inscrivant, il avoit seulement énoncé la somme capitale, sans désigner celle qui lui étoit due pour les intérêts. Dans ce cas, la nullité ne porteroit que sur les intérêts, et laisseroit au capital le rang que lui donneroit la date de l'inscription.

III. Notre article exige encore l'énonciation de l'époque où la dette est exigible. Mais on avoit long-temps douté si c'étoit là une formalité tellement essentielle à l'inscription, que son omission dût en entraîner la nullité. Déjà la Cour de Cassation (1) avoit décidé l'affirmative, sans pour cela ramener tous les esprits; et il n'a fallu rien moins qu'une loi pour dissiper tous les doutes et établir incontestablement la nécessité de l'énonciation de l'époque de l'exigibilité. — Nous allons la rapporter, parce qu'elle jette un grand jour sur cette matière (2).

« Art. 1er. Dans le délai de six mois, à dater de la
» promulgation de la présente loi, tout créancier qui

―――――――――
(1) Son arrêt est rapporté au *Journal du Palais*, 1806, 1re. sem., art. 71, no. 368.
(2) Cette loi est du 4 septembre 1807. (*Bulletin des Lois*, no. 2742.)

» auroit, depuis la loi du 11 brumaire an 7, jusqu'au
» jour de ladite promulgation, obtenu une inscription
» sans indication de l'époque de l'exigibilité de sa
» créance, soit que cette époque doive avoir lieu à jour
» fixe, ou après un événement quelconque, est auto-
» risé à représenter au bureau de la conservation où
» l'inscription a été faite, son bordereau rectifié, à la
» vue duquel le conservateur indiquera, tant sur son
» registre que sur le bordereau resté entre ses mains,
» l'époque de l'exigibilité de la créance ; le tout, en se
» conformant à la disposition de l'article 2200 du Code
» Napoléon, et sans perception d'aucun nouveau droit.

» 2. Au moyen de cette rectification, l'inscription
» primitive sera considérée complette et valable, si
» d'ailleurs on y a observé les autres formalités pres-
» crites.

» 3. La présente loi ne s'applique pas aux inscrip-
» tions qui auroient été annullées par jugemens passés
» en force de chose jugée. »

IV. On auroit cru qu'une loi aussi formelle auroit
fait cesser tous les doutes, et établi irrévocablement
la nécessité de l'énonciation de l'exigibilité de la dette.
Cependant, tout en convenant du principe, on a demandé, 1°. si les inscriptions hypothécaires, pour la
conservation des rentes perpétuelles, devoient aussi
indiquer, à peine de nullité, l'époque de l'exigibilité
des arrérages, et même celle où le capital peut devenir
exigible dans les cas déterminés par les articles 1912
et 1913 du Code Napoléon ; 2°. si les inscriptions,
pour créances résultant de jugemens, doivent aussi
contenir, à peine de nullité, la mention de l'époque
de l'exigibilité ?

LL. EE. les ministres de la justice et des finances,

consultés sur ces deux difficultés, ont répondu : *sur la première*, que le créancier n'étoit pas tenu d'indiquer dans l'inscription l'époque de l'exigibilité qui pouvoit avoir lieu en vertu de l'article 1912 du Code Napoléon, et qu'en y désignant la nature et la date du titre, ainsi que le montant du capital, il avoit parfaitement rempli, quant au capital, l'esprit et l'intention de la loi, puisqu'il ne devoit déterminer d'autre époque d'exigibilité que celle qui résulte de son titre; mais que, relativement *aux arrérages*, il devoit en désigner non seulement le taux ou le montant, mais encore l'époque de leur échéance ou de leur exigibilité, cette obligation paroissant commandée en termes exprès, et par la loi de brumaire an 7, et par l'article 2148 du Code Napoléon.

Sur la seconde question, qu'il n'existoit pas de motif pour soustraire les créances résultant de jugement à la règle commune ; toute créance exigible, quel que soit le titre qui la constitue, devant être désignée dans l'inscription, non seulement par son capital et ses accessoires, mais encore par l'époque de leur exigibilité, puisque la loi l'ordonne en termes formels. (Ces deux décisions ont été rendues les 21 juin et 5 juillet 1808.)

V. Il faudroit appliquer, à plus forte raison, à la rente viagère, ce que nous venons de dire de la rente constituée en perpétuel. Comme son existence et ses effets se font naturellement connoître par la seule énonciation de la nature du titre; que même, aux termes des articles 1978 et 1979, elle ne peut jamais devenir exigible (1), on ne pourroit prescrire au créancier l'é-

---

(1) Si ce n'est lorsqu'elle a été constituée moyennant un prix, et que le constituant ne donne pas les sûretés stipulées. (*C. N.*, art. 1977.)

nonciation de l'exigibilité. Mais il faudroit décider autrement pour l'inscription des arrérages, car les mêmes raisons qui ont porté LL. EE. à juger que l'époque de l'exigibilité de ceux de la rente perpétuelle devoit être indiquée, s'appliquent naturellement aux arrérages de la rente viagère.

5°. L'indication de l'espèce et de la situation des biens sur lesquels il entend conserver son privilége ou son hypothèque.
Cette dernière disposition n'est pas nécessaire dans le cas des hypothèques légales ou judiciaires : à défaut de convention, une seule inscription, pour ces hypothèques, frappe tous les immeubles compris dans l'arrondissement du bureau.

I. Il faut que l'inscription seule fasse connoître l'immeuble hypothéqué à la dette; et elle ne peut pas plus sûrement atteindre ce but, qu'en désignant l'espèce et la situation des biens affectés. Au reste, comme nous avons déjà dit, art. 2129, en quoi consistoit cette désignation, nous nous contenterons de faire remarquer que c'est encore là une formalité essentielle à l'inscription, sans laquelle elle ne peut avoir d'existence légale.

Notre article dispense les inscriptions faites pour conserver des hypothèques légales et judiciaires, d'énoncer l'espèce et la situation des biens; et la raison de cette exception se trouve dans l'étendue de ces sortes d'hypothèques qui, grevant les biens présens et à venir du débiteur, doivent se conserver sur les biens situés

18

dans l'arrondissement du bureau, par le seul effet d'une inscription générale et indéterminée.

II. Mais il en seroit autrement, si par l'effet d'une convention l'hypothèque judiciaire se trouvoit réduite à certains immeubles. Comme alors l'hypothèque change de caractère, qu'elle devient, pour ainsi dire, conventionnelle, on est censé s'être remis sous l'empire de la règle générale, et s'être soumis à l'observation des formalités ordinaires. Si donc, en inscrivant cette hypothèque sur les biens auxquels elle a été réduite, on n'en avoit pas désigné la nature et la situation, l'inscription seroit absolument nulle.

On pourroit sans doute en dire autant pour l'hypothèque légale de la femme et des mineurs, lorsqu'elle a été réduite, et que les maris et tuteurs n'ont pas, dans leurs inscriptions, désigné la nature et la situation des biens ; mais comme, malgré la réduction, ces deux espèces d'hypothèques sont toujours indépendantes de l'inscription, la nullité des bordereaux seroit sans objet.

III. Notre article dit *qu'à défaut de convention, une seule inscription pour ces hypothèques frappe tous les immeubles compris dans l'arrondissement du bureau*: ce qu'il faut entendre des immeubles appartenant au débiteur lors de la réquisition de l'inscription, et non de ceux qu'il peut acquérir par la suite. Pour ceux-ci, l'hypothèque judiciaire et celle légale, assujetties à l'inscription, ne pourroient les frapper qu'autant qu'on auroit pris de nouvelles inscriptions ; c'est ainsi que l'avoit décidé l'article 4 de la loi de brumaire, et le Code Napoléon paroît avoir été conçu dans les mêmes vues.

Mais ces inscriptions subséquentes jouiroient de la même faveur que celles qui auroient été originairement prises, et n'auroient pas besoin, pour leur validité, d'énoncer la nature et la situation des biens.

Art. 2149. *Les inscriptions à faire sur les biens d'une personne décédée pourront être faites sous la simple désignation du défunt, ainsi qu'il est dit au n°. 2 de l'article précédent.*

Souvent il arrive qu'on ne connoît pas le nom des héritiers de son débiteur, et cependant on peut être intéressé plus que jamais à faire inscrire sa créance : voilà pourquoi notre article permet de le faire sous la simple désignation du défunt ; mais, dans ce cas, les bordereaux doivent énoncer, à peine de nullité, ses nom, prénom et domicile, ou tout autre désignation individuelle et spéciale, telle que le conservateur puisse reconnoître et distinguer l'individu grevé d'hypothèque.

Il faut voir à ce sujet ce que nous avons dit sur le n°. 2 de l'article 2148.

Toutefois, notre article est facultatif, et laisse au créancier le choix d'inscrire utilement, soit sous la simple désignation du défunt, soit sous celle de chacun des héritiers ; mais, dans ce dernier cas, l'inscription ne seroit complette qu'autant qu'elle seroit dirigée contre tous les héritiers, et qu'elle les désigneroit tous nommément. Si donc le créancier s'étoit contenté d'inscrire contre l'un d'eux, même en ajoutant que c'étoit en sa qualité d'héritier, l'inscription ne conserveroit l'hypothèque qu'autant que par l'effet du partage cet héritier se trouveroit saisi de l'immeuble affecté.

Art. 2150. *Le conservateur fait mention sur son registre du contenu aux bordereaux, et remet aux requérans tant le titre ou l'expédition du titre, que l'un des bordereaux, au pied duquel il certifie avoir fait l'inscription.*

I. La mention à faire par les conservateurs met le dernier sceau à l'hypothèque ; aussi doit-elle comprendre avec la plus rigoureuse exactitude tout ce que contiennent les bordereaux, et principalement les formalités qui leur sont essentielles. S'il arrivoit donc qu'un conservateur peu soigneux omît de faire mention sur ses registres, soit de la désignation des biens, soit de l'énonciation des sommes pour lesquelles on inscrit, soit enfin de tout autre formalité substantielle, l'inscription seroit nulle, et ne pourroit être couverte par la régularité des bordereaux. La raison en est, 1°. que, suivant l'article 2134, l'hypothèque ne *prend de rang que par l'inscription prise sur les registres du conservateur* ; 2°. que les tiers n'en peuvent connoître l'existence légale que par cette inscription, puisque le conservateur ne délivre jamais copie des bordereaux, mais seulement du contenu en ses registres. C'est ainsi que la cour de cassation l'a jugé le 22 avril 1807 (1). L'arrêt est rapporté au *Jour. des Aud.*, 5°. cah.

II. Mais, renversant la proposition, il faut examiner si le créancier peut se prévaloir de la régularité de l'inscription, lorsque son bordereau est inexact et nul? Les principes adoptés par l'arrêt ci-dessus rappelé ne

---

(1) La Cour d'appel du Calvados l'avoit aussi jugé le 9 prairial an 13.

permettent guère de doute. L'inscription sur les registres du conservateur suffit seule pour donner le rang à
l'hypothèque, et le bordereau n'est exigé que pour l'instruction du conservateur, pour lui donner les moyens
de faire l'inscription. D'un autre côté, le conservateur
n'étant obligé qu'à donner copie du contenu en l'inscription, le vice du bordereau doit se trouver naturellement couvert.

III. Ainsi, cet arrêt de la cour de cassation paroît dissiper tous les doutes sur la préférence qu'on doit accorder
à l'inscription sur les bordereaux. Mais il nous reste à
examiner si, dans le premier cas, lorsque le conservateur a omis de faire mention sur ses registres d'une
des formalités substantielles qui se trouvoient dans le
bordereau, il doit être déclaré responsable envers le
créancier? D'une part, on pourroit dire que l'article 2197
ayant limité la responsabilité des conservateurs, au cas
où ils auroient omis sur leurs registres des transcriptions et des inscriptions, et à celui où dans leurs certificats des inscriptions existantes ils auroient négligé
d'en rappeler quelqu'une, on ne peut arbitrairement le
surcharger d'une responsabilité qui n'est déjà que trop
onéreuse.

Cependant on peut répondre que le créancier qui a
fourni des bordereaux légalement faits, a accompli
tout ce que la loi exigeoit de lui; que, par conséquent,
la conservation de ses droits ne peut pas dépendre du
plus ou moins d'exactitude d'un tiers qui lui est étranger. Il est vrai qu'on peut dire qu'en fournissant les
bordereaux il doit veiller à ce que son inscription
s'effectue d'une manière régulière; mais la loi ne lui en
fait pas un devoir, et lui permet, par cela seul, de s'en

dispenser. En second lieu, on doit comparer l'inscription irrégulière que fait le conservateur sur la représentation de bordereaux où toutes les formalités sont observées, au cas où le conservateur auroit omis d'en porter une sur les registres, quoiqu'elle eût été valablement requise. Il est indifférent, en effet, que le conservateur n'ait pas fait l'inscription, ou qu'il l'ait faite d'une manière inexacte et infructueuse. Ainsi, par exemple, s'il avoit omis de faire mention de l'exigibilité, ou de tout autre formalité essentielle qui se trouvoit dans le bordereau, et qu'ensuite l'inscription fût déclarée nulle, il seroit responsable envers le créancier.

IV. Après avoir fait l'inscription, le conservateur doit remettre au requérant tant le titre ou l'expédition du titre, que l'un des bordereaux, au pied duquel il certifie avoir fait l'inscription. Dans ce même certificat il doit énoncer les droits et salaires qui lui ont été payés. — Suivant la loi du 21 ventose an 7, les droits d'inscription sont d'un pour mille du capital des créances, quels que soient le nombre des créanciers requérans et celui des débiteurs grevés. Le salaire du conservateur est de cinquante centimes pour chaque inscription.

On peut voir, à ce sujet, le chapitre II du titre II de la loi du 21 ventose an 7.

Art. 2151. *Le créancier inscrit pour un capital produisant intérêt ou arrérages, a droit d'être colloqué pour deux années seulement, et pour l'année courante, au même rang d'hypothèque que pour son capital; sans préjudice des inscriptions particulières à prendre, portant hy-*

pothèque à compter de leur date, pour les arrérages autres que ceux conservés par la première inscription.

I. Suivant les principes du droit romain (1), les intérêts résultant de créances qui en étoient susceptibles, étoient toujours colloqués au même rang que le capital ; mais depuis la loi de brumaire on a cherché à empêcher cette agglomération abusive d'intérêts qui souvent excédoit le capital des créances, et l'on a sagement arrêté que l'inscription d'un capital de cette nature ne donneroit droit d'être colloqué que pour *deux années d'intérêt seulement et pour l'année courante*. A la vérité, on n'a pas entendu par-là empêcher le créancier de prendre rang pour tous les intérêts dont l'article 2277 lui accorde la répétition ; mais, dans ce cas, le système de publicité exigeoit qu'il en fît mention, soit en inscrivant le capital de sa créance, soit en prenant pour cet objet une inscription particulière.

Quant aux intérêts non encore échus lors de l'inscription du capital, le créancier a droit d'être colloqué au même rang que pour le capital, mais seulement pour deux années et celle courante. La seule inscription pour le capital, encore qu'il n'y soit pas fait mention des deux années d'intérêt, leur conserve de *plein droit* le même rang qu'au capital. Ainsi jugé par arrêt de la cour d'appel de Paris, rapporté au *Journal du Palais*, an 13, 2e. sem., art. 258 (2).

---

(1) L. 12, §. 6, et L. 18, ff. *Qui Potior. in Pign.* ; L. *Eos qui.* Cod. *de Usur.*

(2) Cet arrêt a aussi décidé que les deux années d'arrérages ou in-

II. Mais il faut bien entendre ce que veut dire notre article, par ces expressions, *pour deux années seulement, et pour l'année courante*. Quelques personnes ont pensé que l'année courante étoit celle durant laquelle se faisoit la distribution du prix ; mais tel ne nous paroît pas le sens de cet article, car s'il est indubitable, comme nous le croyons, que les deux années dont on parle soient celles qui suivent immédiatement l'inscription, comment admettre que le créancier qui, depuis l'expiration de ces deux ans, n'a d'hypothèque pour les intérêts qu'autant qu'il fait de nouvelles inscriptions, puisse faire revivre la première à l'effet de lui conserver les intérêts de l'année où on fait la distribution ? Disons-le donc avec confiance : les deux ans pendant lesquels notre article conserve les intérêts commencent à courir de l'expiration de l'année durant laquelle on a fait l'inscription ; et les intérêts de cette dernière se conservent aussi par le fait seul de l'inscription du capital.

Ensuite, si le créancier veut s'assurer le paiement des autres années d'intérêt, même de celle durant laquelle on procède à la distribution, il doit prendre de nouvelles inscriptions, mais seulement lors des échéances; s'il les prenoit avant, nul doute qu'elles ne fussent frappées de nullité.

III. Notre article a encore présenté une autre difficulté dont il est essentiel de rendre compte. On a demandé si, lorsque la distribution avoit été retardée par des contestations, les créanciers devoient être colloqués, outre les deux années et celle courante, pour les intérêts échus durant l'instance ? La Cour d'appel de Paris,

---

térêts devoient s'entendre, non de ceux échus antérieurement à l'inscription, mais depuis qu'elle a été effectuée.

saisie de la difficulté, a pensé que ce seroit ajouter à la loi, que d'accorder une hypothèque pour un plus long terme que celui qu'elle fixe; qu'en réservant cette affectation pour deux années (et la courante), elle en a exclu nécessairement un plus grand nombre; que ses expressions étant claires, n'admettoient pas une autre interprétation. (L'arrêt est rapporté dans la *Collection des Jugemens*, an 13, p. 257.)

On a dénoncé cet arrêt à la Cour de Cassation; mais en rejetant le pourvoi, la Cour a regardé comme maxime fondamentale, que l'inscription du capital ne donnoit droit d'être colloqué que pour deux années d'intérêts, et pour l'année courante. (Ce second arrêt est rapporté par M. de Maleville, art. 2151.)

IV. Un autre point a attiré l'attention des conservateurs. Quelques-uns d'entr'eux ont demandé si notre article étoit applicable aux hypothèques légales comme à celles conventionnelles et judiciaires? Nous pensons qu'il faut distinguer : s'il s'agit de l'hypothèque de l'état, des communes ou autres établissemens publics, nul doute que notre article ne soit absolument applicable : cette hypothèque ne se conservant, en effet, que par l'inscription, elle ne diffère des hypothèques ordinaires que par son origine; mais si on propose la difficulté pour l'hypothèque des mineurs et des femmes, elle nous paroît résolue par cela seul que leurs droits se conservent sans inscription durant le mariage ou la tutelle, comme après leur dissolution. Vouloir donc exiger une inscription pour les intérêts que le mari ou le tuteur doivent à la femme ou aux mineurs, c'est aller plus loin que la loi, c'est assujettir les accessoires à des règles proscrites pour le principal; c'est, en un mot, violer la lettre et l'esprit de l'article 2135.

Or, ces considérations suffisent pour limiter notre article à l'hypothèque légale de la nation, des communes, etc., à celle conventionnelle et judiciaire.

Art. 2152. *Il est loisible à celui qui a requis une inscription, ainsi qu'à ses représentans, ou cessionnaires par acte authentique, de changer sur le registre des hypothèques le domicile par lui élu, à la charge d'en choisir et indiquer un autre dans le même arrondissement.*

I. L'élection de domicile faite lors de l'inscription, ne lie ni le créancier ni ses cessionnaires. Mais pour que ces derniers puissent changer le domicile élu, l'acte contenant cession doit être *authentique*. S'il étoit sous signature-privée, ils n'en auroient plus le droit (1).

En second lieu, pour que le changement soit légalement fait et ne vicie pas l'inscription, il faut indiquer en même temps un nouveau domicile. Si donc le créancier s'étoit borné à dire qu'il révoquoit le domicile qu'il avoit choisi, et n'en indiquoit pas un autre dans l'arrondissement du bureau des hypothèques, son inscription deviendroit nulle, et se trouveroit dans le même état que si on n'avoit jamais fait d'élection de domicile.

II. Suivant une décision du ministre, en date du 28 pluviose an 9, les déclarations portant changement de domicile élu doivent être faites et rédigées en marge de l'inscription; le créancier doit les signer : si l'espace manquoit, elles doivent être portées à la date courante du registre, en consignant en marge de l'inscription

---

(1) L'article 20 de la loi de brumaire donnoit ce droit à tout cessionnaire.

une note indicative du volume et du numéro où est placé le changement de domicile.

Mais lorsque les parties ne savent pas signer, il est nécessaire d'un acte notarié.

III. L'article 15 de la loi du 21 ventose an 7 accorde aux conservateurs un salaire de vingt-cinq centimes pour chaque déclaration de changement de domicile. Ce droit doit toujours être payé par le requérant.

Art. 2153. *Les droits d'hypothèque purement légale de l'État, des communes et des établissemens publics, sur les biens des comptables, ceux des mineurs ou interdits sur les tuteurs, des femmes mariées sur leurs époux, seront inscrits sur la représentation de deux bordereaux contenant seulement,*

1°. *Les nom, prénom, profession et domicile réel du créancier, et le domicile qui sera par lui, ou pour lui, élu dans l'arrondissement;*

2°. *Les nom, prénom, profession, domicile ou désignation précise du débiteur;*

3°. *La nature des droits à conserver, et le montant de leur valeur quant aux objets déterminés, sans être tenu de le fixer quant à ceux qui sont conditionnels, éventuels ou indéterminés.*

I. En comparant cet article avec celui 2148, on peut facilement juger des formalités dont la loi fait remise aux hypothèques purement légales. D'abord, il n'est pas nécessaire de représenter le titre en vertu duquel on requiert l'inscription; en second lieu, on ne doit énoncer ni l'époque de l'exigibilité, ni la valeur des droits conditionnels, éventuels ou indéterminés, ni les immeubles sur lesquels on entend conserver l'hypothèque. Néanmoins, quant à ce dernier objet, notre article ne doit s'appliquer qu'aux hypothèques *purement légales*, et non à celles qui auroient été réduites suivant les principes des articles 2146, 2141 et suivans (1).

Cependant le dernier numéro de notre article, qui dispense d'énoncer le montant des sommes indéterminées pour lesquelles on a hypothèque, a fait naître une difficulté. On a demandé s'il étoit applicable à l'inscription prise par la caution pour la conservation d'une hypothèque consentie par *le comptable cautionné*, à raison du cautionnement ? La Cour d'appel d'Amiens avoit jugé l'affirmative ; mais sur le pourvoi qu'avoient formé les autres créanciers, la Cour de Cassation a cassé l'arrêt, et par conséquent érigé en principe, qu'il n'y avoit que les hypothèques *purement légales* qui fussent dispensées de l'énonciation du capital et des accessoires de la créance. L'arrêt est rapporté au *Journal du Palais*, an 1809, article 11.

II. D'un autre côté, il est aisé de voir, d'après tout ce que nous avons dit sur l'article 2135, que les formalités dont nous nous occupons, ne sont *essentiellement* requises que pour l'hypothèque légale de l'Etat, des communes et des établissemens publics, puisqu'elle est la seule qui dépende de l'inscription, et qui ne prend de rang que par elle. Si donc il est vrai que, lorsqu'un

---

(1) Cet article 2153 ne parlant que des hypothèques *purement légales*, ne peut pas être étendu aux autres hypothèques dont nous avons parlé sur l'article 2121.

mari et un tuteur veulent prendre inscription sur leurs propres biens, ils soient obligés de suivre, dans les bordereaux, les formalités prescrites, il n'en est pas moins exact de prétendre que l'omission même la plus essentielle, ne sauroit vicier l'hypothèque légale qu'ils veulent rendre publique, puisqu'elle est indépendante de toute inscription.

Mais quant à l'hypothèque de l'Etat, des communes, etc., il faut lui appliquer, avec la même rigueur, tout ce que nous avons dit sur les n°s. I, II et IV de l'article 2148.

III. L'inscription de l'hypothèque légale de l'Etat doit se faire, savoir : sur les comptables et autres débiteurs du trésor public, à la réquisition de MM. les préfets ou de l'agent judiciaire du trésor, et pour la conservation des créances nationales, à la diligence des receveurs de l'administration.

Art. 2154. *Les inscriptions conservent l'hypothèque et le privilége pendant dix années, à compter du jour de leur date : leur effet cesse, si ces inscriptions n'ont été renouvelées avant l'expiration de ce délai.*

I. Cet article se trouvant clairement développé par un avis du Conseil-d'Etat, approuvé par l'Empereur le 22 janvier 1808, nous nous contenterons de le rapporter :

« La section de législation avoit proposé de laisser
» aux inscriptions tout leur effet *pendant tout le temps*
» *que dureroient l'obligation et l'action personnelle contre*
» *le débiteur, ou pendant tout celui que dureroit l'action*

» *hypothécaire contre le tiers détenteur, quand le bien*
» *chargé d'hypothèque seroit dans ses mains.*

» Cette proposition fut rejetée ; ce n'est pas qu'on ne
» trouvât un avantage pour les citoyens à n'être pas
» obligés de renouveler les inscriptions qu'ils auroient
» prises ; mais l'article de la section présentoit de grands
» inconvéniens dans son exécution ; on se réunit même
» à penser que l'exécution en seroit impossible.

» En effet, l'obligation personnelle dont le terme
» devoit, suivant l'avis proposé, régler la durée de
» l'inscription, pouvoit se prolonger un siècle peut-
» être, soit par des actes conservatoires, soit par une
» suite de minorité : or, comment un conservateur
» auroit-il pu se retrouver dans cette foule de registres
» qu'il seroit forcé de consulter tous les jours, à chaque
» fois qu'on lui demanderoit un certificat d'inscription ?

» Cette objection parut insoluble ; et tout en recon-
» noissant qu'il eût été à désirer qu'il fût possible d'épar-
» gner aux citoyens l'embarras d'un renouvellement
» d'inscriptions, on pensa qu'il n'y avoit pas de moyens
» pour y parvenir : l'article passa tel qu'il est aujour-
» d'hui, *sans aucune exception*; c'est-à-dire, que les
» inscriptions ne conservent les hypothèques et les pri-
» viléges que pendant dix ans, et que leur effet cesse
» si elles ne sont pas renouvelées avant l'expiration
» de ce délai.

» Le Code ne fait aucune exception, et c'est en quoi
» le nouvel article diffère de la disposition de la loi
» du 11 brumaire an 7 sur la durée des inscriptions.

» L'article 23 de cette loi présente d'abord la même
» disposition que celle de l'article 2154 du Code : il
» offre ensuite deux exceptions à cette règle ; la pre-

» mière, en faveur des inscriptions prises sur les comp-
» tables et leurs cautions, *lesquelles*, est-il dit, *auront
» leur effet jusqu'à l'apurement définitif des comptes,
» et six mois au-delà*; la deuxième, en faveur des ins-
» criptions sur les biens des époux pour leurs droits et
» conventions, *lesquelles dureront pendant tout le temps
» du mariage et une année après.*

» Si ces exceptions ne sont pas retracées dans le Code
» Napoléon, ce n'est point par oubli, mais avec ré-
» flexion, et par une suite des principes qui sont la
» base des nouvelles dispositions concernant les hy-
» pothèques.

» D'abord, les inscriptions relatives aux droits des
» femmes et des mineurs ne sont plus nécessaires pour
» la conservation de leurs hypothèques, qui existent
» indépendamment de toute inscription, suivant l'ar-
» ticle 2133 du Code; on n'a donc pas dû ordonner,
» pour la conservation de cette hypothèque, le renou-
» vellement d'une inscription qui n'étoit plus nécessaire
» pour son établissement.

» Quant aux inscriptions sur les droits des compta-
» bles, il est constant que les créances du trésor public
» n'ont pas été affranchies de la formalité de l'inscrip-
» tion par le Code Napoléon. L'article 2135 ne donne
» ce privilége qu'aux mineurs interdits et aux femmes.
» L'administration, qui a partout des agens qu'on
» doit supposer plus actifs et plus éclairés que le com-
» mun des citoyens, peut, sans contredit, faire re-
» nouveler les inscriptions qu'elle a dû prendre.

» On sent, d'ailleurs, que les inconvéniens sans
» nombre qui ont empêché de donner aux inscriptions
» un effet indéfini, se trouveroient tous dans une dis-
» position qui affranchiroit celles prises sur les comp-

» tables, de la nécessité du renouvellement avant l'ex-
» piration du terme de dix ans, généralement fixé
» pour toutes les inscriptions.

» On vient de dire que l'hypothèque légale des femmes
» et des mineurs existant indépendamment de l'ins-
» cription, il n'y avoit pas lieu, de leur part, à re-
» nouveler une mesure dont ils étoient dispensés.

» C'est ici le moment de remarquer qu'en affran-
» chissant les droits des femmes et des mineurs de la
» nécessité d'une inscription pour l'existence de leur
» hypothèque, on a cependant pris des mesures sévères
» pour que ces droits fussent rendus publics, et pour
» que ceux qui traiteroient avec les maris et les tuteurs
» ne fussent pas les victimes d'une clandestinité que le
» régime hypothécaire actuel a voulu proscrire.

» En conséquence, l'article 2136 du Code porte que
» les maris et les tuteurs seront tenus de rendre publi-
» ques les hypothèques dont leurs biens seront grevés
» à raison du mariage ou de la tutelle; il leur est or-
» donné d'en requérir eux-mêmes l'inscription sur leurs
» propres biens, sous peine d'être réputés stelliona-
» taires, et, comme tels, contraignables par corps.

» L'hypothèque n'existe pas moins à défaut de cette
» inscription de la part des maris et des tuteurs, mais
» ceux-ci sont punis personnellement s'ils ont négligé
» de faire inscrire l'hypothèque.

» C'est ainsi qu'on a cherché à concilier dans cette
» occasion l'intérêt général, qui veut la publicité des
» hypothèques, et l'intérêt particulier des femmes et
» des mineurs, qui ne doivent pas être victimes du
» défaut d'une inscription qu'ils seroient souvent dans
» l'impossibilité de former.

» Mais il est hors de doute que les maris et les tu-

» teurs sont tenus, sous les peines portées en l'arti-
» cle 2136, de renouveler, avant l'expiration du délai
» de dix ans, les inscriptions des hypothèques dont
» leurs biens peuvent encore être chargés; le motif qui
» leur a fait ordonner d'inscrire, leur prescrit aussi
» de renouveler l'inscription toutes les fois que leurs
» biens continuent d'être grevés à raison du mariage
» ou de la tutelle.

» Il ne reste plus qu'à s'expliquer sur le renouvelle-
» ment des inscriptions prises d'office. Le texte de l'ar-
» ticle 2154 du Code, et les développemens qu'on vient
» de donner, ne doivent plus laisser de doute sur la
» nécessité de ce renouvellement avant l'expiration du
» délai de dix années : on ne pourroit en élever que
» sur la personne chargée de prendre ce soin ; mais,
» avec un peu de réflexion, on demeure convaincu que,
» même sur ce point, il est impossible d'élever un doute
» sérieux.

» L'article 2108 porte que la transcription vaut ins-
» cription pour le vendeur; le même article charge le
» conservateur de faire d'office l'inscription sur son
» registre. La raison en est sensible : le conservateur
» trouve dans l'acte de vente qu'on lui présente tous
» les élémens du bordereau qu'un créancier ordinaire
» doit fournir pour faire inscrire son titre ; le conser-
» vateur a donc sous les yeux tout ce qu'il peut désirer
» pour être en état d'inscrire la créance du vendeur :
» la loi l'oblige à cette inscription, sans qu'il soit né-
» cessaire de lui faire, à ce sujet, une réquisition par-
» ticulière : la présentation de l'acte à la transcription
» équivaut à cette réquisition.

» Résulte-t-il de là que l'inscription ainsi faite d'of-

» fice ne doit pas être renouvelée ? en résulte-t-il que,
» lorsque l'époque du renouvellement est venue, c'est
» au conservateur à y pourvoir ? Il est évident que non.
» Le conservateur ignore, au bout de dix ans, si la
» créance du vendeur est ou non soldée; il lui seroit
» d'ailleurs impossible de tenir note de toutes les ventes
» qu'il auroit transcrites, pour veiller, chaque jour,
» à ce que chaque inscription d'office fût renouvelée à
» son terme.

» On n'a pas dû, on n'a pas pu imposer une pa-
» reille charge au conservateur : on n'a pas pu davan-
» tage l'obliger, à chaque demande d'un certificat
» d'inscription, de consulter tous ses registres, depuis
» quarante ans et plus, pour s'assurer qu'il n'existe
» pas quelque inscription d'office; recherche qui seroit
» cependant indispensable, si les inscriptions d'office
» n'étoient pas renouvelées.

» Il est donc vrai de dire que l'inscription d'office
» doit être renouvelée comme tout autre, pour la con-
» servation de l'hypothèque, et que c'est au vendeur à
» veiller au renouvellement : il ne doit pas se trouver
» blessé par une obligation qui lui est commune
» avec tous les créanciers sans exception, quand ils
» veulent conserver leurs droits.

» Les principes que nous venons d'établir s'appli-
» quent aussi à une autre espèce d'inscription d'office,
» ordonnée par l'article 7 de la loi du 5 septembre 1807.

» Les conservateurs des hypothèques sont tenus, sous
» peine de destitution et de dommages et intérêts, au
» vu des actes translatifs de propriété passés par les
» receveurs-généraux et payeurs, de faire d'office une
» inscription au nom du trésor public pour la conser-

» vation de ses droits, et d'en envoyer un bordereau
» à l'agent du trésor public.

» Il est facile à l'administration de tenir un registre
» de ces envois, et de faire renouveler ces inscriptions
» dans les délais prescrits ; il n'y a ici aucun motif
» d'exception à la règle générale.

» Ainsi, pour se résumer : 1°. *Toute* inscription
» doit être renouvelée avant l'expiration du laps de
» dix années ;

» 2°. Lorsque l'inscription a été nécessaire pour
» opérer l'hypothèque, le renouvellement est néces-
» saire pour sa conservation ;

» 3°. Lorsque l'hypothèque existe indépendamment
» de l'inscription, et que celle-ci n'est ordonnée que sous
» des peines particulières, ceux qui ont dû la faire
» doivent la renouveler sous les mêmes peines ;

4°. Enfin, lorsque l'inscription a dû être faite d'of-
» fice par le conservateur, elle doit être renouvelée
» par le créancier qui y a intérêt. »

II. Après un avis aussi clair, il ne nous reste que peu de chose à ajouter. Toutes les inscriptions, de quelque nature qu'elles soient, semblent devoir être renouvelées, et ce principe ne doit souffrir, y est-il dit, *aucune exception*. Cependant on a encore élevé quelques doutes sur les inscriptions à prendre par les conservateurs sur les cautionnemens en immeubles qu'ils sont obligés de fournir. L'article 7 de la loi du 21 ventose porte, en effet, que l'inscription une fois prise subsiste pendant la durée de la responsabilité du conservateur, *sans avoir besoin d'être renouvelée*; d'où on a conclu qu'encore aujourd'hui les conservateurs ne dévoient pas renouveler les inscriptions par eux prises sur leur cautionnement. Mais cette prétention ne nous paroît pas fondée; l'avis du Conseil la rejette formellement, puisque, d'une part, on y voit que le principe du renouvellement, lors de la discussion de l'article 2154, fut unanimement adopté, sans *aucune exception*, et que, dans le résumé de ce même avis, le Conseil établit en règle générale « que *toute* inscription doit être renouvelée avant l'expiration du laps de dix années. »

III. Enfin, nous observerons que, pour que le renouvellement soit utilement fait, il doit avoir lieu avant l'expiration des dix ans, et au plus tard le dernier jour; que les contestations qui surviendroient sur la distribution, et pendant lesquelles expireroient les dix années, ne dispensent pas le créancier de faire renouveler son inscription : ainsi jugé par la Cour de Cassation, le 5 avril 1808.

IV. Pour opérer le renouvellement, le créancier représente également deux bordereaux rédigés comme ceux désignés dans l'article 2148 et 2153, suivant qu'il s'agit d'hypothèque conventionnelle ou d'hypothèque légale. Ensuite, le conservateur effectue l'inscription sur le registre courant, indique en marge le numéro de l'ancienne inscription, et perçoit un nouveau droit proportionnel.

Art. 2155. *Les frais des inscriptions sont à la charge du débiteur, s'il n'y a stipulation contraire; l'avance en est faite par l'inscrivant, si ce n'est quant aux hypothèques légales, pour l'inscription desquelles le conservateur a son recours contre le débiteur. Les frais de la transcription*, *qui peut être requise par le vendeur, sont à la charge de l'acquéreur.*

I. Suivant l'article 23 de la loi du 21 ventose an 7, l'inscription des créances appartenant à l'État, aux hospices civils et aux autres établissemens publics, devoit être faite sans avance de droit d'hypothèque et des salaires des préposés. Notre article étend la même faveur à toute hypothèque légale, pour l'inscription de laquelle le conservateur a aussi son recours contre le débiteur (1).

Mais on a élevé des difficultés relativement aux créances appartenant aux fabriques. On a prétendu que, n'étant ni une propriété publique, ni une propriété de l'État, on ne pouvoit leur appliquer l'article 23 de la loi de ventose, ni l'article du Code Napoléon que nous examinons; qu'on ne devoit considérer les fabriques que comme des mineurs, dont les tuteurs (c'est-à-dire les administrateurs) devoient faire l'avance des frais faits pour leur intérêt et pour la conservation de leurs droits.

Cependant une décision de S. M., du 24 pluviose an 13, a fait cesser tous les doutes, et établi que les fabriques devoient participer aux mêmes avantages que les autres établissemens publics, en ce qui concerne les formalités hypothécaires.

---

(1) Lorsque les tuteurs auront payé les frais d'inscription de l'hypothèque légale qui les grève, pourront-ils les porter en dépense? L'article 24 de la loi du 11 brumaire en avoit une disposition expresse, et je ne pense pas qu'il soit entré dans l'idée du législateur de faire une innovation pour cet objet. La fonction de tuteur est assez fatigante, pour ne pas chercher à la rendre encore dispendieuse.

II. Quant à la transcription que peut requérir le vendeur pour conserver et rendre public son privilége, comme elle intéresse principalement l'acquéreur dont elle consolide les droits, il étoit juste d'en mettre les frais à sa charge; mais, dans ce cas, le conservateur n'a pas de recours à exercer contre lui. Le vendeur fait les avances, et se fait ensuite indemniser par l'acquéreur.

Art. 2156. *Les actions auxquelles les inscriptions peuvent donner lieu contre les créanciers seront intentées devant le tribunal compétent, par exploits faits à leur personne ou au dernier des domiciles élus sur le registre ; et ce, nonobstant le décès soit des créanciers, soit de ceux chez lesquels ils auront fait élection de domicile.*

I. Le tribunal compétent pour juger de la validité des inscriptions, est toujours celui dans le ressort duquel elles ont été faites. L'article 2159 le décide positivement. Cependant il peut arriver qu'un autre tribunal se trouve légalement saisi de la contestation ; c'est lorsque, par exemple, l'ordre entre les créanciers est porté devant d'autres juges, lesquels prononcent incidemment sur le sort des inscriptions prises dans un autre arrondissement. Mais hors ce cas, les juges légitimes de la validité de l'inscription sont ceux dans le ressort desquels elle a été prise. *Voyez* la discussion au Conseil, sur cet article.

II. La dernière partie de notre article décide une question fort controversée parmi les anciens auteurs (1),

---

(1) *Voyez* BACQUET, *des Droits de Justice*, chap. 6, n°. 16. — ROUSSEAU DE LACOMBE, *Jurisp. Civ.* v°. *Domicile*, n°. 14.

c'est celle de savoir si le domicile élu prend fin par le décès de ceux qui l'ont constitué. Les uns pensoient que, lorsqu'il étoit élu par contrat, la mort ne lui portoit aucune atteinte ; les autres décidoient, dans tous les cas, qu'il cessoit d'exister par la mort de celui qui l'avoit constitué. Aujourd'hui il ne peut plus y avoir d'incertitude, du moins quant au domicile élu par l'inscription. Il subsiste, dit notre article, nonobstant le décès, soit des créanciers, soit de ceux chez lesquels il aura été choisi.

CHAPITRE V.

De la Radiation et Réduction des Inscriptions.

Art. 2157. *Les inscriptions sont rayées du consentement des parties intéressées et ayant capacité à cet effet, ou en vertu d'un jugement en dernier ressort ou passé en force de chose jugée.*

I. Pour que le conservateur puisse effectuer la radiation des inscriptions, il faut, ou que les parties qui les ont requises donnent leur consentement, ou qu'un jugement l'ordonne.

Tout le monde ne pourroit pas consentir à la radiation ; il faut, pour cela, être partie intéressée, et avoir la capacité exigée.

On est partie intéressée, lorsqu'on a soi-même requis l'inscription, ou qu'on représente celui qui l'a fait faire ; encore, dans ce dernier cas, le consentement ne seroit-il suffisant qu'autant qu'il émaneroit de tous les représentans du créancier. Si donc l'un des héritiers avant partage consentoit seul la radiation, le conservateur ne pourroit, sans exposer sa responsabilité, se permettre de l'effectuer. Mais il en seroit autrement, si le partage étoit déja fait, et que la créance pour laquelle avoit été donnée l'hypothèque, fût tombée dans le lot de celui qui a consenti la radiation.

II. En second lieu il faut, pour consentir à la radiation, avoir *la capacité*, c'est-à-dire, être capable de contracter et de donner décharge d'une obligation souscrite en sa faveur. Or, la femme mariée, même celle qui est généralement autorisée à faire les actes d'administration, n'auroit pas la capacité de donner mainlevée d'une inscription prise en sa faveur; son mari, ou à son défaut la justice, devroit toujours suppléer sa capacité.

Mais il n'en seroit pas de même si l'inscription étoit prise à son profit pour la conservation de ses reprises; dans ce cas, le mari n'auroit pas d'autre moyen, pour en faire prononcer la radiation, que de suivre les formalités prescrites par l'article 2144.

III. Le mineur, émancipé ou non, ne peut pas non plus consentir seul une radiation, il doit se faire assister de son tuteur ou curateur; la raison en est, qu'aux termes du titre *des Tutelles*, et notamment de l'article 482, il ne peut pas donner décharge d'un capital mobilier, sans l'assistance du tuteur ou du curateur.

A la vérité, il reste à savoir si, dans ce cas, le tuteur et le curateur doivent être eux-mêmes autorisés par une délibération du conseil de famille. Nous ne le pensons pas : la loi laissant aux tuteurs et curateurs le droit de recevoir les dettes actives des mineurs, leur imposant même l'obligation de les recouvrer, doit leur donner le droit de décharger complettement les débiteurs; autrement ceux-ci pourroient se refuser à payer; et cette précaution, loin de tourner à l'avantage des mineurs, tendroit véritablement à leur ruine. Or, pouvant légalement décharger les débiteurs, ils doivent pouvoir consentir les radiations des inscriptions, qui ne sont qu'une suite, un effet immédiat du paiement.

IV. Suivant le même principe, les prodigues, les foibles d'esprit seroient aussi inhabiles à consentir une radiation, et leur consentement ne pourroit autoriser le conservateur à rayer l'inscription, qu'autant qu'il seroit corroboré de l'approbation du conseil judiciaire. On peut voir à ce sujet les articles 499 et 513 du Code Napoléon.

V. Il n'est pas peut-être aussi facile de se décider pour les envoyés en possession provisoire dans le cas d'absence déclarée. N'ayant, aux termes de l'article 125, qu'un dépôt dont ils sont comptables envers l'absent, s'il reparoît, on pourroit douter s'ils ont capacité pour consentir une radiation; cependant, comme l'ensemble des dispositions du Chapitre III, au titre *de l'Absence*, paroît établir qu'ils peuvent exercer les droits de l'absent, recevoir les dettes actives, en poursuivre le remboursement, il faut admettre comme conséquence nécessaire, qu'ils peuvent décharger les débiteurs, et par suite consentir aux radiations des inscriptions (1).

---

(1) Dans tous les cas, il est de la prudence des conservateurs, avant de rayer, d'exiger, outre l'acte qui marque le consentement du tuteur et des envoyés en possession, celui qui atteste que le paiement a été réellement consommé.

VI. Il n'en seroit pas de même dans le cas de présomption d'absence ; et celui qui auroit été nommé pour administrer les biens, ne pourroit consentir aux radiations. Dans ce cas, le tribunal seroit seul compétent pour autoriser l'ancien débiteur à faire rayer l'inscription ; encore ne le pourroit-il qu'après avoir entendu le procureur-impérial. (Art. 114.)

VII. Un mandataire général, à l'effet de donner toute main-levée des inscriptions, peut également consentir la radiation, et le conservateur pourroit l'effectuer sans craindre d'exposer sa responsabilité. Mais il en seroit autrement du pouvoir donné pour vendre un immeuble. Comme on ne sauroit y voir un mandat formel à l'effet de consentir les radiations des inscriptions d'office qui le grèvent, un conservateur ne devroit pas y procéder. *Voyez* article 1988 (1).

VIII. Tout ce que nous avons dit jusqu'à présent ne s'applique qu'aux inscriptions requises par les particuliers. Mais comme l'Etat, les communes, les établissemens publics peuvent aussi en requérir, il faut voir comment on peut les faire radier.

Suivant deux décisions de LL. EE. les ministres des finances et du trésor public, en date des 28 novembre 1808 et 24 janvier 1809, la radiation des inscriptions faites à la requête de l'agent du trésor public, doit s'opérer sur la remise des mains-levées *authentiques*, consenties par cet agent, et qui font mention des arrêts de la cour des comptes, ou arrêtés ministériels, en exécution desquels elles sont données.

---

(1) Le Conseil d'administration l'a ainsi décidé par délibération du 14 janvier 1806.

Un décret impérial du 11 thermidor an 13 fixe aussi le mode à suivre pour parvenir à la radiation des inscriptions prises dans l'intérêt des pauvres. Les receveurs de ces établissemens ne peuvent consentir aucune radiation qu'en vertu d'une décision spéciale du conseil de préfecture, prise sur une proposition formelle de l'administration, et de l'avis du comité consultatif, établi près de chaque arrondissement communal, en exécution de l'arrêté du 7 messidor an 9.

IX. Après avoir vu comment pouvoit s'effectuer la radiation des inscriptions, lorsqu'elle étoit volontairement consentie, il nous reste à examiner le second cas prévu par notre article, celui où elle est ordonnée par jugement.

Un jugement peut faire la base d'une radiation, lorsqu'il est *en dernier ressort* ou *passé en force de chose jugée* (1). Un jugement est *en dernier ressort,* lorsqu'il ne peut jamais être attaqué par une des voies ordinaires, telles que l'opposition ou l'appel. On peut en voir des exemples dans l'excellent ouvrage de M. Pigeau, sur la procédure civile, part. 3, tit. 4, chap. I.

Il est passé en force de chose jugée, lorsqu'étant

---

(1) L'article 548 du Code de Procédure pourroit peut-être faire croire que, depuis sa promulgation, il n'est plus besoin que le jugement soit passé en force de chose jugée. Il porte, en effet, que ceux qui prononcent une radiation d'inscription, ne sont exécutoires à l'égard des tiers, *même après les délais de l'opposition ou de l'appel,* que sur un certificat de l'avoué, indiquant la date de la signification, et sur l'attestation du greffier, constatant qu'il n'existe contre ces jugemens ni opposition ni appel. — Mais je ne pense pas que, dans l'intention de la loi, on ait voulu rapporter une disposition aussi précise que celle de l'article 2157. Il faut, en effet, plus que des inductions pour révoquer une loi existante, et dont tout le monde peut apprécier les

d'abord attaquable, soit par opposition, soit par appel, soit par l'une et l'autre voie, l'opposition ou l'appel ne sont plus recevables.

X. D'après cela il est facile de juger quels sont les jugemens dont la représentation peut obliger les conservateurs à rayer l'inscription : ce sont tous ceux qui ne peuvent plus être attaqués par aucune des voies ordinaires; et fussent-ils attaquables, ou même attaqués par les voies extraordinaires, soit de la requête civile, soit de cassation, que le conservateur ne pourroit se dispenser de procéder à la radiation ordonnée; la raison en est, que la requête civile et la voie de cassation ne suspendant pas l'exécution des jugemens ou arrêts, ils sont exécutoires dès qu'ils sont passés en force de chose jugée.

XI. Néanmoins on a élevé des doutes sur les jugemens par défaut, et on a demandé à quelle époque on pouvoit les regarder comme passés en force de chose jugée? Autrefois l'appel de ces jugemens étant recevable pendant trente ans, il est clair que ce n'étoit qu'à l'expiration de ce délai qu'ils étoient censés passés en force de chose jugée; mais le code de procédure ayant apporté des changemens notables à ces principes, il faut les consulter pour se faire une idée juste des règles à suivre en cette matière.

---

justes dispositions. Car enfin, quels seroient les résultats de cette révocation? Il arriveroit que l'inscription qui a été rayée en vertu d'un jugement dont on a ensuite obtenu l'infirmation, préjudicieroit nécessairement à des tiers qui, sur la foi du certificat négatif délivré par le conservateur, auroient contracté avec le débiteur. C'est, du reste, sur ces considérations que la Cour d'appel de Paris a jugé que d'après le Code de Procédure il falloit également un jugement passé en force de chose jugée. Son arrêt est du 14 mai 1808.

Par les articles 157 et 158 on fait une distinction entre les jugemens par défaut, rendus contre une partie ayant avoué, et ceux où il n'y avoit pas d'avoué constitué de la part du condamné. Si celui-ci avoit constitué avoué, l'opposition doit être formée dans la huitaine de la signification ; tandis que, lorsque le jugement a été rendu contre une partie qui n'avoit pas d'avoué, l'opposition est recevable jusqu'à l'exécution du jugement.

D'après cela, s'il s'agissoit de jugemens qui ne fussent pas susceptibles d'appel, il est évident qu'ils seroient passés en force de chose jugée dès que la huitaine qui suit la signification du jugement seroit expirée, ou, lorsqu'on n'a pas constitué d'avoué, que le jugement auroit été exécuté.

Mais comme ces jugemens peuvent être attaqués par appel, il ne suffit pas que le délai de l'opposition soit expiré, il faut encore que celui de l'appel soit échu. Or, suivant l'article 443 du Code de Procédure, le délai de l'appel expire trois mois après le jour où l'opposition n'est plus recevable.

Ainsi, en comparant ces divers articles, on voit que les jugemens par défaut, qui ordonnent une radiation, doivent être regardés comme passés en force de chose jugée : savoir, lorsqu'ils sont rendus contre une partie ayant avoué, trois mois après l'expiration de la huitaine ; et dans le même délai, à partir de l'exécution du jugement, lorsqu'il n'y a pas eu d'avoué constitué de la part de la partie condamnée.

XII. Mais ce n'est pas encore tout : si, dans la théorie, il est aisé de juger du jour où ces jugemens passent en force de chose jugée, il n'en est pas de même dans la pratique; sur-tout pour ceux rendus contre des parties qui n'avoient pas constitué avoué. Il est vrai que d'après les articles du Code de Procédure que nous venons d'analyser, c'est après l'expiration des trois mois, à partir de l'*exécution*. Mais quand est-ce qu'un jugement qui ordonne simplement une radiation, est censé exécuté? Il sembleroit que ce ne pourroit être que lorsque le conservateur auroit rayé l'inscription, ce que cependant il ne peut faire que lorque le jugement est définitivement passé en force de chose jugée.

Toutefois, l'article 159 du Code de Procédure jette un grand jour sur cette difficulté; il établit que le jugement est censé exécuté, lorsque les meubles saisis ont été vendus, ou que le condamné a été emprisonné ou recommandé, ou que la saisie d'un ou plusieurs de ses immeubles lui a été notifiée, *ou que les frais ont été payés*, ou enfin lorsqu'il y a quelque acte duquel il résulte nécessairement que l'exécution du jugement a été connue de la partie défaillante.

Or, comme un jugement qui ordonne la radiation des inscriptions condamne toujours la partie défaillante aux dépens, il est aisé de juger à quelle époque la condamnation est passée en force de chose jugée; c'est, suivant l'article 159, lorsqu'on a obtenu le paiement des frais, ou que, pour y parvenir, on a saisi et fait vendre les meubles, ou dénoncé à la partie condamnée la saisie d'un de ses immeubles. (Ainsi jugé par arrêt de la cour d'appel de Paris, en date du 14 mai 1808.)

Mais on insiste, et l'on dit que souvent il arrivera que le jugement ne pourra pas être exécuté, parce qu'il aura été rendu contre des personnes insolvables, à qui l'on ne pourra pas faire de saisie, parce qu'elles n'auront pas de propriété.

D'abord, la loi ne devoit pas prévoir ce cas, qui est purement hypothétique, et qui ne se réalisera peut-être jamais. D'une autre part, on peut répondre que le législateur ne devant pas exiger l'impossible, il a laissé la faculté de remplacer sa disposition par des équivalens ; que, par conséquent, au lieu de saisir les meubles et de les faire vendre, il a pensé qu'il suffisoit de faire connoître par tout autre acte, à la partie défaillante, l'existence de la condamnation contre elle prononcée. Ainsi, nous croyons que la saisie et la notification ne pouvant pas avoir lieu, on pourra les remplacer par un commandement fait à personne ou domicile, suivi d'un procès-verbal de carence ; et pour les individus dont on ne connoît pas le domicile réel, par une notification faite tant au domicile élu dans l'inscription, qu'entre les mains de M. le procureur-impérial, et après affiche à la principale porte de l'auditoire du tribunal. (Argument tiré de l'article 59, n°. 8, du Code de Procédure.)

XIII. Notre article exige seulement que le jugement en vertu duquel on veut faire radier l'inscription, soit en dernier ressort, ou passé en force de chose jugée ; mais l'article 548 du Code de Procédure ajoute de nouvelles obligations. Suivant cet article, le conservateur ne peut rayer l'inscription que sur la représentation d'un certificat de l'avoué de la partie poursuivante, contenant la date de la signification du jugement faite *au domicile de la partie condamnée*, et sur l'attestation du greffier, constatant qu'il n'existe contre le jugement ni opposition ni appel. Mais aussi, à la vue de ces certificats, l'article 505 du même code veut que le conservateur ne puisse se refuser à opérer la radiation ordonnée. Le créancier lui feroit donc en vain signifier des défenses extra-judiciaires ; la radiation devroit toujours s'effectuer.

XIV. Cet article 543 a donné naissance à une difficulté qu'il est essentiel de ne pas passer sous silence ; c'est celle de savoir à quel domicile doit être faite la signification du jugement : est-ce au domicile réel, ou peut-elle légalement être faite au domicile élu par l'inscription ?

A ne consulter que les articles 111 et 2156 du Code Napoléon, il sembleroit que la signification pût avoir lieu au domicile élu. Les articles 695 et 753 confirmeroient d'autant plus dans cette opinion, qu'en matière de saisie immobilière, et dans les instances d'ordre, ils autorisent les significations aux domiciles élus par les inscriptions.

Néanmoins, LL. EE. les ministres de la justice et des finances ont décidé, les 21 juin et 5 juillet, que la signification devoit être faite au domicile réel. Voici comment ils ont motivé leurs décisions et répondu aux objections.

« Il semble, ont-ils dit, que toutes les fois qu'il s'agit de l'exécution d'un jugement définitif, la signification doit être faite au domicile de la partie condamnée.

» L'article 147 du Code de Procédure le dit en termes exprès : il porte que le jugement ne pourra être exécuté qu'après avoir été signifié à avoué, à peine de nullité ; et que les jugemens provisoires ou définitifs, qui prononceront des condamnations, seront en outre signifiés à la partie, *à personne ou domicile*.

» Voilà bien le domicile réel de la partie clairement

distingué du domicile par elle élu chez son avoué, et la nécessité de signifier à ce domicile réel, lorsqu'il s'agit d'exécuter des jugemens, établis d'une manière incontestable.

» D'après cela, on doit croire que le domicile de la partie condamnée, dont il est question dans l'article 548, ne peut s'entendre que du domicile *réel*. Cet article ordonne pour les jugemens portant radiation d'inscription hypothécaire, ce que l'article 147 ordonne en termes généraux pour tous les jugemens portant condamnation. Dans l'un comme dans l'autre, c'est au domicile de la partie condamnée que la signification doit être faite.

» Quant aux articles 595 et 753, qu'on cite, il est facile de remarquer qu'ils ne concernent que des actes d'exécution, tels que notifications, placards, sommations de produire et autres, qui peuvent et doivent être signifiés au domicile élu par l'inscription ; mais pour la signification des jugemens portant condamnation, elle doit être faite au domicile de la partie condamnée, puisque les articles 147 et 543 l'ordonnent ainsi.

» Du reste, ont ajouté LL. EE., cette opinion paroît d'autant plus susceptible d'être adoptée, que, si elle peut avoir quelques inconvéniens, ils ne sont pas comparables à ceux qui résulteroient d'une signification d'un jugement définitif faite à un domicile dont le choix est presque toujours forcé, et où l'on n'est pas toujours sûr de trouver le zèle et l'attention nécessaires pour instruire à temps la partie intéressée du jugement rendu contre elle, et qui pourroit acquérir la force de la chose jugée, avant qu'elle en eût eu connoissance. »

XV. S. E. le Grand-Juge, par une lettre écrite au ministre des finances, en date du 25 fructidor an 12, et publiée dans le journal de l'Enregistrement, a encore décidé une autre question fort importante. Quelques tribunaux, en ordonnant la radiation des inscriptions, avoient cru pouvoir ordonner l'exécution provisoire de leurs jugemens; et certains conservateurs paroissant résister à exécuter ces décisions, prétendoient que les jugemens n'étant pas en dernier ressort, ni passés en force de chose jugée, ils ne pouvoient, sans exposer leur responsabilité, rayer les inscriptions. Mais le Grand-Juge a pensé que les conservateurs ne pouvoient pas s'immiscer dans ce qui tient à l'autorité judiciaire, leur devoir consistant à exécuter ce qui leur est prescrit, et à effectuer la radiation; — que par conséquent leur garantie se trouve dans les décisions des tribunaux, dont ils gardent toujours expédition. Mais nous pensons qu'il en seroit autrement, si le créancier avoit obtenu des défenses de la cour d'appel, et qu'il les eût fait signifier au conservateur; dans ce cas, il seroit du devoir de celui-ci d'obtempérer à ces défenses, et de ne pas rayer l'inscription. *Voyez* article 459 du Code de Procédure (1).

XVI. Les jugemens d'ordre ont aussi fait naître quelques difficultés. Suivant l'article 34 de la loi du 11 brumaire, sur les expropriations, il suffisoit, pour que le conservateur dût faire la radiation, que la créance

---

(1) Cet article est ainsi conçu : « Si l'exécution provisoire a été
» ordonnée hors les cas prévus par la loi, l'appelant pourra obtenir
» des défenses à l'audience, sur assignation à bref délai, sans qu'il
» puisse en être accordé sur requête non communiquée. »

n'eût pas été contestée. La raison en étoit, que le droit d'appeler n'étant accordé qu'aux parties qui avoient contesté la collocation, les créances non contestées devoient recevoir leur exécution, et par conséquent être suivies de radiation.

Aujourd'hui on se demande si cette disposition est tellement abrogée par la nouvelle législation, que l'appel formé par l'un des créanciers arrête la radiation de toutes les créances, même celles qui n'ont subi aucune contestation ?

Voici comment s'explique à ce sujet l'article 758 du Code de Procédure : « En cas de contestation, le com- » missaire renverra les contestans à l'audience, et *néan-* » *moins arrêtera l'ordre pour les créances antérieures à* » *celles contestées, et ordonnera la délivrance des borde-* » *reaux de collocation de ces créanciers*, qui ne seront » tenus à aucun rapport à l'égard de ceux qui produi- » roient postérieurement. »

Ensuite l'article 767, prévoyant le cas où il s'éleveroit des difficultés, établit que, « quinzaine après le juge- » ment des contestations, et en cas d'appel, quinzaine » après la signification de l'arrêt qui y aura statué, le » *commissaire arrêtera l'ordre des créances contestées, et* » *de celles postérieures.* »

Ce qui prouve deux choses : 1°. que l'état des créances antérieures à celles contestées est définitivement arrêté par l'ordonnance du juge commissaire, puisqu'on délivre les bordereaux, lesquels, suivant l'article 771, sont de suite exécutoires contre l'acquéreur; 2°. qu'il n'y a que les créances contestées, et celles qui les suivent, dont le rang soit suspendu par l'appel, puisque c'est de celles-là seules que doit s'occuper le juge commissaire, dans la quinzaine qui suit la signification de l'arrêt. — Ainsi, il paroît certain que l'appel n'est d'aucune influence sur le sort des hypothèques non contestées, et antérieures à celles qui l'ont été ; que par conséquent le conservateur peut en rayer les inscriptions, même durant l'appel.

Ce qui confirme cette opinion, c'est le rapprochement des articles 771 et 773. Dans le premier, en effet, on voit que les bordereaux de collocation sont exécutoires contre l'acquéreur. Par le second, on établit que le conservateur, *au fur et à mesure du paiement, et sur la représentation du bordereau et de la quittance du créancier, déchargera d'office l'inscription, jusqu'à concurrence de la somme acquittée*. Or, si la créance est acquittée dans son intégrité, qu'elle le soit, comme le veut l'article 771, avant ou durant l'appel interjeté pour les créances contestées, le conservateur devra également décharger l'inscription, et par conséquent la rayer malgré l'appel : il seroit difficile d'opposer quelque chose de solide à la conséquence naturelle qui s'induit de ces articles.

Quant aux créances postérieures à celles contestées, leur rang est toujours suspendu par l'appel, quoiqu'elles n'aient pas directement éprouvé de contestation, et le conservateur ne peut les rayer qu'après l'appel, puisque c'est seulement à cette époque que le juge-commissaire arrête l'ordre *des créances contestées et de celles postérieures*. (Art. 767 du *Code de Procéd.*)

XVII. L'article 773 exige la représentation de la quittance délivrée par le créancier utilement colloqué à l'acquéreur, mais ne s'explique pas sur sa forme ; d'où on pourroit conclure qu'elle peut être donnée sous signature privée. Cependant, comme pour toute radiation on exige un acte authentique et que le conservateur, pour sa propre sûreté, doit garder expédition de l'acte portant radiation, nous croyons que la quittance délivrée à l'acquéreur doit être en forme authentique.

Il sembleroit également qu'il ne fût pas nécessaire de faire mention, dans cette quittance, du consentement que le créancier donne à la radiation, puisque, suivant l'article 773, c'est le conservateur qui *la fait d'office*. Cependant l'article 772 l'exige impérieusement. « Le créancier colloqué, dit-il, en donnant » quittance du montant de la collocation, consen-» tira la radiation de son inscription. »

XVIII. Quant à la radiation des créances non utilement colloquées, elle doit être ordonnée par le juge-commissaire (art. 759), et le conservateur doit y procéder ; savoir, s'il n'y a pas eu de contestation sur l'ordre, aussitôt qu'on lui représentera l'ordonnance du juge-commissaire (art. 774); et s'il y a eu des contestations, lorsque le jugement qui les aura terminées sera passé en force de chose jugée. Or, les jugemens d'ordre sont passés en force de chose jugée, lorsque l'appel n'a pas été interjeté dans les dix jours de la signification à avoué, ou dans le même délai, augmenté d'un jour par trois myriamètres de distance du domicile réel de chaque partie (art. 763).

Encore, dans ce dernier cas, l'acquéreur qui demandera la radiation, devra-t-il représenter, comme le veut l'article 548, un certificat de l'avoué, contenant la date de la signification du jugement, et une attestation du greffier, constatant qu'il n'existe pas d'appel contre le jugement.

XIX. Jusqu'ici nous avons examiné les diverses difficultés que pouvoit faire naître la comparaison des articles du Code de Procédure avec celui 2157 du Code Napoléon; il nous reste maintenant à parcourir sommairement les cas où, suivant les principes du droit, quelques inscriptions doivent être rayées par suite de certains événemens auxquels la loi attache cet effet.

Suivant les articles 954 et 963 du Code Napoléon, la révocation des donations, soit pour inexécution des conditions, soit pour survenance d'enfans, fait rentrer les objets donnés entre les mains du donateur, francs et quittes de toutes charges et hypothèques. L'article 1673 établit une semblable disposition pour le vendeur à faculté de rachat, lequel, en exerçant son réméré, reprend l'immeuble exempt de toutes charges et hypothèques dont l'acquéreur l'auroit grevé. Or, dans ces trois cas et autres semblables, comment faire pour obtenir la radiation? Faudra-t-il seulement prouver au conservateur l'existence de la révocation et l'exercice du rachat, ou bien faudra-t-il rapporter le consentement des créanciers, ou un jugement en dernier ressort ou passé en force de chose jugée?

Il nous semble que toujours il faudra ou le consentement des créanciers, ou un jugement passé en force de chose jugée. En effet, le jugement qui ordonne la révocation des donations, l'acte qui fait connoître la survenance d'un enfant, et celui qui établit l'exercice du réméré, sont des choses étrangères aux créanciers inscrits, qui ne peuvent être exécutées contre eux que lorsqu'ils en ont eu connoissance. Il faut d'ailleurs distinguer les poursuites dirigées contre les détenteurs des biens, d'avec celles faites contre les créanciers inscrits. Les unes ont bien pour objet d'obtenir la nullité de l'hypothèque, mais c'est d'une manière secondaire et par suite d'une action principale; les autres, au contraire, constituent l'exercice du droit acquis par les premières, et en sont pour ainsi dire le complément. Ainsi ce n'est qu'après avoir fait prononcer ou obtenu la révocation ainsi que l'exercice du réméré, que le propriétaire peut exercer contre les créanciers inscrits le droit que lui donnent les articles 954, 963 et 1673 du Code Napoléon, et les forcer à consentir à la radiation.

XX. Enfin, nous terminerons nos observations par examiner si ces principes s'appliquent également aux rescisions, et si un conservateur à qui on présenteroit un jugement qui rescinde une vente pour cause de lésion énorme, pourroit effectuer la radiation. A la vérité, cette question dépend d'une difficulté fort controversée dans l'ancienne jurisprudence, et que le Code Napoléon n'a pas fait cesser. Elle consiste à savoir si, en rescindant la vente, le jugement a aussi annullé les hypothèques dont l'acquéreur avoit grevé les biens? Barthole et quelques autres commentateurs (1) avoient pensé que la rescision ne s'opérant pas dans ce cas, *ex causâ necessariâ*, les hypothèques consenties par l'acquéreur devoient subsister, même après la rescision du contrat. Mais Pothier, *Contrat de vente*,

---

(1) Sur la loi 2, au Code, *De Rescind. Vendit.*

n°. 371, répondoit avec raison que, lorsque la rescision du droit d'un propriétaire étoit prononcée, sans qu'aucun fait de sa part, intervenu depuis l'acquisition, y eût donné lieu, et qu'elle ne procédoit que d'un vice inhérent à son titre, il étoit vrai de dire que la rescision se faisoit *ex causâ necessaria*, et que par conséquent elle entraînoit la rescision des hypothèques et autres charges. Il ajoutoit que c'étoit là véritablement le cas de la maxime, *Soluto jure dantis, solvitur jus accipientis*, puisque personne ne peut céder plus de droits qu'il n'en a lui-même.

A ces raisons, bien fortes sans doute, nous nous permettrons d'en ajouter une nouvelle, que l'article 1673 nous suggère. Cet article, en effet, prévoyant le cas où le vendeur voudroit exercer son action en réméré, décide qu'il reprendra les biens exempts de toute hypothèque. Ce droit qu'a le vendeur n'est autre chose qu'une action rescisoire, qui ne diffère de celle que la loi lui donne, lorsqu'il a souffert une lésion énorme, qu'en ce que l'une naît de la convention, et l'autre de la loi. Mais, en dernier résultat, toutes les deux doivent produire le même effet, c'est-à-dire dépouiller l'acquéreur, et le faire regarder comme n'ayant jamais été propriétaire. Or, si tel est leur objet, si leurs effets sont tellement ressemblans, pourquoi ne donneroit-on pas à l'action en rescision ce que l'article 1673 accorde à l'exercice du rachat ? Pourquoi, dans un cas comme dans l'autre, n'anéantiroit-on pas les hypothèques et autres charges consenties par l'acquéreur ?

Cela une fois établi, il ne peut pas y avoir de difficulté pour la radiation des inscriptions consenties par l'acquéreur, dont le titre a été rescindé ; les principes que nous avons invoqués pour la révocation des donations et pour le réméré sont absolument applicables. Comme le jugement qui rescinde la vente est une chose étrangère aux créanciers de l'acquéreur qui ont obtenu hypothèque, qu'ils sont censés ne pas le connoître, il est clair que le propriétaire qui veut faire rayer leurs inscriptions, n'a pas d'autre moyen que d'obtenir leur consentement, ou de faire rendre contre eux un jugement.

Art. 2158. *Dans l'un et l'autre cas, ceux qui requièrent la radiation déposent au bureau du conservateur l'expédition de l'acte authentique portant consentement, ou celle du jugement.*

I. Le consentement à la radiation doit être établi par acte authentique, c'est-à-dire passé devant notaire ou tout autre officier compétent, tel qu'un juge-de-paix devant qui se seroient retirées les parties ; mais, dans ce dernier cas, il faudroit que le juge de-paix siégeât en bureau de conciliation.

II. En exigeant le dépôt de l'expédition de l'acte portant consentement, ou celle du jugement, notre article ne désigne pas le cas où la radiation auroit été consentie ou ordonnée par des actes qui contiendroient en même temps des choses étrangères à la radiation ; mais il exige, dans tous les cas, l'expédition de l'acte ou du jugement, ce qui suppose l'expédition *entière* de l'acte. Cependant quelques personnes ont prétendu que, dans ce dernier cas, une expédition par extrait devoit suffire, puisque l'objet de la loi étoit rempli dès que le conservateur avoit la partie du jugement ou de l'acte qui concernoit la radiation. Nous ne verrions pas, en effet, de grandes difficultés à adopter cette opinion; mais il nous semble qu'alors il faudroit obliger les notaires et greffiers à certifier dans leurs extraits que les jugemens ou actes ne contenoient pas des réserves, et qu'ils donnoient dans leur expédition tout ce qui concerne la radiation.

III. Les conservateurs gardent dans leurs bureaux, pour leur propre responsabilité, les expéditions des actes authentiques ou des jugemens qu'on produit pour les radiations. (*Décision du Ministre des Finances*, du 18 germinal an 10.)

Leur salaire est fixé par l'article 15 de la loi du 21 ventose an 7; à cinquante centimes pour chaque radiation.

Art. 2159. *La radiation non consentie est demandée au tribunal dans le ressort duquel l'inscription a été faite, si ce n'est lorsque cette inscription a eu lieu pour sûreté d'une condamnation éventuelle ou indéterminée, sur l'exécution ou liquidation de laquelle le débiteur et le créancier prétendu sont en instance ou doivent être jugés dans un autre tribunal; auquel cas la demande en radiation doit y être portée ou renvoyée.*

Cependant la convention faite par le créancier et le débiteur, de porter, en cas de contestation, la demande à un tribunal qu'ils auroient désigné, recevra son exécution entre eux.

I. Toutes les fois qu'il s'agit d'une action réelle,

elle doit être portée devant le tribunal dans l'arrondissement duquel est situé l'immeuble. (Art. 59 du Code de Procédure.)

Ce principe ne souffrant presque pas d'exception, doit être particulièrement appliqué, en matière d'inscription hypothécaire, surtout lorsqu'il s'agit de savoir si elles ont été légalement prises, ou si on doit procéder à leur radiation. Ainsi, le créancier qui seroit poursuivi ailleurs que devant les juges de la situation de l'immeuble, même devant ceux de son domicile, pourroit proposer son déclinatoire, et faire renvoyer la demande devant les juges légitimes.

D'après l'article 170 du Code de Procédure, le tribunal devroit même renvoyer d'*office* les parties devant qui de droit, si le déclinatoire n'étoit pas proposé, parce que, lorsqu'il s'agit d'incompétence, *à raison de la matière*, elle ne peut être couverte par l'assentiment tacite des parties.

II. Cependant observons qu'en permettant de renvoyer la demande en radiation devant un autre tribunal que celui de la situation de l'immeuble, lorsqu'il s'agit d'inscriptions faites pour sûreté de condamnations éventuelles ou indéterminées, sur l'exécution ou liquidation desquelles les parties sont déjà en instance devant d'autres juges, notre article 2159 n'a fait qu'appliquer une maxime générale de compétence, dictée par la raison.

Lorsqu'en effet le créancier et le débiteur sont en contestation sur une action principale, il est naturel de renvoyer aux juges de cette action toutes les demandes qui lui sont accessoires, car personne n'est à même de juger et d'apprécier les droits des parties, comme celui qui statue d'une manière générale sur toutes leurs prétentions. Aussi le Code de Procédure (art. 171) dit-il expressément, « que s'il a été formé » précédemment, en un autre tribunal, une demande » pour le même objet, ou si la contestation est connexe » à une cause déjà pendante en un autre tribunal, le » renvoi pourra être demandé et ordonné. »

Dans ce cas, le tribunal peut même, d'*office*, ordonner le renvoi. La raison en est puisée dans l'article lui-même, puisque, suivant sa disposition, il suffit, pour que le tribunal *doive* ordonner le renvoi, qu'il y ait déjà une instance principale à laquelle se rattache celle relative à la radiation.

III. Toutefois, notre article permet de stipuler qu'en cas de contestation la demande sera portée devant le tribunal qu'elles désigneront ; mais on a parfaitement observé au Conseil, lors de la discussion, que cette convention ne lioit que le créancier et le débiteur, et jamais les tiers (1). Si donc un tiers acquéreur demandoit la radiation, il est hors de doute qu'il pourroit porter sa demande devant les juges de la situation de l'immeuble hypothéqué, parce que l'effet de la stipulation étant renfermé entre les parties stipulantes, il ne change pas l'ordre des juridictions à l'égard des tiers.

Art. 2160. *La radiation doit être ordonnée par les tribunaux, lorsque l'inscription a été faite*

---

(1) Voyez *Conférences du Code Civil*, édit. de Didot, pag. 209, art. 2159.

sans être fondée ni sur la loi, ni sur un titre, ou lorsqu'elle l'a été en vertu d'un titre soit irrégulier, soit éteint ou soldé, ou lorsque les droits de privilége ou d'hypothèque sont effacés par les voies légales.

I. Cet article détermine les cas où, à défaut de convention des parties, et sur la réclamation d'une d'elles, les tribunaux doivent ordonner la radiation; c'est lorsque l'inscription a été illégalement prise; qu'elle n'étoit fondée ni sur la loi, ni sur un titre, ou que le titre qui en faisoit la base étoit irrégulier ou éteint; enfin, lorsque le privilége et l'hypothèque étoient effacés *par les voies légales.*

On entend ici *par voies légales* les divers modes prescrits, tant pour purger les hypothèques, que pour obtenir leur extinction. Ainsi, par exemple, le tiers acquéreur qui a régulièrement purgé les hypothèques qui grevoient le fonds acquis, a suivi les voies légales, et doit, par conséquent, obtenir la radiation. Ainsi, encore, le vendeur qui a exercé le réméré dans les délais prescrits, le donateur qui a fait révoquer la donation pour cause d'inexécution des conditions, ont par-là mis en œuvre les voies légales, et doivent par conséquent obtenir la radiation des inscriptions consenties par l'acquéreur et le donataire.

II. On voit encore, par cet article, qu'il ne suffit pas, pour faire faire la radiation, de prouver au conservateur l'extinction du titre qui produisoit l'hypothèque; il faut, en outre, qu'elle soit consentie par les parties intéressées, ou qu'il y ait un jugement en dernier ressort, et passé en force de chose jugée. C'est sur ce fondement que S. Exc. le ministre des finances, de concert avec S. Exc. le Grand-Juge, a décidé, le 17 novembre 1807, que, dans le cas d'une rente viagère éteinte par le décès du titulaire, le conservateur ne pouvoit rayer que du consentement des héritiers ou en vertu d'un jugement ; mais que le jugement n'étoit pas nécessaire, lorsqu'on produisoit l'acte en bonne forme, qui établissoit la qualité et le consentement des héritiers du titulaire de la rente.

Art. 2161. *Toutes les fois que les inscriptions prises par un créancier qui, d'après la loi, auroit droit d'en prendre sur les biens présens ou sur les biens à venir d'un débiteur, sans limitation convenue, seront portées sur plus de domaines différens qu'il n'est nécessaire à la sûreté des créances, l'action en réduction des inscriptions, ou en radiation d'une partie, en ce qui excède la proportion convenable, est ouverte au débiteur. On y suit les règles de compétence établies par l'article 2159.*
La disposition du présent article ne s'applique pas aux hypothèques conventionnelles.

I. En assurant, par l'hypothèque, le paiement de ce qui pouvoit être dû aux créanciers, il falloit aussi prendre garde de trop gêner la circulation, et on ne pouvoit mieux atteindre ce but, qu'en permettant aux débiteurs, dont l'universalité des biens se trouvoit grevée d'hypothèques pour quelque somme modique, d'en demander la réduction.

Cependant ce droit ne pouvant généralement s'appliquer à toute espèce d'hypothèque, il est essentiel d'entrer dans quelques détails.

II. D'abord, l'hypothèque conventionnelle devant, aux termes de l'article 2129, désigner nommément les immeubles sur lesquels elle est établie, il seroit difficile de la réduire sans porter atteinte à la convention des parties (1). Aussi, notre article donne-t-il pour règle constante, que le principe de la réduction ne s'applique pas à cette sorte d'hypothèque. — Néanmoins nous verrons, sur l'article 2163, que cette règle souffre une exception pour les créances indéterminées que le créancier a été obligé d'évaluer pour en requérir l'inscription.

Le passage de l'ancienne législation à la nouvelle a fait naître sur cette matière une difficulté qu'il ne sera pas inutile d'examiner. Autrefois l'hypothèque générale des biens présens et à venir étoit non seulement permise, mais suppléée dans tous les actes authentiques. Celui sur les biens duquel elle étoit assise, ne pouvoit jamais en demander la réduction, quelle que fût la valeur des biens. Est venu ensuite le nouveau système de spécialité, et on a demandé si, en abrogeant, pour l'avenir, tout ce qui tenoit à la généralité de l'hypothèque, la nouvelle loi avoit en même temps entendu permettre au débiteur de demander la réduction de l'hypothèque générale précédemment consentie ?

La question, soumise au tribunal de première instance d'Agen, on y a décidé que le nouveau régime

---

(1) Les conventions légalement formées tiennent lieu de loi à ceux qui les ont faites. (Art. 1134 du *Code Napoléon*.)

ne pouvant admettre la concurrence du premier, il falloit de toute nécessité ordonner la réduction de l'hypothèque.

Sur l'appel, on a soutenu avec raison que ce seroit donner un effet rétroactif à la loi, que de réduire une hypothèque conventionnelle contractée avant sa promulgation, et lorsque cette stipulation étoit absolument permise; que les parties étant maîtresses, à cette époque, de stipuler la garantie la plus absolue, il étoit hors du domaine de la loi d'y porter atteinte; que, d'ailleurs, le Code Napoléon défendant la réduction de toute hypothèque conventionnelle, sa disposition devoit, à plus forte raison, être appliquée aux hypothèques anciennes sous la foi desquelles on avoit contracté.

Ces raisons furent adoptées par arrêt du 4 fructidor an 13 ; et en infirmant le premier jugement, la Cour consacra le principe, que les hypothèques antérieures sont hors du domaine de la nouvelle loi ; qu'elles doivent encore être exécutées telles qu'elles ont été consenties, et sans souffrir aucune réduction. (L'arrêt est rapporté au *Journal du Palais*, 1re. sem. 1806, art. 2.)

III. L'hypothèque judiciaire est principalement soumise à la règle de la réduction, et l'article 2161 lui est entièrement applicable. Cette hypothèque, en effet, portant sur l'universalité des biens, sur ceux que le débiteur possède, comme sur ceux qu'il acquerra par la suite, il paroissoit juste de lui accorder le droit d'obtenir la radiation de ce qui excédoit les sûretés convenables. Mais on doit observer, encore une fois, que ce principe est particulier à l'hypothèque judiciaire acquise depuis le Code Napoléon, et qu'on ne sauroit, sans faire rétroagir sa disposition, l'appliquer aux hypothèques antérieures.

IV. Quant à l'hypothèque légale, je pense qu'il faut distinguer entre celle des femmes et des mineurs, et celle de l'Etat, des communes et des établissemens publics, sur les biens des comptables. La première peut être réduite ; nous en avons établi le principe sur les articles 2140, 2141, 2143 et 2144; mais la seconde ne sauroit souffrir de réduction, sans exposer l'Etat, les communes, etc. à des pertes considérables. Il est vrai que le silence que garde notre article à cet égard pourroit peut-être faire croire qu'il s'applique à toute espèce d'hypothèque qui affecte les biens présens et à venir; mais en rapprochant de sa disposition celle de l'article 2162, il est impossible d'admettre la réduction; suivant cet article 2162, la réduction n'est ordonnée que lorsque la valeur d'un seul domaine ou de quelques-uns d'entr'eux excède de plus d'un tiers, en fonds libres, le montant des créances en capital et accessoires. Or, comment faire cette évaluation dans une hypothèque qui n'a pour objet que les prévarications d'un fonctionnaire public dont la responsabilité excède presque toujours son avoir ?

Concluons de-là que la réduction que permet d'exiger l'article 2161, ne s'applique ni à l'hypothèque de l'Etat, ni à celle des communes et des établissemens publics, mais seulement aux hypothèques judiciaires qui affectent plus de biens qu'il n'en faut pour assurer l'exécution des obligations.

V. Les inscriptions ou transcriptions faites pour la conservation des priviléges ne sauroient non plus être réduites, quelle que fût la valeur des immeubles affectés; et la raison en est, qu'on ne peut affranchir des priviléges une partie des immeubles, sans porter atteinte à ces mêmes priviléges dont le caractère consiste à embrasser indéfiniment la totalité de l'immeuble. Si donc on avoit en même temps vendu deux immeubles à la même personne, et que la valeur d'un de ces immeubles excédât de plus d'un tiers ce qui restoit dû au vendeur, l'acquéreur n'auroit pas le droit de demander la réduction.

VI. La réduction peut être consentie par les parties, et alors elle se règle par leur convention; mais si elle n'est pas consentie, et qu'elle soit autorisée par la loi, le débiteur doit porter sa réclamation devant le tribunal dans l'arrondissement duquel a été prise l'inscription. Il faut appliquer ici tout ce que nous avons dit (art. 2159) sur la compétence en matière de radiation.

VII. Dans tous les cas, la réduction n'étant qu'une radiation partielle, on ne peut l'opérer qu'en vertu d'un jugement en dernier ressort ou passé en force de chose jugée (arg. tiré de l'art. 2157), et sur la représentation du certificat de l'avoué de la partie poursuivante, contenant la date de la signification du jugement faite au domicile réel de la partie condamnée, et sur l'attestation du greffier, constatant qu'il n'existe contre le jugement ni opposition, ni appel. (*Code de Procédure*, art. 548.)

Après cela, les conservateurs opèrent la réduction, mais de manière à se renfermer dans les termes de l'acte ou du jugement, et en faisant les réserves pour la partie de l'inscription qui doit subsister.

En outre, leur responsabilité exige qu'ils gardent

dans leur bureau les expéditions qu'on produit pour la réduction des inscriptions.

Art. 2162. *Sont réputées excessives les inscriptions qui frappent sur plusieurs domaines, lorsque la valeur d'un seul ou de quelques-uns d'entr'eux excède de plus d'un tiers en fonds libres le montant des créances en capital et accessoires légaux.*

On peut voir dans nos observations sur le n°. 4 de l'article 2148, ce qu'on doit entendre par *accessoires légaux*.

Art. 2163. *Peuvent aussi être réduites comme excessives les inscriptions prises d'après l'évaluation faite par le créancier, des créances qui, en ce qui concerne l'hypothèque à établir pour leur sûreté, n'ont pas été réglées par la convention, et qui, par leur nature, sont conditionnelles, éventuelles ou indéterminées.*

Cet article fait une exception à la règle établie par celui 2161, et cela devoit être ainsi. S'il est juste, en effet, d'interdire toute réduction lorsque l'étendue de l'hypothèque a été fixée par la convention des parties, il n'est pas moins équitable d'admettre d'autres principes lorsque, par l'indétermination primitive de la dette, le créancier s'est trouvé forcé de la fixer par apperçu. Dans ce cas, comme l'événement peut prouver qu'il a exagéré ce qui pouvoit lui être dû, le débiteur peut obtenir une réduction des inscriptions déjà prises.

21*

Le même principe s'applique, d'après cet article, aux dettes conditionnelles par leur nature, comme à celles qui sont absolument indéterminées; mais on doit observer que, par dettes conditionnelles, on entend ici seulement celles qui, étant d'abord indéterminées, peuvent devenir plus ou moins fortes par l'événement de la condition. Si donc il s'agissoit d'une dette conditionnelle, dont l'évaluation fût certaine, comme par exemple, si on avoit dit qu'on *donneroit 1000 fr.* si tel vaisseau arrivoit, la réduction de l'hypothèque ne pourroit pas avoir lieu, parce que, dans ce cas, l'évaluation n'a pas dû être faite comme l'exige l'article, par le créancier seul, mais qu'elle résultoit de l'obligation elle-même.

Enfin, il faut observer que pour qu'il y ait lieu à réduction des inscriptions prises pour créances indéterminées ou éventuelles, il faut qu'elles l'aient été d'après l'évaluation *faite par le créancier*; que par conséquent, comme l'observe M. le sénateur de Maleville, le débiteur ne pourroit demander de réduction, si le montant de la créance avoit été déterminé, même par apperçu, entre lui et le créancier.

Art. 2164. *L'excès, dans ce cas, est arbitré par les juges, d'après les circonstances, les probabilités des chances et les présomptions de fait, de manière à concilier les droits vraisemblables du créancier avec l'intérêt du crédit raisonnable à conserver au débiteur; sans préjudice des nouvelles inscriptions à prendre, avec hypothèque du jour de leur date,* lorsque

HYPOTHÉCAIRE. 325

l'événement aura porté les créances indéterminées à une somme plus forte.

Non-seulement le débiteur d'une dette indéterminée, et dont la fixation ou liquidation dépend de quelque événement, peut demander la réduction lorsqu'il est devenu certain que le créancier avoit exagéré ce qui pouvoit lui être dû, mais encore avant l'événement, et lorsque les probabilités et les circonstances font supposer que la somme due a été portée trop haut. C'est alors aux tribunaux à prononcer, et à rechercher dans les faits et les chances le juste milieu sans lequel leur décision nuiroit toujours ou au débiteur ou au créancier.

Mais si, malgré les précautions dont les juges ont pu s'entourer, leur décision se trouve, par l'événement, avoir trop réduit l'hypothèque du créancier, il sembleroit que celui-ci dût toujours exercer son hypothèque pour la totalité de sa créance, puisque son inscription paroît l'avoir conservée. Cependant, comme par l'effet de la réduction ordonnée les immeubles dégagés ont pu être aliénés, et regardés par les tiers comme libres, il seroit inconvenant de les faire rentrer sous l'affectation de l'hypothèque. Aussi notre article se borne-t-il à donner au créancier le droit de prendre de nouvelles inscriptions, avec hypothèque du jour de leur date, lorsque l'événement aura porté les créances à une somme plus forte.

Ainsi, dans ce dernier cas, le créancier aura hypothèque du jour de la première inscription, jusqu'à concurrence de la somme à laquelle aura été d'abord fixée sa créance, et pour le surplus, à compter de la nouvelle inscription seulement.

Art. 2164. *La valeur des immeubles dont la comparaison est à faire avec celle des créances et le tiers en sus, est déterminée par quinze fois la valeur du revenu déclaré par la matrice du rôle de la contribution foncière, ou indiqué par la quote de contribution sur le rôle, selon la proportion qui existe dans les communes de la situation entre cette matrice ou cette quote et le revenu, pour les immeubles non sujets à dépérissement, et dix fois cette valeur, pour ceux qui y sont sujets. Pourront néanmoins les juges s'aider en outre des éclaircissemens qui peuvent résulter des baux non suspects, des procès-verbaux d'estimation qui ont pu être dressés précédemment à des époques rapprochées, et autres actes semblables, et évaluer le revenu au taux moyen entre les résultats de ces divers renseignemens.*

CHAPITRE VI.

De l'Effet des Priviléges et Hypothèques contre les tiers détenteurs.

Art. 2166. *Les créanciers ayant privilége ou hypothèque inscrite sur un immeuble, le suivent en quelques mains qu'il passe, pour être colloqués et payés suivant l'ordre de leurs créances ou inscriptions.*

Les effets du privilége et de l'hypothèque *à l'égard des tiers*, se réduisent à deux principaux : 1°. le droit de suivre l'immeuble grevé en quelques mains qu'il passe (1); 2°. le droit de se faire payer suivant l'ordre de sa créance ou de son inscription.

Mais pour avoir le droit de suite, notre article exige que l'hypothèque soit *inscrite*. Cependant cela ne doit s'entendre que de l'hypothèque assujettie à l'inscription, et non de celle indépendante de cette formalité, telle que celle de la femme et des mineurs. Celle-ci, en effet, suit l'immeuble hypothéqué en quelques mains qu'il passe, encore qu'elle ne soit pas inscrite. *Voyez* l'article 2135.

Il faut en dire autant du privilége. Il suit l'immeuble entre les mains des tiers, sans avoir besoin de l'inscription, si la loi l'en a formellement dispensé; mais s'il est assujetti à cette formalité, il n'a le droit de suite qu'autant qu'il est inscrit.

---

(1) Si fundus pignoratus venierit manere causam pignoris, *quia cum suâ causâ fundus transeat.* L. 18., §. 2., ff. *De Pign. Act.*

Il sembleroit également, d'après cet article 2166, que le droit de suite et celui de se faire payer par préférence, ne sont accordés qu'autant que l'inscription a été faite *avant l'aliénation*. C'étoit effectivement ainsi que cela se pratiquoit sous la loi du 11 brumaire an 7. Mais depuis, l'article 834 du Code de Procédure a permis aux créanciers ayant une hypothèque antérieure à l'acte translatif de propriété, de prendre inscription dans la quinzaine de la transcription de cet acte, et par conséquent de suivre l'immeuble, et de se faire payer suivant l'ordre de leur inscription, comme s'ils avoient fait inscrire auparavant.

Voyez, au surplus, ce que nous avons dit sur l'article 2114.

Art. 2167. *Si le tiers détenteur ne remplit pas les formalités qui seront ci-après établies, pour purger sa propriété, il demeure, par l'effet seul des inscriptions, obligé comme détenteur à toutes les dettes hypothécaires, et jouit des termes et délais accordés au débiteur originaire.*

Lorsqu'un tiers a acquis un immeuble déjà hypothéqué, le chapitre VIII du présent titre lui permet de purger sa propriété, en accomplissant certaines formalités qu'il indique; mais s'il les néglige, et s'il ne fait pas le délaissement autorisé par l'article 2168 ci-après, il demeure, par *l'effet seul des inscriptions*, et *même par l'existence seule de quelques hypothèques et priviléges indépendans de l'inscription*, obligé comme détenteur au paiement de toutes les dettes en capital et intérêts. (Art. 2168.)

Nous disons par l'effet seul *des inscriptions*, etc., parce que le nouveau régime n'admettant pas *l'action en déclaration d'hypothèque*, il n'est plus besoin, comme sous l'édit de 1771, de faire déclarer le titre exécutoire contre le nouveau possesseur; mais qu'il suffit que ce dernier ait acquis l'immeuble hypothéqué, pour donner aux créanciers hypothécaires le droit d'agir contre lui et d'en exiger le paiement de leurs créances.

Toutefois, en acquittant les dettes, le tiers acquéreur jouit des termes et délais accordés au débiteur originaire, c'est-à-dire, ne peut être contraint au paiement qu'à la même époque où on auroit pu l'exiger de son vendeur; et le terme fût-il même de grâce, il devroit en jouir (1).

On verra, sur l'article 2184, qu'il doit en être autrement lorsque l'acquéreur paye par suite des procédures faites pour purger son acquisition.

Art. 2168. *Le tiers détenteur est tenu, dans le même cas, ou de payer tous les intérêts et capitaux exigibles, à quelque somme qu'ils puissent monter, ou de délaisser l'immeuble hypothéqué, sans aucune réserve.*

I. Autrefois le créancier hypothécaire dont le débiteur avoit aliéné l'immeuble hypothéqué, avoit l'action pure hypothécaire contre le tiers-possesseur, à l'effet de le faire condamner à délaisser le fonds ou à satisfaire à l'obligation. — Aujourd'hui cette action se trouve abso-

---

(1) Si la dette étoit conditionnelle, il profiteroit également de l'événement qui anéantiroit l'obligation.

lument anéantie, ou du moins convertie en une sommation qui a également pour objet de donner le choix au tiers acquéreur, ou de payer les dettes hypothécaires, ou de délaisser l'immeuble. Mais l'autorité des tribunaux n'est plus nécessaire pour légitimer la mise en demeure du possesseur; et dès que la sommation précitée lui a été faite, on peut, un mois après, passer outre à la vente de l'immeuble. *Voyez* l'article 2169.

Le tiers possesseur, s'il veut conserver l'immeuble, n'a donc d'autre moyen que de payer les créanciers hypothécaires en capital, intérêts, et autres accessoires conservés par l'hypothèque. Il peut seulement retenir devers lui, et jusqu'à leur exigibilité, les créances non encore exigibles.

Si, au contraire, il ne veut pas payer les créanciers hypothécaires ou privilégiés, il doit délaisser l'immeuble *sans aucune réserve*, c'est-à-dire, dans son intégrité, et sans pouvoir rien retenir pour ce qu'il a payé au vendeur, ou pour ce qui peut lui être dû d'ailleurs.

II. Cependant, si avant la vente qui lui a été faite de l'immeuble, il avoit lui-même une hypothèque, il pourroit se faire colloquer à son rang, comme il auroit le droit de faire renaître les servitudes et autres droits réels qu'il avoit sur l'immeuble antérieurement à sa possession. (Art. 2177.)

Art. 2169. *Faute par le tiers détenteur de satisfaire pleinement à l'une de ces obligations, chaque créancier hypothécaire a droit de faire vendre sur lui l'immeuble hypothéqué, trente jours après commandement fait au débiteur originaire, et sommation faite au tiers déten-*

teur de payer la dette exigible ou de délaisser l'héritage.

I. Si le tiers acquéreur ne paie pas les dettes hypothécaires, ou s'il ne délaisse pas le fonds, les créanciers hypothécaires et privilégiés ont le droit d'en poursuivre la vente. Mais ce droit leur est personnel, et ne peut jamais être exercé par les créanciers chirographaires, parce que, comme nous l'avons dit sur l'article 2092, ceux-ci ne suivent pas l'immeuble entre les mains des tiers.

Pour parvenir à la vente forcée de l'immeuble hypothéqué, notre article exige : 1°. un commandement au débiteur ; 2°. une sommation au tiers détenteur.

Les formalités à suivre pour le commandement sont fixées par le Code de Procédure, et nous ne nous en occuperons pas : toute notre attention va donc se porter sur la sommation à faire au tiers acquéreur.

II. Cette sommation est exigée toutes les fois que l'immeuble hypothéqué est passé entre les mains d'un tiers, et que les créanciers hypothécaires se proposent de le faire vendre sur sa tête. Le titre qui en a transmis la propriété ne change rien à cette obligation ; et fût-il même gratuit, la sommation seroit nécessaire pour le dépouiller.

Il en seroit de même, si le débiteur n'avoit aliéné qu'une partie de l'immeuble ou même l'usufruit ; et dans ce cas, comme dans celui d'aliénation absolue, on devroit sommer le tiers d'avoir à payer les dettes hypothécaires, ou de délaisser ce qu'il a acquis.

III. Les lois romaines (ff. *de Pign. et Hyp.*) admettoient l'action hypothécaire, tant contre l'acquéreur qui étoit déjà en possession de l'immeuble, que contre celui à qui on ne l'avoit pas encore livré : nous pensons qu'il en seroit de même aujourd'hui pour la sommation dont nous parlons, et que par conséquent les créanciers qui voudroient exproprier l'immeuble non encore livré, devroient également faire sommation à l'acquéreur. La raison en est, que la vente étant parfaite par le seul consentement, le tiers n'a pas besoin d'être mis en possession pour devenir propriétaire. (Art. 1583.)

Mais, au contraire, si la vente avoit été faite sous condition, et qu'avant l'événement les créanciers voulussent en poursuivre la vente forcée, il ne seroit pas nécessaire de sommer le tiers acquéreur, parce que la condition empêchant l'existence du contrat, il est censé n'avoir jamais eu de droit sur l'immeuble.

IV. Généralement, la sommation prescrite par notre article doit être faite à tous ceux qui ont acquis; cependant, si les acquéreurs avoient déclaré par le contrat acquérir solidairement, il est à présumer que la sommation pourroit être dirigée contre l'un d'eux ; car tel est l'effet de la solidarité, de faire regarder chacun des acquéreurs pris séparément comme propriétaire de l'universalité de l'immeuble.

V. De même, si des créanciers d'une succession agissoient contre les immeubles qui, par l'effet du partage, sont devenus la propriété d'un des co-héritiers, celui-ci devroit être regardé comme un tiers, et par conséquent sommation devroit lui être faite d'avoir à payer ou à délaisser.

VI. Enfin, si l'immeuble hypothéqué avoit été vendu à un mari agissant au nom de la communauté, ce seroit à lui seul qu'on devroit faire sommation ; tandis que, si c'étoit la femme qui eût contracté avec son autorisation, la sommation devroit être dirigée contre le mari et la femme. (Arg. tiré de l'art. 2208.)

VII. Les trente jours dont parle notre article, et avant l'expiration desquels on ne peut pas faire vendre l'immeuble hypothéqué, ne courent que de la date du dernier acte. Ainsi, si on a commencé par faire commandement au débiteur, et qu'ensuite on ait fait sommation au tiers possesseur, les trente jours se comptent à partir de la sommation.

Art. 2170. *Néanmoins le tiers détenteur qui n'est pas personnellement obligé à la dette, peut s'opposer à la vente de l'héritage hypothéqué qui lui a été transmis, s'il est demeuré d'autres immeubles hypothéqués à la même dette dans la possession du principal ou des principaux obligés, et en requérir la discussion préalable selon la forme réglée au titre du Cautionnement. Pendant cette discussion il est sursis à la vente de l'héritage hypothéqué.* (1)

I. Lorsque le tiers-détenteur est *personnellement* obligé au paiement de la dette, comme lorsqu'il est un des héritiers du débiteur (2), ou qu'il s'est engagé avec lui, il ne peut rien opposer à l'action des créanciers, et est

---

(1) Cet article rétablit l'exception de discussion introduite par les lois romaines, mais abolie par la loi du 11 brumaire an 7. *Voyez* l'arrêt de la Cour de cassation, du 16 décembre 1806.

(2) Arrêt du parlement de Paris, en date du 29 décembre 1607.

forcé de payer ou de délaisser le fonds (1). POTHIER, *Trait. des Hyp.*, chap. II, sect. Ire., art. 2, §. II.

Mais il est quelquefois embarrassant de savoir quand on peut regarder le tiers-possesseur comme personnellement obligé. Par exemple, s'il s'est porté caution, ou s'il a lui-même donné hypothèque pour sûreté de la dette contractée pour un autre, devra-t-on le juger obligé personnellement ? LOISEAU, *Trait. du Déguerpissement*, Liv. 3, ch. VIII, n°. 14, décide la négative pour le cas où il a hypothéqué un de ses immeubles, et nous croyons que c'est avec raison ; car on ne peut pas dire que la personne soit engagée, quand l'immeuble seul répond de la dette.

Quant au cautionnement, la question est peut-être plus difficile, mais doit se résoudre par les règles particulières à cette espèce de contrat. En s'obligeant pour un autre, la caution s'engage à exécuter l'obligation, et devient réellement débiteur de la somme due, puisqu'elle peut être contrainte à payer à défaut du débiteur principal, et même avant la discussion de celui-ci, si elle n'oppose pas cette exception. Aussi, pensons-nous que la caution est personnellement obligée à la dette, et que par conséquent elle doit abandonner l'immeuble qu'elle a acquis du débiteur, ou payer ses créanciers hypothécaires sans nulle discussion.

II. Si le tiers possesseur n'est pas obligé personnellement au paiement de la dette, il peut se dispenser d'abandonner l'immeuble et de payer les créanciers hypothécaires, en opposant *l'exception de discussion* (2).

---

(1) Il en seroit autrement du légataire particulier. Ainsi jugé par arrêt du 7 mars 1701.

(2) Cette exception peut être proposée par tout acquéreur pur

Mais pour cela il faut : 1°. que l'hypothèque qui grève l'immeuble acquis, ne soit pas spéciale ; 2°. qu'il soit resté entre les mains du principal obligé d'autres immeubles hypothéqués à la même dette ; 3°. que ces immeubles ne soient pas litigieux, ni situés hors l'arrondissement de la Cour d'Appel ; 4°. que cette exception soit proposée sur les premières poursuites dirigées contre le tiers détenteur ; 5°. que celui-ci avance les frais suffisans pour faire la discussion.

III. Lorsque l'hypothèque est spéciale, l'immeuble grevé devient le gage direct et exclusif des créanciers. Vouloir ensuite arrêter l'exercice de son droit, pour le transporter sur un autre objet, ce seroit anéantir la convention des parties, enlever au créancier le gage sans lequel il n'auroit pas prêté. Ainsi, appliquant ce premier principe, que la discussion ne peut être opposée lorsqu'on a hypothèque spéciale, il faut tenir que cette exception n'est utile que pour les hypothèques légales et judiciaires, mais jamais pour l'hypothèque conventionnelle, qui de sa nature est toujours spéciale.

IV. En second lieu, l'exception de discussion ne sauroit être opposée par le tiers détenteur, qu'autant qu'il reste entre les mains des débiteurs principaux, ou de l'un d'entre eux, d'autres immeubles *hypothéqués* à la même dette. La circonstance que ces derniers ont encore des immeubles libres, ne pourroit autoriser cette exception, parce que le créancier ne peut pas être forcé d'abandonner son droit de préférence sur l'immeuble hypothéqué, pour s'en tenir à un simple droit qui, sur

---

et simple comme par celui qui a acquis sous faculté de rachat (art. 1666), pourvu qu'il n'y ait pas renoncé (art. 2021).

les fonds non hypothéqués à sa dette, le mettroit au même rang que les créanciers cédulaires.

Il en seroit de même, si, n'ayant pas d'autres immeubles libres, le débiteur possédoit un riche mobilier. Dans ce cas, le tiers détenteur ne seroit pas plus fondé à opposer l'exception de discussion, parce que, encore une fois, le créancier ne peut pas être forcé de renoncer à son hypothèque pour un simple droit qui le feroit venir en concurrence avec les autres (1).

V. La loi exige encore que les immeubles ne soient pas litigieux, ni situés hors l'arrondissement de la Cour d'Appel. La raison en est, qu'on ne peut astreindre le créancier à une discussion difficile, dont le résultat tourneroit toujours à son préjudice, puisqu'elle retarderoit le paiement de la dette, et nécessiteroit de sa part quelques déplacemens toujours onéreux.

VI. Suivant l'article 2022, l'exception de discussion doit être proposée sur les premières poursuites ; elle est en effet une exception dilatoire, et on sait que les exceptions de cette nature doivent être proposées avant toute défense au fonds. (*Voyez* art. 186 du Code de Procédure ; Loiseau, liv. 3, ch. VIII, n°. 26.)

Mais il peut s'élever des difficultés sur ce qu'on doit entendre par ces mots de l'article 2022, *premières poursuites*. Autrefois il étoit facile de juger à quelle époque le tiers détenteur devoit opposer l'exception de discussion, puisqu'il falloit un jugement pour déclarer contre lui le titre exécutoire ; mais aujourd'hui qu'il n'est besoin d'aucune action, et que tout se réduit à quelques

---

(1) *Voyez* l'exception que nous avons faite à cette règle sur l'article 2092, n°. 2.

actes d'exécution, il est plus embarrassant de déterminer quand cette exception doit être proposée. Si nous suivions à la rigueur le texte de l'article 2022, sans doute que le tiers détenteur devroit demander la discussion dès qu'on lui a fait la sommation prescrite par l'article 2169; mais comme les créanciers hypothécaires ne peuvent faire vendre l'immeuble que trente jours après la sommation ou le commandement, que jusques-là le tiers peut se consulter pour le genre de défense qu'il a à opposer, il nous semble qu'il est toujours à temps de proposer la discussion, et que son exception ne peut être couverte et anéantie que par les poursuites subséquentes faites pour parvenir à la vente de l'immeuble hypothéqué.

VII. Enfin, de ce que l'exception de discussion est une exception dilatoire, il suit qu'elle ne fait que suspendre l'action hypothécaire; que, par conséquent, le créancier peut de nouveau attaquer le tiers détenteur, lorsque la discussion du débiteur ne lui a pas procuré le paiement de la dette.

Cependant si les immeubles indiqués par le tiers étoient d'abord suffisans pour remplir le créancier de ses droits, mais que, par sa faute, ils fussent ensuite tellement diminués de valeur, qu'il ne pût, en les discutant, se procurer le paiement de ce qui lui étoit dû, il n'auroit plus de recours à exercer. (*Voyez* l'art. 2024.).

VIII. Outre l'exception de discussion, le tiers acquéreur peut quelquefois en opposer une autre aux poursuites du créancier hypothécaire; c'est celle qui résulte de la garantie. Lorsqu'en effet un créancier se trouve personnellement obligé envers le tiers détenteur à la garantie de l'immeuble qu'il a acquis; comme, par exemple, s'il est héritier du vendeur, le tiers détenteur peut lui opposer une exception péremptoire, suivant la maxime : *quem de evictione tenet actio, eumdem agentem repellit exceptio. Voyez* sur cette exception POTHIER, Trait. des Hyp., ch. II, art. 2, §. 5.

Art. 2171. *L'exception de discussion ne peut être opposée au créancier privilégié ou ayant hypothèque spéciale sur l'immeuble.*

(*Voyez* ce que nous avons dit sur l'article précédent, nos. II et III.)

Art. 2172. *Quant au délaissement par hypothèque, il peut être fait par tous les tiers détenteurs qui ne sont pas personnellement obligés à la dette, et qui ont la capacité d'aliéner.*

I. Nous avons dit, sur l'article 2170, que lorsque le tiers possesseur étoit personnellement obligé à la dette, il ne pouvoit pas opposer l'exception de discussion, mais qu'il devoit payer. Nous ajoutons ici que, dans le même cas, il ne peut pas même abandonner l'immeuble pour se dispenser d'acquitter la dette. La raison en est, que l'obligation personnelle frappant tout-à-la-fois les biens et la personne du débiteur, celui-ci ne peut se libérer qu'en payant.

Cependant cette partie de notre article a présenté quelque difficulté dans l'application. On a demandé si, lorsque le tiers détenteur s'étoit obligé envers le débiteur, mais hors la présence du créancier, à payer la dette, il étoit encore recevable à délaisser le fonds ?

Pour l'affirmative, on a dit que cette stipulation faite entre le vendeur principal obligé, et celui qui achetoit l'immeuble, étoit étrangère au créancier hypothécaire ; et que, suivant la maxime, *alii per alium acquiri nequit*, il ne pouvoit s'en prévaloir, ni pour cela résister au délaissement.

Mais la Cour de Cassation, par arrêt du 21 mai 1807, a décidé que l'acquéreur n'étoit pas recevable à délaisser l'immeuble, parce que, par l'effet de la convention passée entre lui et son vendeur, il étoit devenu *débiteur personnel* de la somme due.

II. Pour délaisser l'immeuble, il faut, suivant l'article 2172, avoir la capacité d'aliéner ; d'où il suit, 1°. que le mineur émancipé ou non, ne peut pas l'effectuer ; que le tuteur ou curateur seul ne pourroit pas y consentir, mais qu'il devroit être autorisé par un conseil de famille, dont la délibération seroit homologuée par le tribunal (Art. 457 et 458 du Code Napoléon) ;

2°. Que l'interdit n'a pas plus de droit que le mineur, mais que son tuteur doit suivre, pour parvenir à ce délaissement, les règles prescrites au tuteur des mineurs (Art. 509) ;

3°. Que le foible d'esprit et le prodigue ne peuvent délaisser l'immeuble acquis qu'avec l'assistance de leur conseil (Art. 499 et 513) ;

4°. Que la femme mariée ne peut faire de délaissement sans l'autorisation de son mari (Art. 217) ; mais que celui-ci peut seul, et sans le concours de sa femme, délaisser un immeuble de la communauté (Art. 1421) ;

5°. Enfin que, dans le cas d'absence, les envoyés en possession provisoire n'ont pas la capacité d'effectuer le délaissement d'un immeuble appartenant à l'absent (Art. 128).

Art. 2173. *Il peut l'être même après que le tiers détenteur a reconnu l'obligation ou subi condamnation en cette qualité seulement : le délaissement n'empêche pas que, jusqu'à l'adjudication, le tiers détenteur ne puisse reprendre l'immeuble en payant toute la dette et les frais.*

I. Le délaissement peut être effectué par le tiers détenteur, encore qu'il ait passé titre nouvel ; mais il faut pour cela que ce titre n'ait été consenti par lui qu'en qualité de tiers détenteur. Si donc il s'étoit obligé personnellement, il ne pourroit plus délaisser l'immeuble (1) ; il en seroit de même s'il avoit été condamné personnellement à payer le créancier hypothécaire. *Voyez* nos observations sur l'article précédent.

II. Le délaissement légalement effectué ne peut pas être regardé comme une mutation, car l'article 68 de la loi du 22 frimaire an 7 ne l'assujettit qu'à un droit fixe de cinq francs. En second lieu, notre article met le comble à cette assertion, en permettant au tiers possesseur qui a délaissé l'immeuble, de le reprendre en payant *toute la dette et les frais* : c'est-à-dire, en acquittant complètement ce qui peut être dû en capital, intérêts et frais.

Néanmoins, quant aux frais, il faut faire attention que le tiers n'étant pas personnellement obligé, il ne

---

(1) Si l'immeuble acquis étoit hypothéqué à une rente et que le tiers possesseur se fût obligé de la continuer, seroit-il censé s'être obligé personnellement ? LOISEAU, liv. 4, ch. IV, nos. 15 et 16, et POTHIER, *des Hypoth.*, ch. II, n°. 3, pensent que non. La raison qu'ils en donnent, c'est qu'on croit difficilement qu'il ait voulu s'engager à plus qu'il ne devoit.

peut être tenu qu'au paiement de ceux conservés par l'inscription.

Art. 2174. *Le délaissement par hypothèque se fait au greffe du tribunal de la situation des biens, et il en est donné acte par ce tribunal. Sur la pétition du plus diligent des intéressés, il est créé à l'immeuble délaissé un curateur sur lequel la vente de l'immeuble est poursuivie dans les formes prescrites pour les expropriations.*

Art. 2175. *Les détériorations qui procèdent du fait ou de la négligence du tiers détenteur, au préjudice des créanciers hypothécaires ou privilégiés, donnent lieu contre lui à une action en indemnité; mais il ne peut répéter ses impenses et améliorations que jusqu'à concurrence de la plus-value résultant de l'amélioration.*

I. La première partie de cet article, en faisant supporter au tiers détenteur les dégradations par lui faites, est absolument opposée et à la loi romaine, et à l'opinion générale des auteurs qui ont écrit sur le délaissement par hypothèque. La loi 31, §. 3, ff. *de Hæred. Petit.*; Loiseau, liv. V., ch. XIV, n°. 7; Pothier, ch. II, art. 3, décident en effet que le tiers détenteur ne peut être condamné qu'à délaisser l'immeuble dans l'état où il se trouve, mais jamais à indemniser les créanciers des dégradations par lui faites. Pothier ajoutoit même que cela devoit être ainsi, encore que le tiers détenteur eût eu connoissance des hypothèques.

Cependant le principe de l'article 2175 est plus

juste, puisqu'il veille à la conservation des droits des créanciers, et force les acquéreurs d'immeubles qu'ils savent être hypothéqués, à être plus circonspects. — Ajoutez à cela que ce n'est qu'autant que les dégradations procèdent du fait ou de la négligence des tiers possesseurs, que la loi les rend responsables. Si elles étoient, en effet, l'ouvrage du hasard ou d'une force majeure qu'ils n'auroient pas pu arrêter, ils seroient déchargés de toute responsabilité.

Mais il en seroit autrement, si les dégradations n'avoient eu lieu que postérieurement à la sommation de payer ou de délaisser, encore qu'elles fussent arrivées par suite d'un cas fortuit. Car les créanciers ne doivent pas souffrir de la demeure du tiers possesseur, et celui-ci doit répondre des dégradations, à moins que l'immeuble n'en eût été également atteint entre les mains des créanciers.

II. En délaissant l'immeuble, le tiers acquéreur a droit de répéter les impenses qu'il a faites, mais seulement, suivant notre article, jusqu'à concurrence de *la plus-value*. Si donc l'immeuble se trouvoit augmenté d'une valeur de trois mille livres, il ne pourroit répéter que cette somme, encore qu'il en eût dépensé une plus considérable. Cependant, si ces impenses pouvoient être facilement enlevées, sans dégrader l'immeuble, nous ne faisons pas de doute qu'on lui accordât la faculté de les retirer. C'étoit l'avis de Pothier. Il nous semble devoir encore être suivi.

III. Si les dépenses étoient inférieures à l'augmentation de valeur qu'elles auroient occasionnée, il sembleroit peut-être, d'après notre texte, que le tiers eût droit d'exiger la totalité de la plus-value; mais nous ne pensons pas que ce soit là le véritable sens de notre article : on a voulu mettre des bornes aux réclamations du tiers possesseur, mais non porter ses espérances au-delà de ce qu'il a dépensé. Il doit donc se contenter de retrouver ses fonds sans chercher à bénéficier sur l'augmentation produite par les circonstances.

IV. Il est même des impenses que le possesseur ne peut pas répéter, quoiqu'elles aient, en quelque sorte, augmenté la valeur de l'immeuble ; ce sont celles connues sous le nom de *dépenses d'entretien*. Comme il a joui des fruits, et que ces dépenses en sont une charge, il ne peut avoir de répétition à exercer. (*Voy.* POTHIER, *des Hypothèques*, ch. II, art. 2, §. 4.)

V. Suivant les principes du droit romain (L. 29, §. 2, ff. *de Pig. et Hyp.*), le tiers possesseur pouvoit retenir l'immeuble jusqu'au remboursement des impenses qu'il avoit droit de répéter. Mais cette jurisprudence n'étoit pas suivie dans l'ancien droit (ainsi que l'atteste Loiseau, *Traité du Déguerpissement*) et ne doit pas l'être dans le nouveau : seulement nous croyons que le tiers détenteur seroit privilégié sur le prix provenant de la vente de l'immeuble.

VI. Cet article 2175 a présenté une difficulté qu'il ne sera pas inutile de rapporter. On a demandé si lorsqu'un second acquéreur fait le délaissement, le premier qui n'a pas fait transcrire, mais qui avant de vendre a fait des impenses, peut les répéter jusqu'à concurrence de la plus value ? D'un côté on pourroit dire que les créanciers du vendeur originaire ne devant pas profiter des améliorations au préjudice du premier acquéreur, mais devant prendre l'immeuble dans l'état où il étoit lors de l'aliénation, ils seroient mal fondés à s'opposer à cette déduction des impenses.

De l'autre on peut répondre que l'article 2175 n'accorde le droit de retenir les impenses qu'au tiers-acquéreur qui fait le délaissement; que le premier acquéreur ne pouvant être regardé que comme un créancier chirographaire, n'a pas le droit de troubler les créanciers hypothécaires dont les prérogatives ne peuvent être limitées que par l'acte d'abandon. C'est ainsi que l'a jugé la Cour de Cassation par son arrêt du 5 novembre 1807, rapporté dans sa Jurisprudence, an 1808, 3e. cahier.

Art. 2176. *Les fruits de l'immeuble hypothéqué ne sont dus par le tiers détenteur qu'à compter du jour de la sommation de payer ou de délaisser; et, si les poursuites commencées ont été abandonnées pendant trois ans, à compter de la nouvelle sommation qui sera faite.*

Que le tiers détenteur soit de bonne ou mauvaise foi, qu'il soit acquéreur à titre onéreux ou à titre gratuit, il ne doit jamais les fruits que du jour de la sommation. Cependant s'il y avoit eu dol, et que l'on parvînt à faire rescinder le contrat, il n'est pas douteux qu'il ne dût rapporter tout ce qu'il auroit perçu.

Art. 2177. *Les servitudes et droits réels que le tiers détenteur avoit sur l'immeuble avant sa possession, renaissent après le délaissement ou après l'adjudication faite sur lui.*

Ses créanciers personnels, après tous ceux qui sont inscrits sur les précédens propriétaires, exercent leur hypothèque à leur rang sur le bien délaissé ou adjugé.

I. Sur la première partie de cet article, *voyez ce que nous avons dit*, art. 2168, n°. II.

II. Il sembleroit que l'acquéreur d'un immeuble hypothéqué étant propriétaire par le fait seul de la vente, il a pu hypothéquer lui-même cet immeuble à ses propres créanciers, et leur donner le rang dû à leurs inscriptions. Cependant notre article en décide autrement, puisqu'il appelle d'abord tous les créanciers hypothécaires du vendeur sans distinction, et que ce n'est qu'après eux qu'il permet de colloquer ceux personnels à l'acquéreur.

Mais la raison en est sensible : le vendeur, en aliénant l'immeuble hypothéqué, n'a pu le transmettre que sous l'affectation des priviléges et hypothèques dont il étoit déjà chargé ; et suivant l'article 834 du Code de Procédure, ces priviléges et hypothèques ont toute leur activité, s'ils sont inscrits dans la quinzaine de la transcription. — Ainsi, en nous résumant sur le sens de cet article, il faut dire que, si l'acquéreur consentoit des hypothèques sur l'immeuble acquis, et qu'elles fussent inscrites avant celles établies antérieurement à la vente par le vendeur, ces dernières primeroient les créanciers de l'acquéreur, pourvu qu'elles fussent inscrites dans la quinzaine de la transcription.

Mais il en seroit autrement si les créanciers personnels du vendeur n'avoient pas pris inscription dans la quinzaine de la transcription. Comme par cette omission ils auroient perdu leurs hypothèques, les créanciers de l'acquéreur qui auroient fait inscrire devroient être préférés.

III. Le délaissement par hypothèque n'étant qu'une abdication de la possession de l'immeuble (1), il est hors

---

(1) Voyez *Institutes de Droit civil franç.*, par M. Delvincourt, liv. 4, tit. 9, pag. 288.

de doute qu'après le paiement des créanciers hypothécaires du vendeur, ceux de l'acquéreur, qui n'ont pas d'hypothèques, profitent de ce qui reste du prix de la vente de l'immeuble ; et en cela ils sont plus avantageusement traités que les créanciers chirographaires du vendeur, qui ne peuvent être colloqués sur le prix de l'immeuble, dès qu'il est sorti des mains de leur débiteur.

Art. 2178. *Le tiers détenteur qui a payé la dette hypothécaire, ou délaissé l'immeuble hypothéqué, ou subi l'expropriation de cet immeuble, a le recours en garantie, tel que de droit, contre le débiteur principal.*

Ce recours a lieu non seulement pour la valeur actuelle de l'immeuble, mais encore pour tous les dommages-intérêts que le vendeur doit naturellement à l'acquéreur, ainsi que les frais et loyaux coûts du contrat. (Art. 1630 du Code Napoléon.)

Si l'immeuble étoit diminué de valeur ou considérablement détérioré, même par la négligence de l'acheteur, le vendeur n'en seroit pas moins responsable de la totalité du prix qu'il auroit reçu. (Art. 1631.)

Voyez, au surplus, les autres règles que le Code Napoléon donne en matière de garantie. (Art. 1626 et suiv.)

Art. 2179. *Le tiers détenteur qui veut purger sa propriété en payant le prix, observe les formalités qui sont établies dans le chapitre VIII du présent titre.*

CHAPITRE VII.

De l'Extinction des Priviléges et Hypothèques.

Art. 2180. *Les priviléges et hypothèques s'éteignent :*
1°. *Par l'extinction de l'obligation principale ;*
2°. *Par la renonciation du créancier à l'hypothèque ;*
3°. *Par l'accomplissement des formalités et conditions prescrites aux tiers détenteurs pour purger les biens par eux acquis ;*
4°. *Par la prescription.*
La prescription est acquise au débiteur, quant aux biens qui sont dans ses mains, par le temps fixé pour la prescription des actions qui donnent l'hypothèque ou le privilége.
Quant aux biens qui sont dans la main d'un tiers détenteur, elle lui est acquise par le temps réglé pour la prescription de la propriété à son profit : dans le cas où la prescription suppose un titre, elle ne commence à courir que du jour où il a été transcrit sur les registres du conservateur.
Les inscriptions prises par le créancier n'interrompent pas le cours de la prescription établie par la loi en faveur du débiteur ou du tiers détenteur.

I. *Par l'extinction de l'obligation principale,* c'est-à-dire par le paiement, la consignation, la compensation, la novation, la confusion, la remise volontaire de la dette, l'extinction de la chose due, et par l'effet de la condition résolutoire.

II. Le paiement de ce qui est dû, éteint, à la vérité, l'hypothèque, mais pour cela il doit être de toute la dette. (L. 9, §. 3, ff. *De Pign. Act.*) S'il en restoit quelque partie, si le créancier avoit encore des réclamations à exercer, soit pour le capital, soit pour les intérêts conservés par l'inscription, l'hypothèque subsisteroit dans son entier jusqu'à parfait paiement.

Mais lorsque le créancier a reçu tout ce qui lui revenoit, peu importe la personne qui a fait le paiement, et l'hypothèque n'en est pas moins éteinte, si celui qui a payé ne s'est pas fait légalement subroger aux droits et hypothèques du créancier. (*Voyez* Art. 1236). (1)

La consignation et la compensation étant généralement regardées comme un paiement, elles en ont tous les effets, et par conséquent celui d'éteindre l'hypothèque si elles sont valablement faites ou opposées. (*Voyez* Art. 1257, 1289 et suivans.)

III. La novation éteint aussi la dette principale, et doit par conséquent faire cesser l'hypothèque; mais cela n'a lieu qu'autant que la novation est faite purement et simplement, et sans réserve : car si le créancier, en faisant novation, s'étoit réservé les priviléges et hypothèques de l'ancienne créance, ils continueroient d'exister dans leur état primitif. (Art. 1278.) (2)

---

(1) Lorsque celui qui a payé s'est fait subroger ou est lui-même créancier, l'hypothèque n'est pas éteinte, mais seulement transférée sur la tête du subrogé.

(2) Si la novation s'étoit opérée entre le créancier et l'un des

Mais si la novation s'opéroit par la substitution d'un nouveau débiteur, l'hypothèque consentie d'abord sur les biens de l'ancien ne passeroit pas sur ceux du nouveau, et celui-ci pourroit seulement consentir une hypothèque dont le rang seroit réglé par l'inscription que le créancier auroit prise postérieurement à la novation.

IV. Lorsque le débiteur devient héritier du créancier, *aut vice versâ*, il s'opère une confusion de droits qui éteint l'obligation et par suite l'hypothèque; mais pour cela il faut être héritier pour la totalité, et n'avoir pas accepté sous bénéfice d'inventaire : car si l'on n'étoit héritier que pour une portion ou sous bénéfice d'inventaire, il n'y auroit pas de confusion, du moins pour la totalité; parce qu'au premier cas, on ne seroit débiteur que d'une partie de la dette, et par conséquent l'hypothèque subsisteroit pour le reste; au second, les droits du créancier resteroient dans le même état, et sans être confondus avec ceux de l'hérédité.

V. La remise de la dette entraîne aussi l'extinction de l'hypothèque, et équivaut à une renonciation formelle de ce droit; mais pour qu'on puisse s'en prévaloir, il faut qu'elle soit faite par une personne capable d'aliéner. Ainsi, le mineur, l'interdit, etc., ne peuvent pas faire remise d'une dette souscrite en leur faveur.

VI. L'extinction du fonds sur lequel étoit établi l'hypothèque, fait encore cesser ce droit, puisque, par l'événement, il se trouve sans objet; mais il faut que cette extinction soit entière : s'il restoit quelque partie de l'immeuble, comme, par exemple, si la maison hypo-

---

débiteurs solidaires, les priviléges et hypothèques de l'ancienne créance ne pourroient être réservés que *sur les biens de celui qui contracte la nouvelle dette*. (Art. 1280.)

théquée avoit été consumée par les flammes, l'hypothèque subsisteroit sur le fonds. *Domus pignori data exusta est, eamque aream emit* Lucius Titius,... *Paulus respondit pignoris persecutionem durare.* (L. Paulus., §. *Domus*, ff. *de Pign. et Hyp.*)

Autrefois on alloit même plus loin, on pensoit que l'hypothèque continuoit d'exister sur les matériaux qui avoient échappé aux flammes, tant qu'ils paroissoient destinés à la reconstruction de la maison. (POTHIER, *des Hyp.*, ch. III, §. 1.) Aujourd'hui on ne pourroit admettre cette décision, puisqu'aux termes de l'article 532 les matériaux sont essentiellement meubles.

Mais si la maison étoit ensuite reconstruite, la loi romaine (L. 29, §. 2, ff. *de Pign. et Hyp.*) faisoit revivre l'hypothèque dans son intégrité, de même que si elle n'eût jamais été détruite. Il y a tout lieu de croire que cette décision seroit encore adoptée de nos jours.

Le changement survenu dans la chose hypothéquée, comme si d'un champ on en a fait une vigne, d'une vigne un jardin, n'éteint pas l'hypothèque. (L. 16, §. 2, ff. *de Pign. et Hyp.*) Mais il n'en est pas de même du privilége : le changement survenu à la chose qui en est l'objet, le détruit totalement, si cette chose est tellement changée qu'on ne puisse la reconnoître.

VII. Lorsque, par l'effet d'une clause résolutoire, le droit de celui qui a constitué l'hypothèque vient à cesser, l'hypothèque doit également s'éteindre, et c'est véritablement là le cas de la maxime : *soluto jure dantis, solvitur jus accipientis*. Si donc le débiteur qui a constitué l'hypothèque n'avoit qu'une propriété résoluble dans certains cas, comme, par exemple, s'il étoit acquéreur sous faculté de rachat, l'hypothèque seroit censée contractée sous les mêmes conditions, puisqu'il est de principe qu'on ne peut transmettre à un autre plus de droit qu'on n'en a soi-même. (L. 54, ff. *de Reg. Jur.*) Aussi c'est sur ce fondement que la Cour d'Appel de Rouen, par son arrêt du 14 décembre 1808, rapporté au Journal du Palais, n°. 573, art. 53, a jugé que lorsque le contrat de vente avoit été résilié par suite du pacte commissoire, le vendeur pouvoit revendiquer l'immeuble au préjudice de tous les créanciers inscrits de l'acquéreur. — *Voyez*, au surplus, ce que nous avons dit sur l'article 2157, n°. XIX et suivans.

VIII. *Par la renonciation du créancier à l'hypothèque.* La renonciation à l'hypothèque a toujours été regardée comme une manière de l'éteindre, mais n'a pas toujours été exempte de difficulté; c'est pourquoi il eût été à désirer que, dans le nouveau système, on eût cherché à applanir les doutes et à fixer surtout quelles étoient les manières dont devoit être faite la renonciation. Quoi qu'il en soit, nous tâcherons de suppléer au silence de la loi, et de remplir ses lacunes par l'exposition des principes généraux du droit, applicables à cette matière.

La renonciation à l'hypothèque ne peut être faite, comme on l'imagine, que par ceux qui ont la capacité d'aliéner; dès-lors le mineur, l'interdit, le prodigue, etc., ne sauroient la consentir.

Elle se fait expressément ou tacitement: *expressément*, quand on déclare dans un acte quelconque renoncer à l'hypothèque qu'on avoit sur tel immeuble; *tacite-*

ment, quand on peut induire de quelques faits ou circonstances, un abandon absolu du droit d'hypothèque.

La première manière ne peut guères présenter de difficulté, elle est toujours réglée par l'acte qui la contient; la seconde, au contraire, est entourée de doutes, parce qu'on ne s'accorde pas sur les faits dont on peut induire une renonciation. A la vérité les lois romaines pourront nous aider à fixer les principes sur cette matière.

Suivant le §. 1er. de la L. 4, ff. *Quib. Mod. Pign.*, le créancier qui consent à la vente, à la donation, à l'échange de l'immeuble hypothéqué, sans réserver son hypothèque, est censé renoncer à ses droits et éteindre par-là l'hypothèque (1) : la raison en est, que le débiteur pouvant vendre, donner, échanger sans le consentement du créancier, celui-ci n'a dû réellement intervenir dans le contrat que pour affranchir l'immeuble de son hypothèque.

Mais si, par la suite, l'aliénation venoit à être annullée ou rescindée, soit par un défaut de forme, soit par l'exercice du pacte de rachat, ou par tout autre condition résolutoire, le §. 2 de la même loi 4 nous apprend que le créancier rentreroit dans tous ses droits: La raison en est encore, que la vente ne subsistant plus, elle est censée n'avoir jamais existé et le créancier n'avoir jamais renoncé à son hypothèque.

Néanmoins, il n'en seroit pas de même si le débiteur redevenoit, de tout autre manière, propriétaire de biens meubles, comme par exemple en le

---

(1) La L. 7, ff. *Quib. Mod.*, contient la même décision : *Si consensit venditioni creditor, liberatur hypotheca.*

rachetant; car ayant absolument perdu son hypothèque par l'aliénation, le créancier ne pourroit l'acquérir que par une nouvelle convention.

La L. 8, §. 18, ff. *Quib. Mod. Pign.*, nous apprend également que, si, en donnant son consentement à la vente, le créancier avoit dit qu'elle seroit consommée dans un délai, ou faite pour une certaine somme, il ne seroit dépouillé qu'autant que l'aliénation seroit faite dans le temps fixé et aux conditions par lui imposées.

De même, si le créancier hypothécaire avoit donné son consentement à ce que l'immeuble qui lui étoit déjà hypothéqué, fût donné en hypothèque à un autre créancier, il seroit censé avoir renoncé à son droit sur l'immeuble. (L. 12, ff. *Quib. Mod.*) La raison en est, comme l'observe Pothier (*Des Hypoth.*, ch. III, §. 5), que le débiteur n'ayant pas besoin du consentement du créancier pour hypothéquer de nouveau l'immeuble, son adhésion ne peut pas être requise et donnée pour une autre fin que pour remettre son hypothèque.

Toutefois il faudroit, ainsi que le remarque le judicieux Pothier, rechercher l'intention des parties : il pourroit arriver que le consentement du créancier ne fût donné, dans ce cas, que pour céder son rang de priorité au nouveau créancier, mais non pour renoncer absolument à l'hypothèque. C'étoit l'avis de la Glose et des plus célèbres interprètes, ainsi que le rapporte BASNAGE, *des Hyp.*, ch. XVII.

Jusqu'à présent, nous n'avons parlé que du cas où le créancier avoit formellement consenti, soit à l'aliénation de l'immeuble hypothéqué, soit à ce que le débiteur hypothéquât de nouveau le même fonds. Mais on a demandé si le consentement du créancier pourroit s'induire ou être présumé de la circonstance qu'il avoit connu soit l'aliénation, soit la nouvelle constitution d'hypothèque faite par son débiteur. La L. 8, §. 75, ff. *Quib. Mod.*, décide négativement la question, et sa disposition nous paroît devoir encore être suivie ; voici comment elle est conçue : *Non videtur autem consensisse creditor, si, sciente eo, debitor rem vendiderit, cùm ideò passus est venire, quòd sciebat ubique pignus sibi durare.*

La même loi continue, et dit qu'il en seroit autrement, si le créancier avoit signé le contrat de vente : *Sed si subscripserit fortè in tabulis emptionis, consensisse videtur.*

Cette dernière partie de la loi 8 a présenté de grandes difficultés dans la pratique. On a demandé si le notaire qui retenoit l'acte de vente, les témoins qui le signoient, étoient censés renoncer à l'hypothèque qu'ils avoient déjà sur l'immeuble ?

D'après le texte même de cette loi 8, §. 15, il seroit difficile de ne pas voir, dans la signature du notaire et des témoins, une véritable renonciation. Cependant on s'étoit autrefois écarté de sa disposition, et l'on distinguoit si l'acte de vente contenoit purement et simplement la signature du notaire et témoins, ou s'il portoit que l'immeuble vendu étoit *franc et quitte de toute dette*. Au premier cas, on décidoit qu'il n'y avoit pas renonciation ; au second, que la clause de *franc et quitte* atteignoit l'hypothèque des notaires et témoins.

Aujourd'hui on ne verroit pas pourquoi cette distinction ne seroit pas adoptée; elle est fondée en justice, et conserve tout-à-la-fois les droits de l'acquéreur et des créanciers. C'est aussi l'avis de M. de Malleville, sur l'art. 2180.

Suivant la loi 8, la signature du créancier ne fait induire la renonciation à l'hypothèque qu'autant qu'il a signé *sciemment et sans être trompé*. Il en seroit de même s'il n'avoit donné qu'une de ces signatures qu'on donne toujours sans connoître le contenu de l'acte, comme dans les contrats de mariage, par exemple.

IX. *Par l'accomplissement des formalités*, etc. *Voyez* ce que nous dirons sur les articles 2181, 2182, 1883 et 2193.

X. *Par la prescription*. Pour juger comment l'hypothèque peut se prescrire, il faut, suivant notre article, distinguer deux cas; ou le débiteur est encore en possession de l'immeuble hypothéqué, ou la propriété en a été transmise à un tiers.

Si l'immeuble est dans les mains du débiteur, de ses héritiers, ou de tout autre individu personnellement obligé à la dette, la prescription ne peut s'acquérir que par le temps fixé pour la prescription des actions qui donnent lieu au privilége de l'hypothèque. Si donc il s'agit d'une créance ordinaire, de celle d'un vendeur, par exemple, le privilége ne se prescrira que par trente ans. Mais s'il s'agit d'une action qui ne dure qu'un moindre temps, celle, par exemple, du mineur sur les biens de son tuteur, l'hypothèque légale se prescrira par dix ans à compter de la majorité. (Art. 475.)

Mais lorsque la propriété de l'immeuble hypothéqué est passée entre les mains d'un tiers, la prescription ne lui est acquise que par le temps réglé pour la prescription de la propriété à son profit, à moins que, dans cet intervalle, le débiteur n'ait *lui-même prescrit la dette.*

Ce temps est de trente ans, si le tiers n'a pas de titre (art. 2262); de dix ans entre présens, et de vingt entre absens, lorsqu'il y a titre et bonne foi (article 2265.) Cette dernière prescription exige quelque développement.

Lorsque le tiers a acquis un immeuble, il doit, outre son titre, avoir la bonne foi. Cette bonne foi se présume facilement, et c'est au créancier à prouver le contraire; mais si, à l'époque de l'aliénation, l'hypothèque étoit légalement inscrite, penseroit-on que le tiers fût censé avoir la bonne foi exigée? Il semble que non. La publicité que l'inscription donne à l'hypothèque, établit contre le tiers une présomption de mauvaise foi, dont il peut difficilement se décharger, et dès-lors on pourroit croire que ce seroit à lui à détruire cette première impression et à prouver sa bonne foi.

Quant à l'inscription qui survient postérieurement à l'aliénation, et même depuis la transcription, elle ne peut pas changer l'état du tiers acquéreur, parce que, suivant l'article 2269, il suffit que la bonne foi existe au moment de l'acquisition.

Dans le cas où l'immeuble aliéné est passé entre les mains d'un tiers, en vertu d'un juste titre, la prescription ne commence pas à courir du jour de l'aliénation, mais de celui de la transcription du titre. La raison en est, que la prescription ne court jamais que du jour où on a pu en connoître la cause : or, le créancier hypothécaire ne peut être mis en demeure d'exercer son action que lorsqu'il a légalement connu ou pu connoître l'aliénation du fonds hypothéqué.

Suivant l'article 2257, la prescription ne court, à l'égard d'une créance conditionnelle, que du jour de l'événement de la condition, et à l'égard de celle à terme, seulement du jour fixé. Ce principe s'applique-t-il au tiers détenteur, et celui-ci ne peut-il commencer à prescrire l'action hypothécaire que du jour de l'événement de la condition ou du terme? Autrefois on décidoit la négative, ainsi que le rapporte Loiseau, *du Déguerp.* liv. 3, chap. 2, n°. 18. Aujourd'hui il seroit difficile d'admettre cette jurisprudence, à cause de la généralité des expressions de l'article 2257, et de la suppression du motif qui déterminoit à le juger ainsi autrefois ; car si, dans ce cas, on n'arrêtoit pas le cours de la prescription, c'étoit à cause de l'action en déclaration d'hypothèque que le créancier pouvoit toujours former, avant la condition ou le terme, contre le tiers acquéreur ; et la même raison n'existe plus.

La prescription de l'hypothèque, soit que l'immeuble se trouve entre les mains du débiteur, soit qu'il ait été aliéné, est interrompue ou suspendue par toutes les causes détaillées au *titre de la Prescription;* mais on doit observer que la seule inscription faite par le créancier n'est pas une interruption légale.

CHAPITRE VIII.

Du Mode de purger les Propriétés des Priviléges et Hypothèques.

Art. 2181. *Les contrats translatifs de la propriété d'immeubles ou droits réels immobiliers, que les tiers détenteurs voudront purger des priviléges et hypothèques, seront transcrits en entier par le conservateur des hypothèques dans l'arrondissement duquel les biens sont situés.*

Cette transcription se fera sur un registre à ce destiné, et le conservateur sera tenu d'en donner reconnoissance au requérant.

Art. 2182. *La simple transcription des titres translatifs de propriété sur le registre du conservateur ne purge pas les hypothèques et priviléges établis sur l'immeuble.*

Le vendeur ne transmet à l'acquéreur que la propriété et les droits qu'il avoit lui-même sur la chose vendue : il les transmet sous l'affectation des mêmes priviléges et hypothèques dont il étoit chargé.

I. C'est ici le lieu d'examiner quels sont les effets de la transcription, sa nécessité et son importance. Nous nous livrerons avec d'autant plus de zèle à cet examen, que le problème à résoudre intéresse la majeure partie des citoyens, et laisse dans l'inquiétude la classe nombreuse des propriétaires.

Afin de parvenir à une juste solution, nous examinerons d'abord quelle étoit à cet égard la législation qui précéda le Code Napoléon, puis nous parlerons séparément de la transcription, relativement aux aliénations gratuites, et de son effet sur les aliénations à titre onéreux.

II. Avant le Code Napoléon et sous la loi de brumaire an 7, la transcription étoit un des élémens de toute aliénation; sans elle on ne devenoit pas propriétaire incommutable, et le tiers acquéreur ne pouvoit jamais opposer son titre à ceux qui postérieurement avoient traité avec le vendeur. La Cour de Cassation avoit même jugé, le 5 thermidor an 13, que la connaissance que les créanciers postérieurs avoient de la vente, n'empêchoit pas d'opposer le défaut de transcription. (Cet arrêt est rapporté au *Journal du Palais*, n°. 34.)

III. Est venu ensuite le Code Napoléon, et on s'est demandé s'il avoit adopté les mêmes principes? Pour répondre avec méthode à cette question, nous avons déjà annoncé que nous distinguerions entre les aliénations gratuites et celles faites à titre onéreux.

Pour les aliénations gratuites, il ne peut guères s'élever de difficulté. Les articles 938 et 941 (1) adoptent sans restriction les principes de la loi du 11 bru-

---

(1) « La donation dûment acceptée sera parfaite par le seul consentement des parties; et la propriété des objets donnés sera transférée au donataire, sans qu'il soit besoin d'autre tradition. » (Art. 938.)

« Le défaut de transcription pourra être opposé par toutes personnes ayant intérêt, excepté toutefois celles qui sont chargées de faire faire la transcription, ou leurs ayant-cause et le donateur. » Art. 941.)

maire : le donataire, en effet, propriétaire, relativement au donateur, dès que la donation est acceptée, ne le devient, relativement aux tiers, que par la transcription des actes contenant donation et acceptation. C'est ce que décide expressément l'article 941, en disant que le défaut de transcription peut être opposé par toutes personnes ayant intérêt. Si donc le donateur, dans l'intervalle de la donation à la transcription, aliénoit de nouveau l'objet donné, il est sûr que l'acquéreur qui auroit fait transcrire avant le donataire lui seroit préféré.

Il faut en dire autant des créanciers antérieurs qui auroient pris inscription depuis la donation ; et à ne consulter que l'article 941, il faudroit appliquer les mêmes principes aux créanciers postérieurs à l'acte de donation ; mais l'article 834 du Code de Procédure, dont nous aurons bientôt occasion de parler, modifie en ce point la disposition de l'article 941, puisqu'il n'accorde le droit de prendre inscription après l'aliénation qu'aux créanciers antérieurs. Ainsi il semble que le donateur, dépouillé par le seul effet de l'acte de donation, ne peut plus hypothéquer les biens donnés dès qu'ils sont sortis de ses mains.

Cet article 834 ajoute aussi à l'article 941, puisque, suivant celui-ci, les créanciers antérieurs à la donation n'avoient plus le droit de prendre inscription dès que le donataire avoit fait transcrire, et que le premier leur réserve le droit de requérir l'inscription durant la quinzaine qui suit la transcription de la donation.

Ainsi, en supposant qu'un donateur ait consenti des hypothèques, ou laissé prendre des priviléges sur l'immeuble avant la donation ; que, postérieurement d'autres créanciers en aient également acquis, les premiers pourront conserver leurs droits en requérant inscription dans la quinzaine, tandis que les autres ne pourront jamais vivifier leur privilége ou hypothèque, encore qu'ils n'eussent pu connaître la donation.

IV. Quant aux aliénations onéreuses, les principes sont plus difficiles, et méritent un sévère examen. Mais pour les rendre plus clairs, nous allons encore diviser la matière et rechercher la nécessité de la transcription relativement aux créanciers du vendeur; ensuite nous nous occuperons de son importance, en égard aux aliénations subséquentes que le propriétaire originaire pourroit se permettre.

Le vendeur pourroit avoir consenti des hypothèques qui n'étoient pas encore inscrites lors de l'aliénation, ou en avoir seulement consenti depuis. Ce qui divise naturellement la question générale en deux propositions.

Si le vendeur avoit consenti des hypothèques postérieurement à la vente, nul doute que ces hypothèques fussent absolument nulles, encore que l'acquéreur n'eût jamais fait transcrire.

Pour donner hypothèque sur un immeuble, il faut avoir la capacité de l'aliéner (art. 2124); or, le propriétaire originaire avoit cessé d'y avoir des droits, et étoit par conséquent incapable de consentir de nouvelles affectations (1).

---

(1) On oppose, à la vérité, l'article 1583, et on dit que la vente ne transmet la propriété à l'acquéreur que relativement au vendeur et non à l'égard des tiers; mais on verra ci-après, n°. V, comment on peut réfuter cette objection.

Lorsque le vendeur avoit simplement donné des hypothèques avant l'aliénation, et que ces hypothèques n'étoient pas inscrites à l'époque où le tiers étoit saisi de l'immeuble, la question étoit plus difficile, mais suivant les principes du Code Napoléon seul, devoit se résoudre de la même manière. L'article 2166 n'accorde en effet le droit de suivre l'immeuble entre les mains des tiers acquéreurs, *qu'aux seuls* créanciers *inscrits*, parce que ce sont les seuls qui aient véritablement hypothèque.

En second lieu, la publicité des hypothèques a été établie pour mettre les tiers à portée de traiter avec sécurité; et le but de la loi ne seroit pas rempli, si lorsqu'après avoir vérifié les charges qui grèvent l'immeuble et avoir payé ce qui doit revenir au vendeur, un tiers se trouvoit inquiété par de nouvelles hypothèques dont il ne pouvoit connoître l'existence.

C'est, du reste, l'opinion qui paroît avoir prévalu et qui a été publiquement professée à la tribune du Corps-législatif par les orateurs du gouvernement et du Tribunat qui ont présenté l'article 834. Le premier surtout s'en est expliqué d'une manière bien énergique: après avoir rappelé les moyens qu'on employoit pour soutenir une opinion contraire à la nôtre, et les avoir solidement réfutés, il ajoute : « Il étoit difficile de ne point reconnoître cette dernière opinion comme la plus conforme au Code Civil. »

Ainsi, sous le Code Napoléon et avant le Code de Procédure, s'il est arrivé qu'une personne ait aliéné l'immeuble qu'elle avoit précédemment hypothéqué, mais dont les créanciers n'avoient pas encore pris inscription, cet immeuble est passé franc et quitte entre les mains de l'acquéreur, encore que celui-ci n'ait pas fait de transcription.

Depuis le Code de Procédure, ainsi que nous l'ayons annoncé, de nouveaux principes ont dû prévaloir. L'article 834 porte en effet : « Les créanciers qui,
» ayant une hypothèque, aux termes des articles
» 2123, 2127 et 2128 du Code Civil, n'auront pas fait
» inscrire leurs titres *antérieurement* aux aliénations qui
» seront faites à *l'avenir*, des immeubles hypothéqués,
» ne seront reçus à requérir la mise aux enchères,
» conformément aux dispositions du chapitre 8 du
» titre 8 du Code Civil, qu'en justifiant de l'inscription
» qu'ils auront prise depuis l'acte translatif de pro-
» priété, et au plus tard *dans la quinzaine* de la trans-
» cription de cet acte. Il en sera de même à l'égard
» des créanciers ayant privilége sur des immeubles,
» sans préjudice des autres droits résultans au ven-
» deur et aux héritiers, des articles 2108 et 2109 du
» Code Civil. »

Ainsi deux règles générales sont établies par cet article : la première consiste en ce que les créanciers du vendeur, postérieurs à l'aliénation, ne peuvent acquérir d'hypothèque sur l'immeuble vendu, puisque le droit d'inscrire utilement n'est accordé qu'à ceux qui auroient pu requérir cette formalité *antérieurement* aux aliénations ; la seconde, que les créanciers antérieurs ne conservent leurs droits sur l'immeuble vendu qu'autant qu'ils font faire inscription dans la quinzaine de la transcription.

Je dis *ne conservent leurs droits*, parce que, s'il est vrai que l'article 834 ne paroisse d'abord enlever au créancier négligent que le droit de requérir la mise aux enchères, il n'en est pas moins exact de soutenir qu'il le dépouille par-là de son hypothèque, ou plutôt du droit qu'il avoit d'acquérir hypothèque.

En effet, la faculté de requérir la mise aux enchères est une des principales prérogatives de l'hypothèque, la seule qui puisse faire porter l'immeuble à sa juste valeur. Si donc le tiers avoit acquis à titre gratuit, ou si le créancier négligent étoit le seul créancier qui prétendît des droits sur l'immeuble, comment feroit-il pour faire apprécier l'immeuble, pour contraindre l'acquéreur à lui en payer le montant ?

En second lieu, la loi exige l'inscription dans la quinzaine de la transcription; passé ce délai, l'acquéreur peut purger l'immeuble, le rendre libre, et consolider sa propriété en payant les créanciers qu'il peut légalement connoître, le dernier jour de la quinzaine.

« L'acquéreur, disoit l'orateur du Tribunat, en pré-
» sentant l'article 834 au Corps-Législatif, l'acqué-
» reur saura qu'il ne lui suffit pas de connoître l'état
» des inscriptions au moment où il contracte; que,
» pour obtenir *une sécurité parfaite*, il doit d'abord
» transcrire son titre, et qu'il demeurera encore res-
» ponsable envers tous les créanciers dont le titre se
» trouvera antérieur à l'aliénation, et viendra à être
» inscrit dans les quinze jours qui suivront l'acte de
» la transcription (1). »

Ainsi, en nous résumant, il faut dire que, relati-

---

(1) Plus bas il ajoute : « *Vous avez vu que l'immeuble aliéné
» ne pouvoit être affecté que des seules hypothèques créées avant
» l'aliénation.* Vous avez vu, etc. »

vement aux hypothèques postérieures à l'aliénation, la transcription n'est nullement nécessaire, mais que la vente a transmis à l'acquéreur, eu égard à ces créanciers, une propriété incommutable ; que, relativement aux hypothèques antérieures, non encore inscrites, la transcription est nécessaire et ne purge que celles dont on n'auroit pas requis l'inscription dans la quinzaine de sa date.

V. Ces principes une fois établis, il nous reste à parler de la transcription relativement aux aliénations subséquentes que pourroit faire le vendeur originaire. Ici la question devient encore plus difficile, et mérite toute notre attention.

Lorsque le propriétaire s'est dépouillé d'un immeuble par l'effet d'une aliénation dont il a reçu le prix, il semble contraire à l'équité qu'il puisse en saisir ensuite un nouvel acquéreur. Les droits qu'il avoit précédemment sur cet immeuble ne peuvent aller jusqu'à lui permettre de vendre de nouveau ce qui ne lui appartient plus, ce qui appartient à un autre.

Aussi l'article 1138 établit-il comme maxime générale, que l'obligation de livrer la chose est parfaite par le seul consentement des parties ; qu'elle rend le *créancier propriétaire*, et met la chose à ses risques dès l'instant où elle a dû être livrée ;

L'article 1583, que la vente est parfaite entre les parties, et *la propriété acquise de droit à l'acheteur*, dès qu'on est convenu de la chose et du prix ;

L'article 2182, que le vendeur ne transmet à l'acquéreur que les droits qu'il avoit lui-même sur la chose vendue.

Or, du rapprochement de ces articles il résulte

évidemment que, lorsque le propriétaire a vendu une première fois, il a transmis à l'acquéreur et la propriété et tous les droits qu'il avoit sur l'immeuble; que cette première aliénation recevant son complément du seul consentement des parties, l'acquéreur est devenu propriétaire du jour où on a dû lui livrer la chose; enfin que, lorsque le propriétaire originaire a consenti une nouvelle aliénation, il n'a pu transmettre aucune espèce de droits, puisqu'il n'en avoit lui-même aucun.

Cependant cette opinion, qui nous paroît la plus juste, n'est pas partagée de tout le monde. Dernièrement encore on a publiquement embrassé le sentiment contraire dans un ouvrage périodique justement estimé (1). Nous allons rapporter les principaux argumens qu'on a employés, et nous tâcherons ensuite de les réfuter.

Lors de la discussion des Titres *de la Vente et des Hypothèques*, on éleva, dit-on, la question qui nous occupe, et le conseil adopta en principe que la transcription seroit encore nécessaire pour rendre l'acquéreur propriétaire incommutable; aussi ce fut dans cette vue qu'on dit dans l'article 1583, que la vente étoit parfaite seulement *entre les parties*, et que la propriété étoit acquise à l'acheteur, *à l'égard du vendeur*, mais non à l'égard des tiers.

Qu'à la vérité, continue-t-on, l'article 1138 paroîtroit adopter que l'acquéreur devient propriétaire par le seul consentement, et sans transcription; mais en le rapprochant de l'article du projet du Code qu'il rem-

---

(1) Le *Journal du Barreau*, ou *Bibliothèque du Barreau*, n°. 10.

place, on est naturellement conduit à un résultat opposé, puisque cet article du projet portoit textuellement que dès l'instant que le propriétaire avoit contracté l'obligation de donner ou livrer un immeuble, il en étoit exproprié; que l'aliénation qu'il en faisoit postérieurement étoit nulle, etc.

Ainsi, disent toujours les sectateurs de la transcription, en supprimant cet article du projet, et le remplaçant par l'article 1138, nécessairement le législateur a adopté de nouveaux principes, et n'a plus voulu que le propriétaire fût exproprié par son seul consentement. Le rapprochement des articles 1140 et 1141 confirme cette opinion, puisque l'un renvoie au titre de la vente et des priviléges pour régler les effets de l'obligation de donner ou livrer un immeuble, (effets qui auroient été déjà réglés par l'article 1138, s'il étoit vrai que l'obligation de donner fût parfaite par le seul contentement); et que l'autre, en exigeant la tradition des meubles pour en consommer l'aliénation, fait supposer que, pour l'aliénation des immeubles, indépendamment du consentement, il doit y avoir encore quelque chose pour rendre incommutable le droit de l'acquéreur.

Voilà dans toute leur force les moyens qu'on emploie pour prouver la nécessité de la transcription; voyons jusqu'à quel point ils peuvent se soutenir.

Nous commencerons d'abord par avouer que d'après les procès-verbaux du conseil-d'état, tels qu'ils ont été imprimés, la nécessité de la transcription est presque reconnue; mais nous ajouterons que les procès-verbaux ne peuvent être, dans l'hypothèse, d'une grande influence, parce que, en les rapprochant de l'article 1182, on voit qu'ils doivent avoir été suivis d'une discussion absolument opposée.

En effet, on trouve que le Conseil avoit d'abord à se prononcer sur un article ainsi conçu: « Les actes trans» latifs de propriété qui n'ont pas été transcrits ne peu» vent être opposés aux tiers qui auroient contracté » ayec le vendeur et qui se seroient conformés aux » dispositions de la présente. » (Art. 91.)

En renvoyant cet article à la section pour le rédiger dans le même sens, le Conseil adopta d'abord la nécessité de la transcription ; mais ensuite, après un examen plus approfondi, il embrassa sans doute un principe différent, puisque cet article a été supprimé et ne se trouve plus dans le Code.

Ainsi la discussion au conseil ne peut guère être invoquée pour résoudre la difficulté; et si on vouloit pourtant la citer, on en tireroit un argument en faveur de notre opinion, puisqu'il est autrement impossible de se rendre raison de la suppression de l'article 91.

La réponse que l'on fait sur l'article 1583 n'est pas plus fondée. Il y est dit, à la vérité, que la vente est parfaite *entre les parties* et *à l'égard de l'acheteur*; mais cela ne veut pas dire qu'elle ne soit pas également parfaite relativement à des tiers qui n'avoient encore acquis aucun droit sur l'immeuble. L'article 1583, tel qu'il est conçu, signifie que la vente, parfaite par le seul consentement entre le vendeur et l'acheteur, ne peut pas obliger des tiers qui avoient acquis antérieurement des droits sur l'immeuble ; mais vis-à-vis de ceux qui n'avoient encore aucun droit, l'acquéreur est irrévocablement saisi, comme il l'auroit été par un testament auquel les tiers n'auroient jamais concouru

On n'est pas plus heureux, lorsqu'il s'agit de combattre l'article 1138. On a senti de quelle importance étoit sa disposition, et on a voulu la détruire par l'article du projet de Code qu'il remplace. Mais on n'a pas pris garde que les raisonnemens qu'on faisoit portoient à faux. Car, s'il est vrai que cet article du projet énonçât clairement l'intention de faire dépouiller le propriétaire par son seul consentement et sans transcription, il ne faut pas en conclure que sa suppression ait amené de nouveaux principes. On ne pourroit, en effet, être conduit à ce résultat, qu'en supposant que la nouvelle rédaction fût absolument différente. Or, en comparant les deux articles, il est aisé de juger que, sous des expressions différentes, ils rendent tous les deux le même sens. L'article du projet porte : « Que dès l'ins- » tant que le propriétaire avoit contracté, par un acte » authentique, l'obligation de donner ou livrer un im- » meuble, il en étoit exproprié…; que l'aliénation qu'il » en faisoit postérieurement étoit nulle… » L'art. 1138, toujours dans les mêmes vues, décide : « Que l'obli- » gation de livrer la chose est *parfaite par le seul* » *consentement des parties contractantes*; — qu'elle » rend *le créancier propriétaire*, et met la chose à ses » risques dès l'instant où elle a dû être livrée. » Sans doute qu'il seroit difficile de voir, dans ces deux articles, des règles différentes ; dans l'un comme dans l'autre l'obligation de donner un immeuble est parfaite par le seul consentement ; l'acquéreur devient propriétaire dès que la chose a dû être livrée ; et s'il devient propriétaire, le débiteur est naturellement exproprié : la vente subséquente qu'il fait à une autre personne est absolument nulle.

Peu confians sur le premier argument, les défenseurs de la transcription ont cru le corroborer, en citant les articles 1140 et 1141. Mais ils n'ont pas pris garde qu'ils fournissoient encore de nouveaux moyens contre leur opinion ; le dernier surtout, en le rapprochant de l'article 1138, prouve jusqu'à l'évidence, que l'obligation de livrer un immeuble est parfaite par le seul consentement. Après avoir en effet réglé, dans l'article 1138, les suites de l'obligation de livrer un immeuble, le législateur s'occupe de l'obligation de livrer une chose mobilière, mais ne dit pas, comme dans l'article 1138, que cette obligation est parfaite par le seul consentement. Au contraire, pour devenir propriétaire incommutable, il exige que l'acquéreur soit saisi des objets vendus, par la tradition que devra lui en faire le vendeur ; jusques-là il ne sera propriétaire qu'à l'égard du vendeur, mais non à l'égard des tiers. Or, *inclusio unius fit exclusio alterius*. Le rapprochement des articles 1138 et 1141, leur position respective dans la même section, ne permet pas de douter que les législateurs n'aient pensé au cas où un propriétaire vendroit deux fois le même immeuble, comme à celui où il vendroit deux fois une chose mobilière ; et si pour l'aliénation de l'immeuble il n'a exigé que le consentement, quoiqu'il exigeât clairement la tradition pour les meubles, on doit conclure que son intention a été d'attacher un dessaisissement absolu au consentement des parties.

L'induction que l'on veut tirer de l'article 1140 n'est pas plus fondée. De ce que cet article renvoie au titre *de la Vente* et à celui *des Hypothèques* pour régler les effets de l'obligation de donner un immeuble, on en conclut que l'article 1138 ne peut être d'aucune influence sur la question, mais qu'elle doit se trouver décidée aux deux titres auxquels nous renvoie l'article 1140.

Mais ce raisonnement n'est pas exact ; dans cet article 1140, on ne peut pas entendre par *effets de l'obligation de donner*, ce qui sert à constituer l'obligation, ce qui est destiné à la parfaire; autrement on donneroit des effets à une chose qui n'existe pas, à une obligation non encore contractée. Aussi, dans le titre *de la Vente*, comme dans celui *des Hypothèques*, on ne trouve pas un mot de cette sorte d'effets.

Ainsi, cet article 1140 ne signifie autre chose, si ce n'est que le législateur établira au titre *de la Vente*, et *des Hypothèques*, la suite de l'obligation de donner ou livrer un immeuble, les charges que le débiteur et le créancier s'imposent mutuellement; et c'est aussi ce qu'il a fait dans les deux titres. Dans celui de la vente, par exemple, il décide (art. 1615) : « Que » l'obligation de délivrer la chose comprend ses acces- » soires et tout ce qui a été destiné à son usage perpé- » tuel. » Dans celui des hypothèques (art. 2182), que le vendeur ne transmet à l'acquéreur que la propriété et les droits qu'il avoit lui-même sur la chose vendue. Ainsi, ces deux derniers articles expliquent l'article 1140, et détruisent l'argument qu'on vouloit en tirer.

Jusqu'à présent nous avons répondu à toutes les objections, et sans doute que nous pourrions nous en tenir là, pour montrer l'inutilité de la transcription à l'égard d'un second acquéreur. Mais comme nous avons pris à tâche de porter notre démonstration jusqu'à l'évidence, nous ferons un raisonnement que nous ne savons pas avoir encore été fait.

L'article 834 du Code de Procédure nous en fournit l'occasion. Nous avons déjà dit que cet article interdisoit toute inscription dont le titre étoit postérieur à l'aliénation de l'immeuble ; que par conséquent le propriétaire originaire, dès qu'il avoit vendu, ne pouvoit plus établir d'hypothèque. Sans doute que son incapacité provient du défaut de droits sur l'immeuble à l'époque de la constitution de l'hypothèque : autrement on ne voit pas quel seroit le motif de l'article 834.

Or, si l'ancien propriétaire ne peut plus hypothéquer l'immeuble vendu, encore que l'acte de vente n'ait pas été transcrit ; si par le consentement seul il a pu tellement se dépouiller de la propriété, qu'il lui fût ensuite impossible de l'engager à ses propres créanciers, comment se feroit-il qu'il pût l'aliéner ? la capacité d'aliéner et celle d'hypothéquer marchent toujours sur la même ligne ; l'une ne peut pas être accordée, sans que l'autre la suive ; en un mot, elles sont inséparables, elles forment un seul tout.

Pour se convaincre de cette vérité, il suffit de se rappeler quelques articles du Code Napoléon. Veut-on, en effet, savoir qui peut hypothéquer ? L'article 2124 répond que c'est seulement celui qui peut aliéner. Veut-on ensuite juger de l'incapacité de certaines personnes ? Les articles 128 et 513 décident que les envoyés en possession, et les prodigues, ne peuvent *ni aliéner ni hypothéquer*. Enfin, veut-on savoir quelles sont les formalités que la loi impose au tuteur pour hypothéquer ? L'article 457 répond que ce sont les mêmes que celles prescrites pour l'aliénation des biens des mineurs.

Ainsi, par-tout la capacité d'hypothéquer dépend de celle d'aliéner ; et réciproquement celle d'aliéner est assujettie à la première ; et la raison en est, que l'hypothèque étant une espèce d'aliénation, ou du moins une voie qui conduit à l'aliénation, en en prohibant une, on est censé proscrire l'autre.

De-là nous concluons qu'en défendant au précédent propriétaire d'engager l'immeuble déjà vendu, l'article 834 lui a nécessairement, et *à fortiori*, interdit la faculté de l'aliéner ; que, pour éviter cette seconde aliénation, l'acquéreur n'a pas besoin de faire transcrire, puisque la transcription n'est pas nécessaire pour arrêter le cours des hypothèques postérieures au contrat de vente (1).

VI. Après avoir traité ces questions importantes, il nous reste à voir quelques autres principes relatifs aux transcriptions que des tiers acquéreurs pourroient requérir pour purger les hypothèques antérieures à leur contrat.

La transcription, avons-nous déjà dit, ne libère l'acquéreur des hypothèques antérieures au contrat, qu'autant qu'il n'y a pas eu d'inscriptions dans la quinzaine (art. 834 du *Code de Procéd.*). La connoissance que l'acquéreur auroit de ces hypothèques, la mauvaise foi que cette connoissance pourroit faire induire, n'arrêteroient même pas l'effet de la transcription, et ne suppléeroient pas l'inscription. C'est ainsi que l'a jugé la Cour de Cassation, par son arrêt du 12 novembre 1808.

---

(1) Tout récemment la Cour d'Appel de Nismes vient de faire une juste application de ces principes, en décidant que le second acquéreur ne pouvoit opposer au premier le défaut de transcription. (L'arrêt est rapporté au *Journal du Palais*, 1809, art. 66.)

VII. La transcription étant facultative, il s'est élevé des difficultés pour savoir si, lorsque plusieurs personnes avoient acquis une propriété indivise, mais dont elles avoient immédiatement fait le partage, l'une d'elles pouvoit requérir la transcription de la partie du contrat qui la concerne ; ou si, pour purger, elle étoit obligée de faire transcrire le contrat dans son entier, et d'acquitter les droits sur la totalité ? L'article 2181 ne distingue pas. Le tiers acquéreur qui veut purger l'immeuble des priviléges et hypothèques doit faire transcrire son titre *en entier*, et par conséquent acquitter tous les droits ; car, lorsque l'acte est transcrit, peu importe à la requête de qui il l'a été : il suffit que les tiers aient été prévenus pour que cette transcription ait tout son effet ; et si, dans ce cas, la transcription a son effet comme si elle avoit été requise par tous les intéressés, il est clair que le fisc peut réclamer du requérant la totalité des droits, sauf son recours contre les autres, s'ils font usage de la transcription.

VIII. Nous pensons qu'il faut en dire autant du cas d'échange et de celui où la vente d'un objet indivis a été consentie par deux particuliers, et où l'acquéreur ne veut purger que contre l'un d'eux. Comme, suivant l'article 2181, le contrat doit être transcrit *dans son entier*, il paroît conséquent de forcer l'acquéreur ou l'échangiste à payer les droits sur la totalité de l'acte. Autrement il arriveroit que la transcription pourroit servir à l'acquéreur contre l'autre co-vendeur, ou à l'échangiste non requérant, sans cependant qu'il en payât les droits (1).

---

(1) Le Ministre des finances avoit décidé, en l'an 8, que, dans ces deux cas, on pouvoit requérir la transcription par portion, et que les droits n'étoient dus que sur la portion du prix qui concer-

Ce qui confirme dans cette opinion, c'est le rapprochement de l'article 2108 avec celui 2181. Le premier, en effet, permet au vendeur de requérir la transcription, mais laisse entrevoir qu'elle peut également profiter à l'acquéreur. Or, il n'est donc pas nécessaire que la transcription soit requise par tel ou tel individu pour qu'elle lui profite ; il suffit, en effet, qu'elle soit faite, que les tiers puissent connoître la mutation, pour qu'elle profite à tous les intéressés.

IX. Les droits de transcription sont fixés par la loi du 21 ventose an 7. L'article 25 porte : « que le droit » sur la transcription des actes emportant mutation » de propriétés immobilières, sera d'un et demi pour » cent du prix intégral desdites mutations, *suivant* » *qu'il aura été réglé à l'enregistrement.* »

L'article 15 de la même loi établit le salaire que les conservateurs peuvent exiger ; il est de vingt-cinq centimes pour chaque rôle d'écriture *qu'ils font eux-mêmes sur leurs registres* (1).

L'article 25 exige que l'avance des droits et salaires soit faite par les requérans, et que les préposés en expédient quittance au pied des actes et certificats par eux remis et délivrés.

X. Ces dispositions sur la quotité des droits à exiger par les conservateurs, quoique claires, ont cependant donné naissance à quelques difficultés. L'article 25 porte, ainsi que nous l'avons vu, que la fixation devoit s'en faire suivant ce qui auroit été réglé à l'enre-

---

soit le requérant : mais sa décision étoit puisée dans l'article 26 de la loi du 11 brumaire, qui n'exigeoit pas, comme l'article 2181, la transcription de l'acte *dans son entier.*

(1) Décision de son Exc. le Ministre des Finances, en date du 10 février 1807.

gistrement. Or, en supposant que, par une dissimulation condamnable, un acquéreur ait caché le véritable prix, et ait ainsi donné lieu à une demande en supplément de droits d'enregistrement; penseroit-on que le conservateur pût aussi réclamer un supplément de droits de transcription? Il nous semble que l'affirmative n'est pas équivoque; l'acquéreur ne doit pas profiter de sa dissimulation; et, comme doit l'avoir entendu l'article 25 de la loi du 21 ventose, la quotité des droits dus pour la transcription se fixe, non pas sur ce qu'on a provisoirement déclaré à l'enregistrement, mais sur la somme définitivement arrêtée pour la perception des droits d'enregistrement.

XI. Tout ce que nous venons de dire sur les droits à exiger pour les transcriptions, est applicable à toute espèce d'acquisition d'immeubles, à moins cependant qu'elles n'aient été faites par l'État ou l'Empereur. Dans ce cas, la transcription doit avoir lieu *gratis*, ainsi que l'a décidé son Exc. le ministre des finances.

Art. 2183. *Si le nouveau propriétaire veut se garantir de l'effet des poursuites autorisées dans le chapitre VI du présent titre, il est tenu, soit avant les poursuites, soit dans le mois, au plus tard, à compter de la première sommation qui lui est faite, de notifier aux créanciers, aux domiciles par eux élus dans leurs inscriptions :*

1°. *Extrait de son titre, contenant seulement la date et la qualité de l'acte, le nom et la désignation précise du vendeur et du donateur, la nature et la situation de la chose vendue ou donnée, et, s'il s'agit d'un corps de biens*, la dénomination générale seulement du domaine et des arrondissemens dans lesquels il est situé ; *le prix et les charges faisant partie du prix de la vente, ou l'évaluation de la chose, si elle a été donnée* ;

2°. *Extrait de la transcription de l'acte de vente* ;

3°. *Un tableau sur trois colonnes, dont la première contiendra la date des hypothèques et des inscriptions ; la seconde, le nom des créanciers ; la troisième, le montant des créances inscrites.*

I. Le tiers qui veut se soustraire au délaissement de l'immeuble ou à l'obligation d'acquitter toutes les dettes, peut faire usage de la transcription qu'il a déjà requise, et purger ainsi les hypothèques acquises sur l'immeuble. Mais, pour cela, il doit notifier aux créanciers les divers actes indiqués dans notre article (1).

II. Cette notification ne doit être faite qu'aux créanciers qui ont suivi l'immeuble entre les mains de l'acquéreur, c'est-à-dire, aux créanciers inscrits ; encore faut-il distinguer entre ceux-ci, ceux dont l'hypothèque a été inscrite avant l'aliénation, et ceux qui n'ont requis cette formalité que dans la quinzaine. Pour les premiers, la notification est toujours requise, les

---

(1) Parmi les actes dont notre article prescrit la notification, on trouve un état, sur trois colonnes, des inscriptions qui grèvent l'immeuble ; cet état, ainsi que nous le verrons ci-après, doit être délivré par le conservateur, et signifié tel qu'il est par l'acquéreur, *sans que celui-ci soit obligé de prouver que les inscriptions frappent réellement sur le vendeur.* (Ainsi jugé par arrêt de la Cour de Cassation, en date du 5 janvier 1809, rapporté au *Journal du Palais*, n°. 578, art. 71.)

autres ne peuvent jamais l'exiger. C'est ainsi que le décide l'article 835 du Code de Procédure, ainsi conçu :
« Dans le cas de l'article précédent, le nouveau pro-
» priétaire n'est pas tenu de faire aux créanciers *dont*
» *l'inscription n'est pas antérieure* à la transcription de
» l'acte, les significations prescrites par les articles
» 2183 et 2184 du Code Civil, etc. »

III. La notification exigée par notre article se fait aux domiciles élus par les créanciers dans leurs inscriptions, et peut avoir également lieu au domicile réel. Comme ces élections de domicile sont exigées pour l'intérêt des débiteurs et des tiers, ceux-ci doivent pouvoir y renoncer.

IV. Le délai que prescrit notre article pour les notifications est également de rigueur ; et, si le tiers acquéreur laissoit écouler le mois qu'on lui accorde, il seroit déchu de la faculté de purger, et il ne lui resteroit d'autre ressource que celle de délaisser l'immeuble, ou de payer toutes les dettes.

Ce délai est toujours d'un mois, à compter de la première sommation faite au tiers détenteur. Comme les notifications peuvent se faire au domicile élu, il est clair que l'éloignement qui peut exister entre ce dernier domicile et le domicile réel, ne peut faire accorder de prorogation.

Ces notifications doivent être faites par un huissier commis à cet effet par le président du tribunal de première instance de l'arrondissement où elles ont lieu. (*Code de Procéd.*, art. 832.)

V. Nous n'entrerons pas dans de plus grands détails sur cette notification, il nous suffit d'observer que le tiers devra d'autant plus apporter de soins dans la rédaction des extraits exigés, et y faire entrer tous les détails prescrits par notre article, que c'est par eux seulement que les créanciers peuvent juger de la conduite qu'ils ont à tenir.

Art. 2184. *L'acquéreur ou le donataire déclarera, par le même acte, qu'il est prêt à acquitter sur-le-champ les dettes et charges hypothécaires, jusqu'à concurrence seulement du prix, sans distinction des dettes exigibles ou non exigibles.*

I. Sous la loi du 11 brumaire an 7 (art. 30), le tiers acquéreur qui vouloit purger sa propriété, jouissoit des mêmes termes que le débiteur principal. Aussi il arrivoit souvent, ainsi qu'on l'observa au Conseil lors de la rédaction de notre article, que cette disposition jetoit beaucoup d'embarras sur les liquidations. Les créanciers, dont les titres n'étoient pas encore échus, s'opposoient à ce que les créanciers postérieurs, mais dont les créances étoient exigibles, fussent payés, attendu qu'ils couroient eux-mêmes le hasard de ne plus trouver dans le gage une sûreté suffisante.

Ce fût donc pour obvier à ces discussions, qu'on disposa : que le tiers acquéreur seroit obligé d'offrir le payement de toutes les dettes, sans distinction de celles *exigibles ou non exigibles*, mais seulement jusqu'à concurrence du prix.

II. Ces mots de notre article, *exigibles ou non exigibles*, s'appliquent naturellement à toute espèce de créances, ayant hypothèque sur l'immeuble, conséquemment aux rentes constituées comme aux créances ordinaires.

III. Mais il en seroit autrement des rentes viagères. L'article 1979 veut que, dans aucuns cas, on ne puisse se libérer du paiement de la rente en offrant de rembourser le capital : ainsi le tiers ne pourroit faire autre chose, si ce n'est offrir de continuer le service de la rente. Il n'y auroit que le créancier de la rente, si elle avoit été constituée moyennant un prix, qui pourroit demander la résiliation et par conséquent le paiement du capital. (Art 1977.)

IV. Lorsqu'il y a des créances conditionnelles, la question est peut-être plus difficile, mais se résout par les mêmes principes. Le tiers doit toujours offrir de les acquitter ; et comme ces créanciers ne sont pas en mesure, il sera autorisé ou à consigner, ou à payer à un créancier postérieur, qui donnera caution, que si la condition s'effectue, il restituera au créancier dont les droits étoient d'abord suspendus par la condition.

V. *Jusqu'à concurrence du prix*. Le prix se trouve naturellement fixé par le contrat, lorsque c'est à titre d'achat que le tiers est devenu propriétaire. Mais s'il étoit donataire, ce seroit à lui à évaluer, dans sa notification, le prix de l'immeuble (article 2185, n° II ; article 2186). Il ne pouvoit pas y avoir de difficulté à laisser au donataire le droit de faire cette évaluation, puisque chacun des créanciers peut ensuite requérir la mise aux enchères et faire porter à une somme supérieure la valeur de l'immeuble.

VI. Cependant cette dernière partie de l'article a donné naissance à une difficulté. On a demandé si, lorsque le même immeuble avoit été successivement vendu à deux particuliers, c'est-à-dire, acquis d'abord par un, et ensuite revendu par lui, et que le dernier acquéreur avait seul fait transcrire et notifier son contrat aux créanciers inscrits sur le vendeur originaire, tandis que le premier n'avoit pas rempli ces formalités, les créanciers, avoient droit au prix de la seconde vente, quoique supérieur au prix de la première ? D'une part on peut dire que, devenu propriétaire par la première vente, le premier acquéreur avoit irrévocablement fixé les droits des créanciers au prix pour lequel il avoit acquis ; que l'aliénation consentie ensuite par lui, quoique pour une somme supérieure, ne pouvoit profiter qu'à lui ou à ses créanciers personnels, et jamais à ceux du propriétaire originaire, dont les droits se bornoient à sur-enchérir, sur le pied de la première mutation ; que la transcription et la notification faites par le second acquéreur, remplaçoient celles qu'auroit pu faire le premier, et que conséquemment les créanciers du propriétaire originaire ne pouvoient prendre pour base de leur réclamation l'aliénation consentie ensuite par le premier acquéreur.

Néanmoins ces prétentions ont été rejetées par arrêt de la Cour suprême, en date du 5 Novembre 1807. Cette Cour a pensé, *que la première vente étoit absolument étrangère aux créanciers, et que le second acquéreur ayant fait transcrire son contrat, le leur ayant ensuite notifié, avoit, par-là même, aux termes de l'article 30 de la loi du 11 brumaire an 7, contracté l'engagement de rapporter à la masse des créanciers inscrits le prix de son acquisition, pour être distribué à chacun d'eux conformément à ses droits.* (Cet arrêt est rapporté dans la *jurisprudence de la Cour de Cassation* au 1808, 3ᵉ cahier.)

Art. 2185. *Lorsque le nouveau propriétaire a fait cette notification dans le délai fixé, tout créancier dont le titre est inscrit, peut requérir la mise de l'immeuble aux enchères et adjudications publiques ; à la charge :*

1°. *Que cette réquisition sera signifiée au n-*

veau propriétaire dans quarante jours, au plus tard, de la notification faite à la requête de ce dernier, en y ajoutant deux jours par cinq myriamètres de distance entre le domicile élu et le domicile réel de chaque créancier requérant;

2°. Qu'elle contiendra soumission du requérant, de porter ou faire porter le prix à un dixième en sus de celui qui aura été stipulé dans le contrat, ou déclaré par le nouveau propriétaire;

3°. Que la même signification sera faite dans le même délai au précédent propriétaire, débiteur principal;

4°. Que l'original et les copies de ces exploits seront signés par le créancier requérant, ou par son fondé de procuration expresse, lequel, en ce cas, est tenu de donner copie de sa procuration;

5°. Qu'il offrira de donner caution jusqu'à concurrence du prix des charges:

Le tout à peine de nullité.

I. Lorsque le nouveau propriétaire, avant toutes poursuites, ou dans le mois, au plus tard, à compter de la première sommation qui lui est adressée, a fait les notifications prescrites par les articles 2183 et 2184, on peut requérir la mise aux enchères. Mais pour cela il faut être créancier inscrit ou ayant privilége et hypothèque indépendans de l'inscription : à la vérité notre article semble exiger d'une manière générale que celui qui requiert la mise aux enchères soit un créancier inscrit; mais il faut se rappeler que les privilèges et hypothèques légales indépendantes de l'inscription, produisent toujours le même effet que les autres hypothèques régulièrement inscrites.

II. Les hypothèques inscrites dans la quinzaine de la transcription, jouissent de la même faveur que celles inscrites précédemment, et donnent conséquemment le droit de requérir la mise aux enchères. Cependant il y a une différence à faire relativement à l'époque d'où se comptent les quarante jours durant lesquels on doit signifier cette réquisition. Pour les créanciers inscrits antérieurement à la transcription, les quarante jours se comptent de celui de la notification qui leur est faite par le tiers acquéreur. Relativement aux autres, ce délai ne peut pas courir de la notification, puisqu'aux termes de l'article 835 du Code de Procédure le tiers acquéreur n'est pas tenu de leur en faire, mais bien de celle faite aux créanciers antérieurs. Un exemple va rendre tout cela plus clair. Je prends celui que donne l'orateur du Tribunat. « Supposons que l'acquéreur ait fait, dans le même jour, la transcription et la notification aux créanciers inscrits ; le créancier tardif qui n'aura fait son inscription que le quinzième jour, n'en aura plus que vingt-cinq pour requérir la mise aux enchères. »

III. La réquisition de mise aux enchères doit également être signifiée au débiteur principal, et toujours dans le même délai ; c'est-à-dire, dans les quarante jours de la notification faite aux créanciers. Si donc le poursuivant négligeoit cette formalité, il seroit déchu de son droit.

IV. La réquisition doit contenir soumission, de la part du créancier requérant, de porter ou faire porter le prix à un dixième en sus, et cette sur-enchère jointe au prix porté dans l'acte d'aliénation, tient toujours lieu d'enchère (art. 838 du *Code de Procédure*); ensorte que, si personne ne sur-enchérit, l'immeuble est adjugé au créancier poursuivant.

V. La signification de la soumission doit être faite par un huissier commis à cet effet, sur simple requête, par le président du tribunal de première instance de l'arrondissement où les notifications auront lieu. Elle doit contenir constitution d'avoué près le tribunal où la sur-enchère et l'ordre doivent être portés. (*Code de Proc.*, art. 832.)

L'original et les copies des divers exploits doivent être signés par le créancier requérant, ou par son fondé de pouvoirs. La procuration donnée à cet effet, doit être expresse; c'est tout ce qu'exige notre article: d'où nous concluons qu'elle peut être donnée sous signature privée.

L'acte de réquisition de mise aux enchères doit contenir également, à peine de nullité de la sur-enchère, l'offre de donner caution jusqu'à concurrence du prix et des charges; de plus, assignation, à trois jours, devant le même tribunal, pour la réception de la caution, à laquelle il doit être procédé sommairement. (*Code de Proc.*, art. 833.)

Cet acte de réquisition de mise aux enchères doit aussi *désigner* la caution qu'on offre de donner; sans cela, la sur-enchère seroit déclarée nulle, ainsi que l'a jugé la Cour de Cassation par son arrêt en date du 4 janvier 1809, rapporté au *Journal des Audiences*, 1809, 1er cah.

Si la caution étoit rejetée, la sur-enchère seroit déclarée nulle, et l'acquéreur maintenu, à moins cependant qu'il n'eût été fait d'autres sur-enchères par d'autres créanciers (*ibid.* art. 833), ou que le même créancier fût encore dans les délais utiles pour surenchérir (1).

Art. 2186. *A défaut, par les créanciers, d'avoir requis la mise aux enchères dans le délai et les formes prescrits, la valeur de l'immeuble demeure définitivement fixée au prix stipulé dans le contrat, ou déclaré par le nouveau propriétaire, lequel est, en conséquence, libéré de tout privilége et hypothèque, en payant ledit prix aux créanciers qui seront en ordre de recevoir, ou en le consignant.*

Dès que les quarante jours sont expirés sans qu'on ait requis la mise aux enchères, ou lorsque cette réquisition a été déclarée nulle, les créanciers sont déchus de ce droit, et l'acquéreur demeure propriétaire incommutable, à la charge seulement de payer aux créanciers le prix stipulé dans le contrat, ou celui par lui déclaré. (*Code de Proc.* art. 835.)

Si, lors de cette déchéance, les créanciers n'étoient pas en ordre de recevoir, le tiers acquéreur ne seroit pas forcé d'attendre la collocation, mais pourroit se libérer en consignant les sommes dues.

---

(1) A ne consulter que cet article 833, il sembleroit bien que le créancier dont on a prononcé la nullité de la sur-enchère, ne peut pas sur-enchérir de nouveau; mais il seroit sans doute beaucoup trop dur de prononcer une déchéance aussi absolue, et telle ne peut pas avoir été l'intention du législateur.

Art. 2187. *En cas de revente sur enchère, elle aura lieu suivant les formes établies pour les expropriations forcées, à la diligence soit du créancier qui l'aura requise, soit du nouveau propriétaire.*

Le poursuivant énoncera dans les affiches le prix stipulé dans le contrat ou déclaré, et la somme en sus à laquelle le créancier s'est obligé de la porter ou faire porter.

Lorsque l'un des créanciers a utilement requis la mise aux enchères, la revente peut être poursuivie tant par le créancier que par le nouveau propriétaire.

A cet effet, le poursuivant doit faire apposer des placards indicatifs de la première publication, laquelle doit se faire quinzaine après cette apposition. (*Code de Proc.*, art. 836.) Les placards doivent énoncer le prix stipulé dans le contrat, ou déclaré par le nouveau propriétaire, ainsi que la somme entière à laquelle le créancier s'est obligé de porter ou faire porter l'immeuble.

Le procès-verbal d'apposition de placards doit être notifié au nouveau propriétaire, si c'est le créancier qui poursuit; et au créancier sur-enchérisseur, si c'est l'acquéreur. (*Ibid.*, art. 837.) Mais il n'est pas besoin d'en donner connaissance au débiteur principal.

Art. 2188. *L'adjudicataire est tenu, au-delà du prix de son adjudication, de restituer à l'acquéreur ou au donataire dépossédé les frais et loyaux coûts de son contrat, ceux de la transcription sur les registres du conservateur, ceux de notification, et ceux faits par lui pour parvenir à la revente.*

Outre les restitutions ordonnées par cet article, l'adjudicataire est encore tenu de payer les impenses et améliorations. Cela résulte de la discussion au Conseil sur cet article. On y lit : « M. Dupuy demande que » cet article (2188) soumette l'acquéreur à payer éga- » lement les impenses et améliorations. — M. Treil- » hard répond que cette obligation étant de droit com- » mun, il devient inutile de l'exprimer. »

Mais, en rapprochant l'article 2175 de cette disposition, il semble que l'adjudicataire ne soit tenu que jusqu'à concurrence de la plus-value résultant de l'amélioration.

Art. 2189. *L'acquéreur ou le donataire qui conserve l'immeuble mis aux enchères, en se rendant dernier enchérisseur, n'est pas tenu de faire transcrire le jugement d'adjudication.*

La première transcription suffit à l'acquéreur ; il n'a pas besoin d'en requérir une nouvelle. Mais on a demandé si le conservateur pouvoit réclamer un supplément de droits de transcription pour l'excédent du prix provenant de la sur-enchère? L'affirmative paroît résulter de l'article 25 de la loi du 21 ventose. Cet article, en effet, décide que les droits de transcription doivent être acquittés sur le prix de la vente réglé à l'enregistrement : or, l'adjudication donnant naissance à un supplément de droits d'enregistrement, il doit en être de même pour la transcription. *Voyez*, au surplus, ce que nous avons dit sur l'article 2182, n°. X.

Art. 2190. *Le désistement du créancier requérant la mise aux enchères, ne peut, même quand le créancier paieroit le montant de la soumission, empêcher l'adjudication publique, si ce n'est du consentement exprès de tous les autres créanciers hypothécaires.*

Lorsque l'un des créanciers a requis la mise aux enchères, il a acquis à tous les autres le droit de faire vendre l'immeuble, droit qu'ils ne peuvent perdre que par une renonciation expresse, ou par la prescription de leur titre.

Cependant, si la mise aux enchères étoit déclarée nulle, soit parce qu'on n'auroit pas suivi les formes indiquées par le Code Napoléon et celui de Procédure, soit parce que la caution offerte auroit été rejetée, les autres créanciers n'auroient que le droit de faire une nouvelle sur-enchère, en se conformant à l'article 2185 ci-dessus.

Art. 2191. *L'acquéreur qui se sera rendu adjudicataire, aura son recours tel que de droit, contre le vendeur, pour le remboursement de ce qui excède le prix stipulé par son titre, et pour l'intérêt de cet excédent, à compter du jour de chaque paiement.*

La vente a été faite pour vingt mille francs; l'adjudication a porté le prix à vingt-cinq : le vendeur sera tenu de garantir l'acquéreur, jusqu'à concurrence des cinq mille francs qui excèdent le prix de la première aliénation. Ensuite, en supposant que ces cinq mille francs aient été payés en deux termes, le vendeur devra l'intérêt de la moitié de la somme, à compter du premier paiement, et celui de la seconde, à compter du dernier, etc.

On doit observer que notre article dit : *à compter du jour de chaque paiement;* ce qui prouve que si l'adjudicataire n'avoit payé que long-temps après les termes fixés, il ne pourroit pas réclamer les intérêts du jour des échéances, mais seulement de celui où il auroit réellement payé.

De même, nous croyons que, quoique cet article 2191 ne parle que de l'excédent du prix et des intérêts, l'adjudicataire a également le droit de réclamer du vendeur des dommages-intérêts, s'il lui a caché l'existence de tout ou partie des créances hypothécaires, qu'on n'auroit fait inscrire que dans la quinzaine de l'aliénation, ainsi que les frais du jugement d'adjudication. Car cette sur-enchère, suivie d'une augmentation réelle du prix, est une véritable éviction, pour laquelle l'article 1630 du Code-Napoléon accorde garantie.

Art. 2192. *Dans le cas où le titre du nouveau propriétaire comprendroit des immeubles et des meubles, ou plusieurs immeubles, les uns hypothéqués, les autres non hypothéqués, situés dans le même ou dans divers arrondissemens de bureaux, aliénés pour un seul et même prix, ou pour des prix distincts et séparés, soumis ou non à la même exploitation*, le prix de chaque immeuble frappé d'inscriptions particulières et séparées sera déclaré dans la notification du nouveau propriétaire, par ventilation, s'il y a lieu, du prix total exprimé dans le titre.

Le créancier sur-enchérisseur ne pourra, en aucun cas, être contraint d'étendre sa soumission ni sur le mobilier, ni sur d'autres immeubles que ceux qui sont hypothéqués à sa créance et situés dans le même arrondissement ; sauf le recours du nouveau propriétaire contre ses auteurs, pour l'indemnité du dommage qu'il éprouveroit, soit de la division des objets de son acquisition, soit de celle des exploitations.

I. Pour se faire des idées justes sur la disposition de cet article, il faut distinguer trois cas. Ou la vente, qui a été faite par un seul acte, et pour un seul prix, comprend tout-à-la-fois des meubles et des immeubles, ou seulement plusieurs immeubles, les uns hypothéqués, et les autres non grevés de cette affectation, ou enfin plusieurs immeubles tous hypothéqués, mais situés dans divers arrondissemens.

Dans le premier cas, les meubles restent au nouveau propriétaire, et les immeubles seuls ont besoin d'être purgés de l'hypothèque; mais pour y parvenir, l'acquéreur, dans sa notification, doit faire une ventilation ; c'est-à-dire, évaluer comparativement au prix total la somme pour laquelle il pense avoir acheté les immeubles ; et c'est sur cette somme que se calculent les sur-enchères ou le prix dont l'acquéreur peut être débiteur à l'égard des créanciers, si aucun d'eux ne requiert la mise aux enchères.

Dans le second cas, celui où on a acquis par le même acte, et pour un seul prix, plusieurs immeubles, les uns hypothéqués, les autres non hypothéqués, le nouveau propriétaire doit aussi évaluer comparativement au prix total pour lequel il a acquis, la somme à laquelle il croit devoir porter les immeubles hypothéqués; et les créanciers ne sont obligés de comprendre dans la sur-enchère que ceux grevés de leur hypothèque.

Enfin, dans le troisième cas, lorsque la vente comprend plusieurs immeubles hypothéqués, mais situés dans divers arrondissemens, l'acquéreur doit bien comprendre dans ses notifications le prix total de la vente, ou la valeur de chaque immeuble pris séparément, s'ils sont frappés d'inscriptions particulières ; mais les créanciers ne sont pas obligés d'étendre leurs soumissions aux immeubles situés dans d'autres arrondissemens que celui devant lequel ils poursuivent l'adjudication.

Cependant il faut prendre garde de trop généraliser cette règle. Elle n'est véritablement applicable qu'au cas où il s'agit d'immeubles distincts et séparés. Si donc c'étoit le même immeuble qui fût situé dans plusieurs arrondissemens, les créanciers devroient sur-enchérir pour tout l'immeuble, et faire alors les poursuites devant le tribunal dans le ressort duquel se trouve le chef-lieu de l'exploitation. (Art. 2210.).

II. Notre article dit : *Le créancier ne pourra être*

contraint d'étendre sa soumission sur d'autres immeubles situés dans le même arrondissement; ce qui prouve que ce créancier sur-enchérisseur pourra, s'il le veut, requérir la mise aux enchères de tous les immeubles, quelle que soit leur situation ; mais, dans ce cas, il devra diviser ses poursuites, et les exercer successivement sur chaque immeuble dans le ressort de la situation. (Art. 2210.)

III. La dernière partie de cet article 2192 accorde un recours au nouveau propriétaire, contre le vendeur, pour se faire indemniser ; mais ne pourroit-on pas prétendre qu'il a également le droit de faire résilier le contrat ? Il nous semble que la solution de cette difficulté dépend des circonstances. Si, lors de la vente, l'acquéreur ne connoissoit pas d'hypothèque ; que ce ne soit que postérieurement qu'elles aient été rendues publiques, et que l'éviction survenue par l'exercice de l'action hypothécaire, soit tellement forte, que, relativement au tout, l'acquéreur n'eût pas acheté sans la partie dont il a été évincé, nul doute qu'il ne pût obtenir la résiliation du contrat. On peut appliquer à ce cas ce que décide l'article 1636 pour toute éviction aussi étendue (1).

---

(1) Cet article est ainsi conçu : « Si l'acquéreur n'est évincé que
» d'une partie de la chose, et qu'elle soit de telle conséquence,
» relativement au tout, que l'acquéreur n'eût point acheté sans la
» partie dont il a été évincé, il peut faire résilier la vente. » (*Code Napol.*, art. 1636.)

CHAPITRE IX.

Du Mode de purger les hypothèques quand il n'existe pas d'inscription sur les biens des maris et des tuteurs.

Art. 2193. *Pourront les acquéreurs d'immeubles appartenant à des maris ou à des tuteurs, lorsqu'il n'existera pas d'inscription sur lesdits immeubles à raison de la gestion du tuteur, ou des dot, reprises et conventions matrimoniales de la femme, purger les hypothèques qui existeroient sur les biens par eux acquis.*

I. Lorsque les maris et tuteurs ont rempli les obligations que la loi leur impose, c'est-à-dire, qu'ils ont requis eux-mêmes, ou souffert qu'on requît inscription hypothécaire sur leurs immeubles, pour la conservation des droits des femmes et mineurs, les acquéreurs de leurs immeubles ne peuvent les purger de l'hypothèque légale, tant que les droits des femmes et mineurs ne sont pas ouverts. Ainsi, durant le mariage, ou avant la fin de la tutelle, ces immeubles demeurent affectés de même que s'ils étoient restés entre les mains des maris ou tuteurs.

Cependant, s'il existoit sur les mêmes immeubles des créances antérieures qui absorbassent la totalité du prix, l'acquéreur seroit libéré par le payement qu'il feroit de leurs créances, et les immeubles se trouveroient par ce seul fait purgés de l'hypothèque légale. —Mais si le prix déclaré par le tiers acquéreur, et par lui employé à acquitter les créances antérieures, étoit infiniment foible, je penserois que la femme et le mineur, lors de l'ouverture de leurs droits, pourroient user de leurs hypothèques et requérir la mise aux enchères, ainsi que le permet à tout créancier hypothécaire l'article 2185.

II. Suivant notre article, le tiers acquéreur ne peut purger l'hypothèque légale que lorsqu'il n'y a pas eu d'inscription. Cependant il nous semble que cette règle ne doit s'appliquer qu'au cas où les droits des mineurs et des femmes ne sont pas encore ouverts; car l'inscription qu'on auroit prise ne peut pas éterniser l'hypothèque, et le tiers doit pouvoir purger dès que les répétitions de la femme et du mineur peuvent être liquidées et par suite exercées.

III. Cet article 2193 ne parle que de l'hypothèque légale des mineurs et des femmes; cependant les biens des citoyens peuvent être grevés d'une autre espèce d'hypothèque légale, celles de l'Etat, des communes, etc. Dès-lors, comment faire pour la purger?

En se rappelant ce que nous avons déjà dit souvent, que l'hypothèque de l'État ne différoit guères de l'hypothèque ordinaire que par son origine; que, comme elle, elle étoit assujettie à l'inscription, et ne prenoit de rang que par l'accomplissement de cette formalité, on conviendra aisément qu'elle ne peut être purgée qu'en suivant les principes de l'article 2183. Cet article, en effet, oblige l'acquéreur de faire ses notifications à tous créanciers inscrits; ce qui doit nécessairement comprendre l'Etat, les communes, etc. Ainsi nous croyons que celui qui auroit acquis d'un comptable, ne pourroit purger qu'en suivant les règles fixées par l'article 2183; mais aussi que, comme tout créancier inscrit, l'Etat auroit droit de sur-enchérir, conformément à l'article 2185.

Dans les cas où le tiers acquéreur est admis à purger l'hypothèque légale des mineurs et des femmes, il doit suivre les formalités prescrites par l'article suivant.

Art. 2194. *A cet effet, ils déposeront copie duement collationnée du contrat translatif de propriété, au greffe du tribunal civil du lieu de la situation des biens, et ils certifieront par acte signifié, tant à la femme ou au subrogé-tuteur, qu'au procureur impérial au tribunal, le dépôt qu'ils auront fait : extrait de ce contrat, contenant sa date, les noms, prénoms, professions et domiciles des contractans, la désignation de la nature et de la situation des biens, le prix et les autres charges de la vente, sera et restera affiché pendant deux mois dans l'auditoire du tribunal; pendant lequel temps les femmes, les maris, tuteurs, subrogés-tuteurs, mineurs, interdits, parens ou amis, et le procureur impérial, seront reçus à requérir, s'il y a lieu, et à faire, au bureau des hypothèques, des inscriptions sur l'immeuble aliéné, qui auront le même effet que si elles avoient été prises le jour du contrat de mariage, ou le jour de l'entrée en gestion du tuteur; sans préjudice des poursuites qui pourroient avoir lieu contre les maris et les tuteurs, ainsi qu'il a été dit ci-dessus, pour hypothèques par eux consenties au profit de tierces personnes sans leur avoir déclaré que les immeubles étoient déjà grevés d'hypothèques, en raison du mariage ou de la tutelle.*

I. A la lecture de cet article, quelques personnes se sont demandé si, avant toute formalité, l'acquéreur étoit obligé de faire transcrire son titre ? Il nous semble que la solution de cette difficulté résulte nettement de la contexture de l'article. On y voit, e effet, que le législateur voulant donner à l'acquéreur les moyens de rendre libres ses propriétés, lui indique la marche à suivre à cet effet, sans parler nulle part de la transcription : vouloir donc l'exiger, ce seroit ajouter à sa disposition, imposer à l'acquéreur des obligations auxquelles il a pu se soustraire. C'est aussi dans ce sens qu'a décidé Son Exc. le Grand-Juge, le 23 messidor an 12.

II. Le tiers acquéreur qui a le droit de purger l'hypothèque légale, doit, aux termes de notre article, déposer copie de son contrat au greffe ; ensuite il est obligé de certifier ce dépôt par acte signifié à la femme, au subrogé-tuteur, etc. On étoit d'abord embarrassé pour connoître la forme de cette signification ; mais LL. Exc. le Grand-Juge et le Ministre des finances ont décidé, les 24 vendémiaire et 14 nivose an 13, que lors de la remise au greffe, faite par le tiers acquéreur, le greffier étoit obligé de rédiger un acte de dépôt, et que c'étoit cet acte qu'on devoit signifier à la femme, au subrogé-tuteur et au procureur impérial.

III. Lorsque le subrogé-tuteur, la femme ou ses représentans ne sont pas connus, il est impossible au tiers acquéreur de leur faire la signification prescrite ; aussi le Conseil d'Etat, par un avis approuvé par Sa Majesté le 1ᵉʳ juin, a t-il décidé : 1°. que, dans ce cas, « il sera nécessaire, et il suffira, pour rem-
» placer la signification qui doit leur être faite aux
» termes dudit article 2194, en premier lieu, que dans
» la signification à faire au procureur impérial, l'ac-
» quéreur déclare que ceux du chef desquels il pour-
» roit être formé des inscriptions pour raison d'hypo-
» thèques légales existantes indépendamment de l'ins-
» cription, n'étant pas connus, il fera publier la sus-
» dite signification dans les formes prescrites par l'ar-
» ticle 683 du Code de Procédure civile (1) ; en second
» lieu, que le susdit acquéreur fasse cette publication
» dans lesdites formes de l'article 683 du Code de Pro-
» cédure civile, ou que, s'il n'y avoit pas de journal
» dans le département, l'acquéreur se fasse délivrer
» par le procureur impérial un certificat portant qu'il
» n'en existe pas.

» 2°. Que le délai de deux mois fixé par l'article 2194
» du Code Civil, pour prendre inscription du chef des
» femmes, et des mineurs et interdits, ne devra cou-
» rir que du jour de la publication faite aux termes du

---

(1) Il est ainsi conçu : « L'extrait prescrit par l'article précédent
» sera inséré, sur la poursuite du saisissant, dans un des journaux
» imprimés dans le lieu où siège le tribunal devant lequel la saisie
» se poursuit ; et s'il n'y en a pas, dans l'un de ceux imprimés
» dans le département, s'il y en a : il sera justifié de cette in-
» sertion par la feuille contenant ledit extrait, avec la signature de
» l'imprimeur, légalisée par le maire. » (Art. 683.)

» susdit article 683 du Code de Procédure Civile, ou du
» jour de la délivrance du certificat du procureur im-
» périal, portant qu'il n'existe pas de journal dans
» le département. »

IV. Après le dépôt du contrat fait au greffe, un extrait contenant tous les détails exigés par l'article 2194 doit rester affiché pendant deux mois dans l'auditoire du tribunal. A l'expiration de ce délai, le greffier doit rédiger, tant pour sa décharge que pour constater que le contrat a resté affiché durant les délais prescrits, un nouvel acte semblable à celui constatant le dépôt, enregistré sur la minute, et dont il doit, au besoin, délivrer expédition. C'est ainsi que l'ont décidé LL. Exc. le Grand-Juge et le Ministre des finances, les 24 vendémiaire et 14 nivose an 13.

V. Quant à la dernière partie de notre article relative aux peines que les maris et tuteurs peuvent encourir pour le défaut d'inscription, on peut voir ce que nous avons dit sur l'article 2136.

Art. 2195. *Si, dans le cours des deux mois de l'exposition du contrat, il n'a pas été fait d'inscription du chef des femmes, mineurs ou interdits, sur les immeubles vendus, ils passent à l'acquéreur sans aucune charge à raison des dot, reprises et conventions matrimoniales de la femme, ou de la gestion du tuteur, et sauf le recours, s'il y a lieu, contre le mari et le tuteur.*

S'il a été pris des inscriptions du chef desdites femmes, mineurs ou interdits, et s'il existe des créanciers antérieurs qui absorbent le prix en totalité ou en partie, l'acquéreur est libéré du prix ou de la portion du prix par lui payée aux créanciers placés en ordre utile, et les inscriptions du chef des femmes, mineurs ou interdits, seront rayées, ou en totalité ou jusqu'à due concurrence.

Si les inscriptions du chef des femmes, mineurs ou interdits, sont les plus anciennes, l'acquéreur ne pourra faire aucun paiement du prix au préjudice desdites inscriptions, qui auront toujours, ainsi qu'il a été dit ci-dessus, la date du contrat de mariage, ou de l'entrée en gestion du tuteur; et, dans ce cas, les inscriptions des autres créanciers, qui ne viennent pas en ordre utile, seront rayées.

I. Lorsque, dans les deux mois durant lesquels le contrat est resté exposé, il n'a été pris aucune inscription du chef des femmes et des mineurs, ou ce qui est la même chose, lorsqu'il en aura été pris, mais qu'elles auront été déclarées nulles (1), l'immeuble acquis reste libre entre les mains de l'acquéreur, et celui-ci ne peut jamais être inquiété par suite de l'hypothèque légale. L'inscription qu'on auroit prise postérieurement seroit donc inutile, et le tiers pourroit en faire prononcer la radiation.

II. Mais lorsqu'il a été pris des inscriptions dans les délais utiles, il faut distinguer deux cas : Ou l'hypo-

---

(1) *Quod nullum est, nullum producit effectum.*

thèque des mineurs et des femmes est précédée par d'autres créanciers qui absorbent la totalité ou partie du prix, ou elle est elle-même au premier rang.

Lorsqu'il y a des créances antérieures, il est sûr que l'hypothèque légale des mineurs et des femmes se trouve naturellement purgée par la collocation de ces premières créances, jusqu'à concurrence de la partie du prix qui leur est dévolu. Cependant il peut y avoir de grandes difficultés dans l'application de ce principe.

Supposons, en effet, que l'immeuble sur lequel portent ces diverses hypothèques, vaille 30,000 liv., qu'il ait été aliéné pour la somme de 20,000 l., ou que le prix déclaré par le tiers possesseur ne s'élève qu'à cette dernière somme; qu'il n'y ait des créances antérieures à l'hypothèque légale que pour une semblable somme de 20,000 liv., croira-t-on qu'en les acquittant le tiers acquéreur puisse faire radier les inscriptions prises du chef des femmes ?

A ne consulter que le texte de la seconde partie de notre article, il paroîtroit que l'hypothèque légale des mineurs et des femmes seroit purgée par cela seul, que le tiers auroit employé la totalité du prix à acquitter des créances antérieures. Néanmoins il nous semble que tel ne peut pas être l'esprit de la loi ; et le privilège introduit en faveur des femmes et des mineurs ne doit pas tourner à leur préjudice. Ils doivent en effet jouir des mêmes prérogatives que les autres créanciers, et avoir conséquemment le droit de requérir la mise aux enchères.

Mais à quelle époque et dans quel délai doivent-ils exercer leurs droits ? Nous avons déjà dit que les mineurs et les femmes ne devoient pas pouvoir sur-enchérir durant la tutelle ou le mariage, parce que leurs droits n'étoient pas encore ouverts ; que le tuteur ne devoit encore rien à ses pupilles ; que le mari ne devoit pas être privé de la dot durant le mariage, ni forcé à payer d'avance des avantages qui sont attachés à la survivance toujours incertaine d'un des époux ; que, conséquemment, la faculté de sur-enchérir ne leur étoit offerte qu'à l'ouverture de leurs droits, c'est-à-dire, pour le mineur, dès qu'il est devenu majeur ; pour la femme, lors de la dissolution du mariage.

Quant au délai dans lequel doit être faite la sur-enchère, la question est peut-être plus difficile, mais doit se résoudre par les règles générales. En effet, l'affiche du contrat, durant deux mois, a prévenu la femme et les mineurs de la mutation qui s'étoit opérée, ainsi que des charges sous lesquelles elle avoit eu lieu ; et, sous ce rapport, elle peut être comparée à la notification prescrite par l'article 2183. Dès-lors, comme les quarante jours pendant lesquels l'article 2185 exige qu'on requière la mise aux enchères, ne peuvent pas courir contre la femme mariée et le mineur, il nous paroît conséquent de penser que si la réquisition à faire de leur part doit être exercée dans le même délai, il ne peut du moins courir que du jour où ils ont pu librement exercer leurs droits, c'est-à-dire du jour de la majorité ou de la dissolution du mariage.

III. Dans le second cas, c'est-à-dire lorsque l'hypothèque légale des mineurs et des femmes n'est précédée d'aucune créance plus ancienne, l'immeuble demeure affecté à leurs répétitions, et ne peut être purgé de leur hypothèque qu'après l'ouverture et la liquidation de leurs droits. Il est vrai que jusques-là l'acquéreur peut rester nanti du prix ; mais les droits des mineurs frappent toujours l'immeuble, et ne peuvent être transformés en un droit sur le prix.

Quant aux créanciers qui, dans ce cas, se trouvent postérieurs à l'hypothèque légale, la dernière partie de l'article dit qu'on rayera celles des inscriptions qui ne viennent pas en ordre utile. Mais ces radiations seront d'autant plus difficiles à obtenir, qu'il sera presque impossible de connoître les créances qui ne peuvent être payées sur le prix de l'immeuble ; car on ne doit pas oublier que presque toujours les répétitions des mineurs ou des femmes sont incertaines, et qu'on ne peut pas liquider d'avance ce qui doit leur revenir.

CHAPITRE X.

De la Publicité des Registres, et de la Responsabilité des Conservateurs.

Art. 2196. *Les conservateurs des hypothèques sont tenus de délivrer à tous ceux qui le requièrent, copie des actes transcrits sur leurs registres, et celle des inscriptions subsistantes, ou certificat qu'il n'en existe aucune.*

Cet article constitue véritablement le système de publicité. Tout individu, d'après sa disposition, peut se procurer des états de situation sur la fortune de ceux avec qui il veut contracter ; et c'étoit là le seul moyen d'arrêter les fraudes inséparables de l'hypothèque occulte.

Mais on doit prendre garde que cet article n'oblige les conservateurs qu'à délivrer des copies, certificats ou extraits, mais qu'il n'autorise jamais les communications verbales. Si donc un conservateur avoit bénévolement donné des renseignemens sur la fortune de quelque citoyen, il ne pourroit réclamer de salaire.

Le salaire des conservateurs pour la délivrance des divers actes indiqués par notre article, est fixé par l'article 15 de la loi du 21 ventose an 7, ainsi qu'il suit : pour chaque extrait d'inscription, ou certificat qu'il n'en existe aucune, 50 cent. ; pour les copies collationnées des actes déposés ou transcrits, 25 cent. par rôle.

Art. 2197. *Ils sont responsables du préjudice résultant :*

1°. *De l'omission sur leurs registres, des transcriptions d'actes de mutation, et des inscriptions requises en leurs bureaux;*

2°. *Du défaut de mention, dans leurs certificats, d'une ou de plusieurs des inscriptions existantes, à moins, dans ce dernier cas, que l'erreur ne provînt de désignations insuffisantes qui ne pourroient leur être imputées.*

I. Lorsqu'un conservateur a négligé de transcrire un acte de mutation qu'on avoit déposé, il est responsable, envers le tiers acquéreur, de tous les dommages que celui-ci peut avoir soufferts. Ces dommages peuvent être plus ou moins forts, suivant les circonstances. En supposant, en effet, que ce fût un acte de donation dont on eût requis la transcription ; que la négligence du conservateur fût cause qu'une seconde donation du même objet fût transcrite auparavant, il seroit responsable, envers le premier donataire, de la valeur de l'objet donné.

Si, au contraire, il s'agissoit d'une aliénation onéreuse qu'il eût négligé de transcrire, et qu'il n'y eût aucune hypothèque de consentie sur l'immeuble à l'époque de l'aliénation, il est clair que, dans ce cas, le tiers acquéreur n'auroit aucun recours, puisqu'il ne pourroit souffrir de dommage par suite du défaut de transcription (1).

Il en seroit de même, si à l'époque de la vente il y avoit des hypothèques inscrites qui excédassent de beaucoup la valeur de l'immeuble; comme la transcription seule ne purge pas, le tiers ne pourroit guères établir de préjudice résultant du défaut de transcription.

Mais s'il n'y avoit pas d'hypothèques inscrites, quoique le vendeur en eût déjà consenti avant l'aliénation, ou s'il y en avoit pour une somme inférieure au prix de la vente, il pourroit se faire, dans ce cas, que le tiers souffrît quelques dommages; mais ce seroit à lui à l'établir avant de poursuivre le conservateur.

Toutefois le conservateur qui auroit négligé de faire faire une transcription qui auroit été requise, encourt l'amende prononcée par l'article 2202, encore que les parties n'en aient souffert aucun dommage.

II. Quant à l'omission de quelque inscription, le conservateur est également responsable; néanmoins,

---

(1) Ceci est la suite du principe que nous supposons adopté, que la transcription n'est plus nécessaire pour arrêter les nouvelles aliénations et les nouvelles hypothèques que pourroit consentir, depuis la vente, l'ancien propriétaire.

pour que le créancier puisse exercer son recours contre lui, il faut qu'il prouve que sans cette omission il auroit été utilement colloqué; autrement il ne souffre pas de préjudice, puisque l'inscription, si elle eût été faite, n'auroit été d'aucune utilité.

III. Il faut en dire autant du défaut de mention d'une inscription dans le certificat délivré par le conservateur. Le créancier ne peut, en effet, exercer de recours contre le conservateur, qu'autant qu'il prouve, ou qu'il auroit été d'abord utilement colloqué sur le prix déclaré par l'acquéreur, ou qu'à l'aide de la sur-enchère qu'il auroit pu requérir, l'immeuble auroit été porté à une somme assez considérable pour le remplir de ses droits.

IV. Le créancier dont on n'a pas compris l'inscription sur le certificat, ne peut pas non plus exercer de recours contre le conservateur, lorsque cette omission provient de sa faute; et elle est censée en provenir, lorsqu'il n'a pas donné dans son inscription des désignations suffisantes, soit sur la personne du débiteur, soit sur la nature ou la situation de l'immeuble hypothéqué.

V. Le conservateur est également responsable, soit que l'omission dans les certificats provienne de sa faute, ou qu'elle soit la suite du défaut de report de la part de son prédécesseur, sur le répertoire. Mais, dans ce cas, il a naturellement son recours contre son prédécesseur.

VI. Au reste, dans tous les cas où le conservateur est responsable, il ne doit pas profiter, comme l'acquéreur, du terme accordé pour le paiement; il suffit que le créancier cesse d'avoir son gage, pour qu'il puisse exiger de suite son remboursement. (Arg. art. 1188.)

VII. Cette matière présente encore une difficulté qu'il est important d'examiner. Supposons qu'un conservateur ait omis dans son certificat une inscription qui auroit donné un rang utile, mais qui est empreinte d'une nullité; qui, par exemple, ne fait pas mention de l'époque de l'exigibilité : le conservateur contre qui le créancier exerce son recours, pourra-t-il opposer la nullité de l'inscription ? Je crois qu'il faut distinguer si la nullité qu'on pourroit reprocher à l'inscription provient du fait du conservateur, ou si elle est l'ouvrage de la partie. Dans le premier cas, comme le conservateur ne doit pas se prévaloir de sa faute, il ne peut pas invoquer la nullité, puisque, si l'inscription eût été déclarée nulle sur la demande des autres créanciers, le conservateur auroit été déclaré responsable. Mais il en seroit sans doute autrement, si la nullité de l'inscription omise dans le certificat provenoit du fait de la partie, et si elle se trouvoit dans les bordereaux. Comme elle auroit été rejetée de l'ordre, et qu'elle n'auroit été d'aucune utilité pour le créancier, nous croyons qu'il n'auroit aucun recours à exercer, mais que le conservateur pourroit toujours opposer la nullité.

VIII. Les contestations que les conservateurs peuvent avoir à soutenir ont également donné naissance à des difficultés. On a demandé s'ils devoient se défendre, comme de simples particuliers, par le ministère d'avoués, ou s'ils peuvent adresser leurs observations au ministère public ?

Pour résoudre cette question, il faut distinguer si les

conservateurs sont poursuivis à raison de leurs fonctions, ou en paiement de dommages-intérêts.

Dans le premier cas, on doit les traiter comme des agens d'une administration, conséquemment leur permettre d'adresser des observations au procureur-impérial, lequel doit prendre des conclusions dans l'intérêt de la loi.

Dans le second cas, comme il s'agit des affaires propres aux conservateurs, de faits qui leur sont personnels, ils doivent être poursuivis comme de simples particuliers, obligés, comme eux, de paroître par le ministère d'avoués. — C'est ainsi que l'ont décidé LL. Exc. le Grand-Juge et le Ministre des finances, le 2 décembre 1807.

Par la même décision, LL. Exc. ont ajouté que, lorsque le conservateur étoit appelé en référé, il ne pouvoit se dispenser de comparoître en personne, parce que c'étoit là le seul moyen d'arrêter les procès et de lever de suite les difficultés.

Art. 2198. L'immeuble à l'égard duquel le conservateur auroit omis dans ses certificats une ou plusieurs des charges inscrites, en demeure, sauf la responsabilité du conservateur, affranchi dans les mains du nouveau possesseur, pourvu qu'il ait requis le certificat depuis la transcription de son titre; sans préjudice néanmoins du droit des créanciers de se faire colloquer suivant l'ordre qui leur appartient, tant que le prix n'a pas été payé par l'acquéreur, ou tant que l'or-

dre fait entre les créanciers n'a pas été homologué.

I. L'omission d'une ou plusieurs inscriptions dans les certificats, produit des effets différens, suivant l'époque où ces certificats ont été délivrés. S'ils l'ont été avant la transcription, ils ne changent pas le sort des créanciers, et leur hypothèque subsiste dans le même état, sauf le recours de l'acquéreur contre le conservateur qui, par sa négligence, l'a induit en erreur.

Mais si les certificats ont été délivrés après la transcription, le créancier dont l'inscription a été omise, a perdu tous ses droits sur l'immeuble, et il ne lui reste que la faculté de se faire colloquer sur le prix, tant que le prix n'est pas payé ou l'ordre homologué. La signification qu'il pourroit faire au tiers acquéreur et aux autres créanciers, d'un nouveau certificat dans lequel seroit comprise son inscription, ne couvriroit pas le vice du premier, et laisseroit toujours le créancier dans l'incapacité de diriger des poursuites contre l'immeuble. C'est ainsi que l'a jugé la Cour de Cassation, le 9 nivose an 14, en confirmant un arrêt de la Cour d'Appel de Paris, qui déclaroit un créancier, dont l'inscription avoit été omise, non recevable à sur-enchérir.

II. Néanmoins il ne faut appliquer ces principes qu'aux inscriptions déjà requises lors de la délivrance des certificats, mais non à celles qu'on peut faire faire après, et dans la quinzaine de la transcription. Pour celles-ci, le tiers sera obligé de requérir un nouveau certificat après la quinzaine, et ce ne sera qu'autant qu'on les aura omises de nouveau, que leurs effets cesseront vis-à-vis du tiers acquéreur.

III. De même, si l'omission de quelques inscriptions dans le certificat provenoit de désignations insuffisantes de la part du tiers acquéreur, nul doute que l'immeuble ne restât encore affecté aux hypothèques omises : la raison en est, que le tiers ne peut dégager l'immeuble qu'en mettant le conservateur à même de lui délivrer toutes les charges actuellement existantes.

Si donc un acquéreur, voulant purger les hypothèques acquises sur son immeuble, ne demandoit un certificat que des charges imposées par son vendeur, il ne purgeroit pas les hypothèques consenties par les précédens propriétaires.

Art. 2199. *Dans aucun cas les conservateurs ne peuvent refuser ni retarder la transcription des actes de mutation, l'inscription des droits hypothécaires, ni la délivrance des certificats requis, sous peine des dommages et intérêts des parties; à l'effet de quoi, procès-verbaux des refus ou retardemens seront, à la diligence des requérans, dressés sur-le-champ, soit par un juge de paix, soit par un huissier audiencier du tribunal, soit par un autre huissier ou un notaire assisté de deux témoins.*

I. Cet article est bien différent de celui de la loi du 11 brumaire, qu'il paroît cependant remplacer. Ce dernier, en effet, portoit : que, dans *aucun cas*, le conservateur ne *pouvoit* refuser ou retarder l'inscription ou la délivrance des certificats ; mais il ajoutoit cette phrase, *qui seront requises conformément aux lois :* d'où les conservateurs concluoient que la plus légère omission dans les bordereaux, par exemple, leur donnoit le droit de refuser l'inscription.

Le Code Napoléon n'a pas adopté cette restriction ; il a vu que les conservateurs ne pouvoient pas être juges de la validité des actes qui leur étoient soumis, et voilà pourquoi il s'est borné à dire que, dans *aucun cas*, ils ne peuvent refuser ou retarder la transcription des mutations, l'inscription des droits hypothécaires, ni la délivrance des certificats.

Si donc on présentoit au conservateur des bordereaux nuls dans leur contexture, comme, par exemple, s'ils ne désignoient pas la nature et la situation des biens, s'ils n'énonçoient pas l'époque de l'exigibilité, etc., il ne pourroit pas se refuser à effectuer l'inscription.

II. Cependant, s'il est vrai que les conservateurs ne puissent pas refuser l'inscription à cause de son illégalité, il est un cas où ils doivent s'interdire de la faire, ainsi que tous les autres actes de leur ministère. C'est lorsqu'on les requiert un jour de fête conservée ; car LL. Exc. le Grand-Juge et le Ministre des finances ont pensé que l'article 57 de la loi du 18 germinal an 10, qui fixe les jours de repos des fonctionnaires publics, doit être scrupuleusement observé par les conservateurs, et que leurs bureaux doivent être fermés pour tout le monde les dimanches et fêtes.

C'est aussi dans ce sens que l'a décidé la Cour de Cassation, en déclarant nulle une transcription d'acte de mutation faite un dimanche.

III. A propos des obligations des conservateurs, nous devons rapporter en substance une décision du Ministre des finances. Quelques conservateurs avoient cru qu'en donnant leur démission ils pouvoient se dispenser de continuer de remplir leurs fonctions, du jour où elle auroit été acceptée; mais Son Excellence a pensé que l'intérêt public exigeant qu'il n'y eût jamais d'interruption, ils devoient rester dans leur bureau, et continuer de remplir leurs fonctions jusqu'à ce que leur successeur fût rendu à son poste.

Art. 2200. *Néanmoins les conservateurs seront tenus d'avoir un registre sur lequel ils inscriront, jour par jour, et par ordre numérique, les remises qui leur seront faites d'actes de mutation pour être transcrits; ils donneront au requérant une reconnoissance sur papier timbré, qui rappellera le numéro du registre sur lequel la remise aura été inscrite; et ils ne pourront transcrire les actes de mutation ni inscrire les bordereaux sur les registres à ce destinés, qu'à la date et dans l'ordre des remises qui leur en auront été faites.*

Quelques personnes avoient pensé que le *récépissé* que notre article ordonne au conservateur de délivrer à la partie requérante, étoit facultatif, en ce sens, qu'il dépendoit du requérant de l'exiger ou de le refuser; mais S. Ex. le Ministre de la justice a décidé, le 14 ventose an 13, que le conservateur avoit le droit de forcer la personne qui soumettoit un acte de mutation, ou une inscription, à la formalité hypothécaire, de prendre ce *récépissé*.

Art. 2201. *Tous les registres des conservateurs sont en papier timbré, cotés et paraphés à chaque page par première et dernière, par l'un des juges du tribunal dans le ressort duquel le bureau est établi. Les registres seront arrêtés chaque jour comme ceux d'enregistrement des actes.*

Art. 2202. *Les conservateurs sont tenus de se conformer, dans l'exercice de leurs fonctions, à toutes les dispositions du présent chapitre, à peine d'une amende de 200 à 1000 francs pour la première contravention, et de destitution pour la seconde; sans préjudice des dommages et intérêts des parties, lesquels seront payés avant l'amende.*

Sur la dernière disposition de cet article, *Voyez* ce que nous avons dit, article 2098.

Art. 2203. *Les mentions de dépôt, les inscriptions et transcriptions, sont faites sur les registres, de suite, sans aucun blanc ni interlignes, à peine, contre le conservateur, de 1000 à 2000 francs d'amende, et des dommages et intérêts des parties, payables aussi par préférence à l'amende.*

FIN.

MODÈLES DE BORDEREAUX POUR INSCRIPTIONS.

―――

N°. Ier.

Modèle de Bordereaux pour inscription à faire sur les comptables, en vertu de la loi du 5 septembre 1807, relative aux priviléges du trésor.

INSCRIPTION de créances privilégiées, requise par le conservateur (*ou le receveur de l'enregistrement*) du bureau des hypothèques établi à .... commune de .... canton de .... département de .... qui élit domicile à l'effet de la présente, en sondit bureau ;

Contre le sieur (*mettre les noms, prénoms, qualité et profession du comptable*), demeurant à ..... commune de ...... canton de ..... département de .....;

Sur la maison (*ou tout autre immeuble qu'il faut désigner*) située rue de. .... n°. ... commune de ... canton de .... département de .... dans l'arrondissement du bureau des hypothèques établi à .... commune de .... canton de .... département de .... maison que ledit sieur (*répéter le nom du comptable*) vient d'acquérir du sieur (*mettre les noms, prénoms et domicile du vendeur*) par acte passé devant

Me....... et son collègue, notaires à ......,
en date du ..... ;

Pour sûreté des créances qui pourront résulter au profit du trésor, de la gestion que ledit (*répéter le nom du comptable*) a des deniers publics.

N. B. Ce Modèle de Bordereaux servira également pour les inscriptions à faire sur les comptables du trésor de la couronne.

N°. II.

Modèle de Bordereaux pour inscription à prendre par les co-héritiers ou co-partageans, en vertu de l'article 2109 *du Code Napoléon.*

BORDEREAU des créances privilégiées résultant d'un acte de partage passé devant Me....... et son collègue, notaires à ..... le ..... dûment enregistré (*si le partage étoit fait en justice, il faudroit l'énoncer, de même que s'il y avoit eu licitation ou partage sous signature privée*) ;

Au profit du sieur (*mettre les nom, prénoms, profession du requérant*), demeurant à ..... commune de ..... canton de ..... département de ..... qui élit domicile, à l'effet de l'inscription ci-après énoncée, en la demeure du sieur (*indiquer une personne domiciliée dans l'arrondissement du bureau dans lequel on requiert l'inscription*), demeurant rue de ..... n°. .. commune de ..... canton de ..... département de ..... ;

Contre les sieurs (*mettre les nom, prénoms, qualité*

et *profession de ceux sur les biens desquels on requiert l'inscription*), demeurans rue de . . . . n°. . . commune de. . . . canton de. . . . département de. . . ;

Pour sûreté desquelles créances il requiert l'inscription du privilége attaché à l'acte de partage sus-énoncé ;
1°. sur une maison située rue de . . . . n°. . . commune de . . . . canton de . . . . département de . . . . ;
2°. sur quatre hectares de terres actuellement en vigne, et situées commune de . . . . canton de . . . . département de . . . . ;

Lesquels biens dépendans de l'arrondissement du bureau des hypothèques établi à . . . . . . commune de . . . . . . département de . . . . . et appartenans, par suite du partage fait entre les parties, auxdits sieurs (*répéter les noms et prénoms des débiteurs*);

1°. Soultes ou retours de lots (*ou prix de la licitation*) exigibles le . . . avec (*ou sans*) intérêts (*mettre en toutes lettres la somme principale*), ci . . . . . ;

2°. Deux années d'intérêts dudit capital (*exprimer le montant en toutes lettres*), ci . . . . .

N°. III.

Modèle de Bordereaux pour inscription à faire par les architectes, maçons et autres ouvriers, en vertu de l'article 2110 du Code Napoléon.

INSCRIPTION DU 1er. PROCÈS-VERBAL.

Le sieur (*mettre les nom, prénoms, qualité et profession du requérant*) demeurant à . . . rue de . . n°. . . commune de . . . département de . . . . .

qui, à l'effet de l'inscription ci-après, élit domicile en la demeure de M. (*mettre les noms, prénoms et profession d'une personne domiciliée dans l'arrondissement du bureau des hypothèques*), demeurant à ... rue de.... commune de.... département de....;

Requiert l'inscription du privilége qu'il se propose d'acquérir sur la plus-value résultant des travaux à faire dans une maison (*ou tout autre immeuble qu'il faut désigner*) située commune de.... rue de..... canton de..... dans l'arrondissement du bureau des hypothèques établi à.... commune de..... département de..... appartenant actuellement ladite maison au sieur (*désigner les noms, prénoms et profession du propriétaire*), lesquels travaux doivent être exécutés par mondit sieur requérant, et ont été préalablement constatés par un procès-verbal dressé le (*mettre la date*) par le sieur (*mettre le nom de l'expert nommé d'office*), expert nommé à cet effet par jugement du tribunal de Première Instance séant à.... commune de..... département de ...... en date du .....

INSCRIPTION DU 2ᶜ. PROCÈS-VERBAL.

BORDEREAU des créances privilégiées, résultant d'un procès-verbal de réception d'ouvrages fait par le sieur (*mettre le nom de l'expert*), en date du.... dûment enregistré;

Au profit du sieur (*mettre les noms, prénoms, qualité et profession du requérant*), demeurant à.... rue... nº.... commune de..... canton de..... département de.... qui élit domicile, à l'effet de la présente inscription, en la demeure du sieur (*mettre les noms,* prénoms et profession d'une personne domiciliée dans l'arrondissement du bureau où on requiert l'inscription), demeurant à..... commune de..... département de..... ;

Contre (*mettre les nom, prénoms et profession de ceux sur les biens desquels doit porter l'inscription*) (1), demeurant à...... rue de...... commune de..... canton de..... département de.... ;

Pour la conservation desquelles ledit sieur (*répéter les nom et prénoms du requérant*) requiert inscription sur la valeur résultant des travaux par lui faits dans une maison (*ou tout autre immeuble qu'il faudra soigneusement désigner par sa nature et sa situation*) située à..... n°.... commune de..... canton de.... département de.... dans l'arrondissement du bureau des hypothèques établi à.... commune de.... canton de.... département de.... ladite maison appartenant à mondit sieur (*répéter les nom et prénoms du débiteur sur lequel on requiert l'inscription*);

Montant des ouvrages faits par le requérant, et évalués par le procès-verbal de réception à la somme de (*mettre la somme en toutes lettres*), ci.....

Ladite somme (*répéter en toutes lettres*) exigible le.....

---

(1) Si on ne connoît pas la profession, il faudra mettre une désignation individuelle et spéciale, telle que le conservateur puisse reconnoître dans tous les cas l'individu grevé du privilége.

N°. IV.

Modèle de Bordereaux pour inscription à faire par les créanciers d'une succession, en vertu de l'article 2111 du Code Napoléon.

BORDEREAU des créances privilégiées résultant d'obligations consenties par le sieur (*mettre les noms, prénoms et profession du débiteur originaire*), décédé à.... le.... (*mettre l'époque du décès*), suivant l'acte passé devant M°.... et son collègue, notaires à....'

Au profit du sieur (*mettre les nom, prénoms, qualité et profession du requérant*), demeurant à..... commune de.... canton de.... département de... qui élit domicile à l'effet de l'inscription ci-après énoncée, en la demeure du sieur (*indiquer une personne domiciliée dans l'arrondissement du bureau où on requiert l'inscription*), demeurant à..... commune de..... canton de.... département de....;

Contre les sieurs (*mettre les nom, prénoms, profession de chacun de ceux sur qui on requiert l'inscription*), demeurant à.... commune de.... canton de.... département de.... en leur qualité d'héritiers du sieur (*remettre le nom de la personne décédée*) (1);

Pour sûreté desquelles créances il requiert l'inscription du privilége que la loi attache à sa qualité de créancier du défunt, 1°. sur le domaine de.....

---

(1) Si on ne connoissoit pas tous les héritiers, on pourroit inscrire sous la simple désignation du défunt.

situé commune de...., canton de...., département de....; 2°. sur une grange située rue de.... n°.... commune de.... canton de.... département de...;

Lesquels biens dépendans de la succession dudit sieur (*répéter le nom de la personne décédée*), sont situés dans l'arrondissement du bureau des hypothèques établi à.... commune de.... canton de....; département de....;

Principal exigible le...., avec (*ou sans*) intérêts (*mettre la somme en toutes lettres*), ci.....

N°. V.

Modèle de Bordereaux pour inscription à faire par des légataires, en vertu de l'article 2111 du Code Napoléon.

BORDEREAU des créances privilégiées résultant d'un testament olographe passé (*s'il est fait par acte public il faudra mettre devant M°.... et son collègue, notaires à....*) en date du.... dûment enregistré;

Au profit du sieur (*mettre les nom, prénoms, qualité et profession du légataire qui requiert l'inscription*), demeurant à... commune de... canton de... département de...; qui élit domicile, à l'effet de l'inscription ci-après énoncée, en la demeure du sieur (*mettre les nom et profession d'une personne domiciliée dans l'arrondissement du bureau des hypothèques*), demeurant rue de... n°... commune de.... canton de.... département de....;

Contre les sieurs (*mettre les noms, prénoms, professions de chacun des héritiers sur qui on requiert l'inscription*), demeurant à .... commune de .... canton de .... département de .... tous héritiers du sieur (*mettre les nom, prénoms et profession du défunt*);

Pour sûreté desquelles créances il requiert l'inscription du privilége que lui a conféré le testament sus-énoncé, 1°. sur une maison située rue de ... n°... commune de... canton de... département de...; 2°. sur douze hectares de terres, actuellement en pied, et situées commune de ... canton de ... département de ...;

Lesquels biens dépendans de la succession dudit sieur (*répéter le nom du défunt*), sont situés dans l'arrondissement du bureau des hypothèques établi à .... commune de .... canton de ... département de ...;

Principal exigible le ... (*mettre la somme en toutes lettres*), ci. ...

Deux années d'intérêts de ladite somme (*mettre en toutes lettres*), ci. ....

N°. VI.

Modèle de Bordereaux pour inscription à prendre par suite d'hypothèque conventionnelle, et en vertu de l'article 2134 du Code Napoléon.

BORDEREAU de créances résultant d'un acte passé devant M°..... et son collègue, notaires à .... en date du .... dûment enregistré;

Au profit du sieur (*mettre les nom, prénoms et profession du requérant*), demeurant rue de.... n°.... commune de.... canton de.... département de.... qui fait élection de domicile, à l'effet de l'inscription ci-après, en la demeure du sieur (*désigner une personne domiciliée dans l'arrondissement du bureau des Hypothèques*), demeurant à... commune de... canton de... département de...;

Contre le sieur (*mettre les nom, prénoms du débiteur, sa profession, s'il en a une connue, ou une désignation individuelle propre à le faire connoître*), demeurant rue de.... n°..... commune de..... canton de.... département de...;

Pour sûreté desquelles créances il requiert l'inscription de l'hypothèque qui lui a été consentie par l'acte susdaté, 1°. sur une pièce de bois à haute futaie, de contenance de huit hectares, et située commune de... canton de... département de...; 2° sur un domaine connu sous le nom de.... et situé commune de.... canton de... département de....;

Lesquels biens appartenant audit sieur (*répéter le nom du débiteur*), et dépendans de l'arrondissement du bureau des hypothèques établi à... commune de... canton de.... département de....;

1°. Principal, payable le....... avec les intérêts à 5 pour 100 (*mettre la somme due en toutes lettres, ou l'évaluer si elle n'a pas été fixée par la convention*), ci....;

2°. Cinq années d'intérêts échus (*mettre la somme en toutes lettres*), ci....

3°. Deux années d'intérêts à venir (*mettre la somme en toutes lettres*), ci . . . .

N°. VII.

Modèle de Bordereaux pour inscription à faire par suite d'un jugement de reconnoissance d'écriture, et en vertu de l'article 2134 du Code Napoléon.

INSCRIPTION de l'hypothèque résultant d'un jugement de reconnoissance d'écriture et signature, rendu le . . . . par le tribunal de première instance séant à . . . . département de . . . . . ;

Au profit du sieur (*mettre les nom, prénoms et profession du requérant*), demeurant rue de . . . n°. . . commune de . . canton de . . département de . . qui élit domicile, à l'effet de l'inscription ci-après, en la demeure du sieur (*désigner une personne domiciliée dans l'arrondissement du bureau des hypothèques*), demeurant à . . commune de . . . . canton de . . . . département de . . . . ;

Contre les sieurs (*mettre les noms, prénoms et professions de ceux contre lesquels a été rendu le jugement d'aveux*); demeurant à . . . . commune de . . . . canton de . . . . département de . . . . ;

Lequel sieur requérant a déclaré que de l'acte sous signature privée reconnu par le susdit jugement, il résultoit à son profit, et contre lesdits sieurs (*répéter les noms des débiteurs*), les créances suivantes :

1°. Principal exigible le ... (*mettre en toutes lettres le capital de la créance*), ci ....

2°. Deux années d'intérêts (*exprimer la somme en toutes lettres*), ci ....

TOTAL. ...

Pour sûreté desquelles créances le sieur (*mettre le nom du créancier*) requiert l'inscription de l'hypothèque sur tous les biens immeubles appartenans auxdits sieurs (*répéter les noms des débiteurs*), et qu'ils possèdent dans l'étendue du bureau des hypothèques établi à ... commune de .... département de ....

N°. VIII.

Modèle de Bordereaux pour inscription à faire en vertu de l'article 2134 du Code Napoléon, et par suite d'un jugement de condamnation.

BORDEREAU des créances résultant d'un jugement de condamnation rendu le ...... par le tribunal de première instance séant à .... département de .... ;

Au profit du sieur (*mettre les nom, prénoms et profession du requérant*), demeurant à ...... commune de .... canton de ...... département de ..... qui fait élection de domicile, à l'effet de l'inscription ci-après énoncée, en la demeure du sieur (*indiquer une personne domiciliée dans l'arrondissement du bureau des hypothèques*), demeurant à .... commune de.... canton de .... département de ....;

Contre le sieur (*mettre les nom, prénoms et profession de celui contre qui a été rendu le jugement*), demeurant rue de.....n°...commune de....canton de....département de.....;

Pour sûreté desquelles créances il requiert l'inscription de l'hypothèque résultant du jugement sus-énoncé, sur tous les biens appartenant audit sieur (*répéter le nom du condamné*), et qu'il possède dans l'étendue du bureau des hypothèques établi à......commune de.....département de.....;

1°. Principal exigible le......, et dont le susdit jugement prononce la condamnation (*mettre la somme en toutes lettres*), ci....;

2°. Deux années d'intérêts de ladite somme (*en mettre le montant en toutes lettres*), ci....

N°. IX.

Modèle de Bordereaux pour inscription à faire par les maris, en vertu de l'article 2136 du Code Napoléon.

INSCRIPTION requise par (*mettre les nom, prénoms et profession du mari*), demeurant à.....commune de.....canton de.......département de.....en sa qualité de mari (*mettre les nom et prénoms de la femme*) qui fait élection de domicile en la demeure du sieur (*désigner une personne domiciliée dans l'arrondissement du bureau des hypothèques*), demeurant à.....commune de.....canton de....département de.....;

Sur les biens actuellement appartenans et qui pourront appartenir par la suite au sieur (*mettre les nom, prénoms et profession du mari*), demeurant à.... commune de.... canton de.... département de.... et qu'il possède ou possédera dans l'arrondissement du bureau des hypothèques établi à....commune de.... département de....;

1°. Principal de la dot apportée par ladite dame (*répéter le nom de la femme*) audit sieur (*répéter le nom du mari*), son mari (*mettre la somme en toutes lettres*), ci....................

2°. Préciput (*ou tout autre avantage qu'il faudra désigner*) (*mettre la somme en toutes lettres*), ci....................

TOTAL des créances déterminées ..

3°. Action en remploi des biens personnels qui pourront être aliénés .... indéterminées.

4°. Indemnités que ladite dame (*répéter le nom de la femme*) pourra avoir à exercer.... indéterminées.

N°. X.

Modèle de Bordereaux pour inscription à faire par les tuteurs et subrogés-tuteurs, en vertu de l'article 2136 du Code Napoléon.

INSCRIPTION requise par (*mettre les nom, prénoms et profession du tuteur*), demeurant à.....commune de.... canton de.....département de..... en sa qualité de tuteur de (*mettre les noms et prénoms de chacun des mineurs ou interdits*), qui élit domicile, à l'effet de l'inscription ci-après, en la demeure du sieur (*indiquer une personne domiciliée dans l'arrondissement du bureau des hypothèques*), demeurant à.....commune de..... canton de.....département de.....;

Sur les biens actuellement appartenans, et qui pourront appartenir par la suite, au sieur (*mettre les nom, prénoms et profession du tuteur*), demeurant à.....commune de.....canton de.....département de....,et qu'il possède et possédera dans l'étendue du bureau des hypothèques établi à.....commune de.....canton de.....département de.....;

Pour la conservation des créances qui peuvent résulter de la gestion que ledit sieur (*répéter le nom du tuteur*) a des biens de (*répéter les noms des mineurs*).

N°. XI.

Modèle de Bordereaux d'inscription à faire sur les comptables, en exécution de l'article 2153 du Code Napoléon.

INSCRIPTION requise par l'agent judiciaire du trésor public (*ou par monsieur le préfet du département de.* . . .), qui élit domicile, à l'effet de l'inscription ci-après, au secrétariat de la commune de . . . . (*ou dans tout autre endroit situé dans l'arrondissement du bureau des hypothèques*) ;

Sur les biens appartenans au sieur (*mettre les nom, prénoms, profession et domicile du comptable*), et qu'il possède dans l'arrondissement du bureau des hypothèques établi à . . . . commune de . . . . canton de . . . . département de . . . . ;

Pour sûreté des créances qui pourront résulter, au profit de l'Etat, de la gestion qu'on a confiée audit sieur (*répéter le nom du comptable*) des deniers publics.

. . . .

N°. XII.

Modèle de Bordereaux pour inscription à faire par les agens et syndics d'une faillite, en exécution de l'article 64 du livre IIIe. du Code de Commerce.

INSCRIPTION requise par les sieurs (*mettre les noms, prénoms et professions des agens ou syndics de la faillite*), demeurant à .... commune de .... canton de .... département de .... en leur qualité d'agens (*ou syndics*) de la faillite du sieur (*mettre les nom, prénoms, profession et domicile du débiteur failli*), nommés par jugement du tribunal de commerce séant à.... département de.... en date du.... dûment enregistré; lesquels font élection de domicile, à l'effet de la présente inscription, en la demeure du sieur (*désigner une personne domiciliée dans l'arrondissement du bureau des hypothèques*), demeurant à...., canton de...... département de.....;

Sur tous les biens actuellement appartenans audit sieur (*répéter le nom dudébiteur failli*) et qu'il possédera dans l'étendue du bureau des hypothèques établi à.... commune de..... canton de..... département de......;

Pour sûreté des créances qui compètent à la masse des créanciers dudit sieur (*répéter le nom du débiteur failli*).

DE L'IMPRIMERIE DE P. GUEFFIER.

www.ingramcontent.com/pod-product-compliance
Lightning Source LLC
Chambersburg PA
CBHW070620230426
43670CB00010B/1590